JESUS STYLE

열정 크리스천

| 옥수영 지음 |

쿰란출판사

프롤로그

얼마 전부터 가수 싸이 씨의 노래 "강남 스타일"이 한국을 넘어 전 세계적으로 유행하며 주목을 받고 있다. 눈을 뜨니 유명해졌다 할 정도로 세계적인 노래가 되었다. 한국에서도 전국적으로 유행이 되어 '오빤 대구 스타일, 홍대 스타일, 아줌마 스타일, 교회 스타일' 등 수많은 패러디가 나오며, 아이부터 어른에 이르기까지 누구나 다 부르고 있다. 아마도 재밌고 스마트한 현대적 감각을 잘 표현해서 그런 것이 아닌가 생각한다. 지금은 이 노래를 시작으로 "젠틀맨"이 다시 히트를 치며 계속해서 월드 스타로 부각되고 있다.

"강남 스타일"이나 "젠틀맨"은 신나기는 하지만 모두 세상적인 스타일이다. 선정적이고 세속적이다. 우리 성도들에게는 맞지 않는 스타일이다. 굳이 우리에게도 스타일을 말하라고 하면 우리 성도들은 '예수 스타일'이며 예수님께 열광하는 '예수 마니아'들이다. 예수님의 생각, 예수님의 언어, 예수님의 습관, 예수님의 영성을 좇아가는 열정적인 예수의 추종자들이다. 이 땅에서 하늘을 바라보며 하늘의 것을 추구하는 은혜를 따라가는 사람들이다.

금번에 필자는 돈과 쾌락과 자녀 출세와 명예와 권세 등에 열광하는 이기적 세상 문화에 경종을 울리고자, 성도들은 신앙의 본질로 돌아가 예수께 미쳐야 한다는 주제로 《열정 크리스천》이란 제목으로 책을 쓰게 되었다. 오늘날 시대가 한 곳에 필(feel)이 꽂히면 올인하는 포스트모더니즘의 시대를 맞아 성도는 세상에 미치는 것이 아니라 이왕 미치려면 예수께 미치는 것이 주님이 원하시는 뜻이라는 것을 명심해야 할 것이다.

요즈음처럼 불법과 탈법, 편법이 난무한 시대가 어디 있었는가? 오늘날은 수단과 방법을 가리지 않고 성공만 하면 된다는 실용주의 노선이 사람들을 세속적 이기주의로 몰아넣고 있다. 이런 상황에서 성도는 어떻게 해야 되겠는가? 세상의 빛과 소금의 직분을 감당해야 할 성도는 신앙의 본질로 돌아가 예수의 영성으로 미쳐야 한다. 그래야 개인의 신앙이 회복될 뿐만 아니라 한국 교회도 다시 부흥의 불길이 활활 타오를 것이다. 지금 이 시대는 적당히 믿는 타협적인 크리스천이 아니라 래디컬(radical)하지만 제대로 믿는 열광적인 크리스천을 원하고 있다.

필자는 신학교에서 공관복음과 요한복음 강의를 계속해 왔다. 10년 넘게 강의를 하다 보니 예수 그리스도의 영성과 세계관에 대해서 조금은 이해의 폭이 넓어졌다. '아, 예수님의 스타일이 이런 것이구나!' 하는 생각이 들 때가 많았다. 이런 와중에 책을 한번 써보라는 주변의 권유와 예수님의 영성에 대한 새로운 조명을 하고 싶은 사명의 마음이 겹쳐서 이 책을 쓰게 되었다.

한 가지 바람이 있다면 이 책을 통해 건강한 교회의 해답과 예수님 영성의 본질을 찾는 기회가 되기를 소망한다. 이 책은 교회에 대해 다소 회의적인 생각을 가지고 있는 불신자들에게, 또 신앙이 아직 어려 애매한 기독교 지식과 교회 문제들을 보다 쉽게 알고 싶은 초신자들에게, 그리고 예수의 참된 영성을 열광적으로 따라가고 싶은 청년들에게는 아주 좋은 신앙의 길잡이가 될 것이다. 또한 습관적이고 형식적인 신앙생활을 하는 평신도들에게는 첫사랑과 믿음의 성숙을 찾아가는 중요한 전환점이 될 것이다. 더욱이 잠시 주춤하고 있는 목회자들에게는 건강한 교회로의 부흥과 열정적인 목회자상을 정립하는 계기가 되리라 확신한다. 이 책대로 하면 한국 교회의 미래는 밝아질 것이며, 반드시 부흥의 새 물결이 일게 될 것이다. 그런 희망찬 확신과 기대를 가져본다.

끝으로, 이 책의 시작과 끝의 모든 것을 주관하신 하나님께 영광을 돌린다. 원고를 수정하며 책의 완성도를 높이기 위해 아낌없는 정성을 쏟아 주신 쿰란출판사에게도 감사를 드린다. 그리고 늘 뒤에서 한결같은 믿음으로 함께한 가족들, 아내 정경화와 세 아들 지형, 지성, 지후와도 기쁨을 함께하고 싶다. 무엇보다 늘 생사고락을 같이하는 은혜로운교회 성도들에게 더더욱 감사를 드린다. 이 책을 읽는 모든 분들에게 신앙의 새로운 변화와 교회의 놀라운 부흥의 역사가 일어나기를 진심으로 기도드린다.

2013년 5월
일산 은혜로운교회 목양실에서
옥 수 영

차례

프롤로그 ··· 2

Chapter 1. 열정(Passion)

01   한 번뿐인 인생, 미쳐라 ··· 13
02   이왕이면 주님께 미쳐라 ··· 23
03   오직 하나님께 영광을 돌려라 ··· 35

Chapter 2. 구원(Salvation)

01   구원받음을 기뻐하라 ··· 47
02   구원의 즐거움을 회복하라 ··· 56
03   살아 있는 예배에 미쳐라 ··· 70

Chapter 3. 성화(Sanctification)

01   자기를 부인하라 … 83
02   자기 십자가를 져라 … 94
03   온전히 주님을 좇으라 … 104

Chapter 4. 사명(Mission)

01   가르쳐 지키게 하라 … 115
02   복음 전파에 미쳐라 … 132
03   상한 심신을 치유하라 … 150

Chapter 5. 믿음(Faith)

01　　믿음에 빠져라 … 171
02　　말씀에 미쳐라 … 190
03　　기도에 미쳐라 … 198

Chapter 6. 비전(Vision)

01　　사명에 미쳐라 … 213
02　　준비된 자를 쓰신다 … 237
03　　그의 나라와 그의 의를 구하라 … 256

Chapter 7. 사랑(Love)

<u>01</u>　　**자신을 사랑**하라 ⋯ 275
<u>02</u>　　**이웃을 사랑**하라 ⋯ 308
<u>03</u>　　**교회를 사랑**하라 ⋯ 333

에필로그 ⋯ 364

Chapter 1. 열정(Passion)

"두려워하지 말라 내가 너와 함께함이라 놀라지 말라 나는 네 하나님이 됨이라 내가 너를 굳세게 하리라 참으로 너를 도와주리라 참으로 나의 의로운 오른손으로 너를 붙들리라"(사 41:10).

인생은 한 번뿐인 드라마이다.
당신은 그 드라마의 주인공이다.
그 무대가 지나가면 다시는 기회가 없다.

당신이 그 무대 위에 서서
어떻게 스토리를 만들어 가느냐에 따라
인생의 승패가 좌우된다.

인생을 대충 살지 마라.
이왕 살 것 열정을 다 쏟아 부어라.
후회 없을 만큼…….

한 번뿐인 인생, 미쳐라

> 바울이 이같이 변명하매 베스도가 크게 소리 내어 이르되 바울아 네가 미쳤도다 네 많은 학문이 너를 미치게 한다 하니 _행 26:24_

 마음 문 열기(Ice-breaking)

한 노부부가 잠을 자려고 누웠다. 그때 할머니가 "젊었을 때는 손도 잡아 주셨는데" 했다. 할아버지가 할머니 손을 잡아 주었다. 또 할머니가 "젊었을 때는 안아도 주었는데" 했다. 할아버지가 안아도 주었다. 또 할머니가 "젊었을 때는 귓불도 깨물어 주었는데" 했다. 그러자 할아버지가 갑자기 벌떡 일어났다. 할머니가 깜짝 놀라 "여보, 어디 가요?" 하고 물었다. 그때 할아버지 왈 "아이~ 틀니 가지러 가!" 했다.

물론 재미있게 웃자고 하는 유머이다.

예수님의 영성 첫 번째 주제로 '예수님의 열정'에 대해서 나누고자 한다. 예수님은 열정적인 분이셨다. 열정적으로 기도하셨고, 열정적으로 가르치셨고, 열정적으로 전도하셨으며, 열정적으로 사역하셨다. 그러므로 우리 크리스천들도 열정적으로 신앙생활을 하는 사람들이 되어야 할 것이다.

The Passion of Christ

몇 년 전에 멜 깁슨의 "그리스도의 수난"(The Passion of Christ)이라는 영화가 한국 교회 성도들에게 많은 사랑과 감동을 주었다. 그것은 십자가의 사건이었다. 그 영화를 보면 예수님이 십자가에서 얼마나 뜨겁게 열정적으로 구원사역을 이루셨는지 모른다. 그분은 인류를 너무나 사랑해서 십자가의 모진 고통과 아픔까지도 몸소 참으셨던 열정주의자였다. 피범벅이 되도록 맞은 39대의 채찍, 머리에 씌워진 피 묻은 가시 면류관, 완전히 찡그러진 얼굴, 양손과 양발에 못 박힌 벌거벗은 모습 등은 용광로같이 이글이글 타오르는 예수님의 열정을 너무나도 구체적으로 잘 표현해 주고 있다. 신구약 성경에서도 예수님이 십자가상에서 얼마나 인류를 열정적으로 뜨겁게 사랑하셨는지를 잘 계시해 주고 있다.

그렇다. 예수님은 그 심장에 불타는 열정이 있었기에 하나님이신 그분이 세상에 성육신(incarnation)하실 수 있었다. 또 그분은 베들레헴 마구간에서 탄생하셨고, 가난한 목수의 아들로 지내셨으며, 소년 가장으로서 어머니와 동생들을 돌보며 30년의 소박한 삶을 살 수 있었다.

더욱이 예수님은 3년 6개월의 공생애 기간에도 하나님 나라에 대한 뜨거운 열정을 가눌 길 없어 새벽마다 산에 올라가서 기도하셨고, 아침부터 밤중까지 가르치며 전도하는 사명을 감당하기에 생명을 조금도 아까운 것으로 여기지 아니하셨다. 급기야는 십자가에 죽기까지 당신의 폭발적인 열정을 숨기지 않으셨다. 참으로 예수님은 이 땅에 살면서 적극적이었고 도전적이었으며 창조적이었고 열정적인 분이셨다. 그러므로 예수 스타일의 성도는 예수님처럼 뜨거운 열정을 가진 사람이 되지 않을 수 없는 것이다.

열정적인 인생

성공한 사람들의 면모를 보면 모두가 열정적인 사람들이었다. 열정은 성공에 이르게 하는 열쇠이기 때문이다. 만약 성공한 사람들이 그 분야에서 열정적으로 미치지 않았다면 결코 성공을 이룰 수 없었을 것이다. 신앙생활도 마찬가지이다. 성경에 나오는 믿음의 조상들을 연구해 보면 모두가 다 하나같이 하나님께 미친 사람들이었다. 그들은 하나님의 말씀과 약속을 굳게 믿고 열정적으로 살았기 때문에 은혜와 축복을 거머쥘 수 있었다.

인류 역사에서 가장 많이 사용한 단어가 두 개라고 한다. 하나는 '어머니'(mother)이고, 또 하나는 '열정'(passion)이다. 이 두 단어는 인류 공통적으로 가장 많이 사용되었으며, 가장 큰 축복을 받은 단어라는 것이다. 어머니라는 단어는 만인의 대명사로 언제 어디서 불러도 친근감이

간다. 또 세계 만국 공통 감정의 표현이기 때문에 당연히 많이 불리는 단어일 것이다.

그런데 열정이라는 단어는 좀 특이하다. 열정은 나라마다 시대마다 감정이 다를 것 같은데 그렇지 않은가 보다. 열정이란 단어도 어머니라는 단어와 같이 만국의 공통된 감정의 표현으로 누구에게나 도전이 되는 단어로 사용되었다. 그래서 '열정'이란 단어는 가정, 학교, 자녀, 공부, 직장, 사업장, 군대, 병원, 꿈, 진로, 사명, 미래, 친구, 연애, 결혼 등 어느 곳에나 공통적으로 편만하게 사용되고 있다.

'열정'을 의미하는 단어는 영어로 여러 개가 있지만, 그중에서도 특별히 'enthusiasm'이란 단어로 표기할 수 있다. 이 단어의 어원을 살피면 '신들렸다, 미쳤다'라는 의미가 담겨 있다. 다시 말해, 열정이라는 뜻은 한마디로 '미쳤다, 신들렸다'는 것이다.

열정이 있는 사람은 한 곳에만 집중한다. 한눈 팔지 않는다. 딴짓하지 않는다. 일단 목표가 정해지면 미친 듯이 달려간다. 전후좌우를 돌아보지 않는다. 신들린 것처럼 앞만 보고 달려가는 사람이 된다. 한번 열정에 빠지면 미치지 않으면 안 되기 때문이다. 무엇을 하든 어디를 가든 열정적인 사람은 주어진 목표에 집중하며 그 분야에 완전히 미치게 되어 있다.

히틀러의 열정

히틀러는 《나의 투쟁》이라는 책에서 이렇게 말했다.

"내가 처음 말하면 사람들은 나를 비웃는다. 두 번째 말하면 사람들은 나를 이상한 놈이라 한다. 세 번째 말하면 저 사람이 왜 저러나 하며 듣는다. 네 번째 말하면 사람들은 나에게 완전히 설득당한다."

히틀러는 비록 잘못된 열정을 가짐으로 세계에서 가장 악랄한 독일의 독재자로 평가받는 사람이지만, 열정이 무엇인지는 분명히 알고 있었던 것이다.

성공한 사람들의 공통점

세계에서 가장 많이 팔리는 코카콜라 회사 사장이 이런 유명한 말을 했다.

"내 혈관에는 온통 코카콜라가 흐르고 있다."

그는 자신의 인생에서 앉으나 서나 코카콜라만 생각했고, 어떻게 하면 코카콜라가 전 세계에 시판되어 지구촌 사람들이 즐겨 마실 수 있을까를 생각하며 불타는 열정을 아낌없이 태웠다. 결국 코카콜라는 아프리카, 아시아, 유럽, 공산권, 남미 등 전 세계적으로 안 들어간 데가 없을 정도로 세계적 브랜드의 상품이 되었다.

미국의 자동차 왕 크라이슬러 사장도 "고객은 열정이 있는 사람에게 끌리게 되어 있다"라고 말하며, 스펙이나 실력 있는 사람보다 열정적인 직원을 채용했다고 한다. 왜냐하면 그는 열정이 있는 사람이라면 어디서 무엇을 해도 성공할 수 있다고 믿었기 때문이다. 결국 크라이슬러 회사는 열정적인 사장, 열정적인 직원들을 통해서 세계적 자동차 회사로 발돋움할 수 있었다.

여러분은 어떤가? 단 한 번뿐인 인생에서 무엇인가에 열정적으로 빠져 본 적이 있는가? 그 인생 가운데 단 한 번도 열정적이지 않았던 사람은 없다. 누구나 다 한 번은 열정적인 때가 있었다. 다만 그때를 잊어버리고 대충대충 살아가는 인생을 되풀이하기 때문에 다시 넘어지고 무너지는 삶을 반복하게 되는 것이다.

미친 사랑을 해보았는가?

인생에서 단 한 번이라도 미쳐 본 사람은 무엇을 하더라도 잘할 수 있다. 하나를 보면 열을 안다고 했다. 인생을 대충대충 살아온 사람의 결과는 안 보아도 뻔하다.

앞서 말했듯이 사람은 누구나 한 번은 미친 적이 있을 것이다. 단지 그 사실을 잊어버리고 있는 것이다. 그때를 기억하면 그 사람은 분명히 성공할 수 있다. 여러분은 그때가 언제였는가? 보통 사람들은 연애할 때 미친다. 예측 불허의 행동과 생각지 못한 열정적인 행동이 나오고 결국 결혼에 골인하게 되는 것이다. 그때의 사건과 열정을 기억하면 그 사람은 인생에 성공할 수 있다.

Yes or No?

나는 중매로 결혼했다. 그때 나는 30세 나이로 믿음이 충만한 열정적인 총각 전도사였고, 지금의 아내는 목사님의 딸로 일반 대학을 졸업하고 유치원에서 일하는 교사였다. 우린 한 지인 목사님의 중매로 부산역 주변에 있는 아리랑 호텔에서 처음 만났다. 나는 이미 그녀와 결혼을 염두에 두고 사전에 열심히 기도하며 만났고, 아내는 그냥 가볍게 한번 보는 정도였다. 우린 이렇게 약간의 시각 차이가 있었다.

약속 장소에는 장모님이 함께 나와 계셨다. 장모님은 참 인자하고 친절하셨다. 분위기를 편안하게 해주셨고 잠시 후에는 자리를 비켜주셨다. 아내는 이내 영화를 좋아하냐 하면서 그 당시 인기리에 상영되고 있는 "늑대와 함께 춤을"을 보자고 했다. 나는 동의를 했지만 뭔가 분위기가 심상치 않았다. 영화 한 편 보자고 서울에서 부산으로 왔단 말인가? 그래서 나는 그녀에게 내가 여기에 올 때는 심각하게 기도하면서 왔고, 확실한 답을 갖고 가야 한다고 힘주어 말하면서 내 앞으로의 인생 비전을 따발총 쏘듯 따따따~ 이야기했다. 나는 개척교회를 할 것이고, 앞으로 유학의 계획을 가지고 있으며, 미래에는 어떤 목회 비전을 갖고 있고, 장남이니 부모님을 모셔야 한다는 등 쉴 틈 없이 계속 이야기해 버렸다.

아내는 물끄러미 나를 쳐다보더니 영화 보기는 다 틀렸다 싶은 생각이 들었는지 저녁을 먹으러 가자고 했다. 나는 그곳에서도 내 미래에 대한 플랜을 구체적으로 이야기하며 열변을 토했다. 그때 아내는 내 얘기를 듣느라 음식 맛도 느낄 수 없었으리라! 아내는 다시 커피숍에 가자고 했다. 나는 그곳에 가서도 앞으로의 계획에 대해 미친 듯이 침을 튀기며 이야기했다. 그때 내게 한 가지 가능성이 보였던 것은, 음료수를 시킬 때 한 잔에 빨대 두 개를 가져오게 했다. 같이 먹자는 얘기였다. 그 순간 나는 이 여자가 내 말에 조금은 호감을 가지고 있구나 생각했다.

그렇게 첫 데이트는 끝이 났다. 우린 기차 시간이 되어 부산역으로 돌아와야 했다. 그런데 거기서도 나는 포기하지 않고 계속해서 신들린 양 말을 이어갔다. "나는 기도하면서 여기에 왔고, 오늘 당신이 나에게 '예스'를 하면 나는 하나님의 뜻으로 알고 지금부터 결혼을 준비하겠다. 그러나 '노'하면 나는 뒤도 돌아보지 않고 손을 털고 갈 것이다. 그러니 빨리 답을 해달라"고 했다. 그러는 가운데 드디어 부산역에 다다랐다. 말없이 듣고 있던 그녀는 마지막으로 한마디 했다.

"내 힘으로는 예스라고 말할 수 없지만 주님이 힘 주시면 예스라고 말하겠어요!"

예스인가, 노인가? 확실한 성격인 나는 다시 재차 물었다.

"예스예요, 노예요?"

그 질문에 아내는 당황한 듯 수줍게 나지막한 목소리로 "예스으~" 하고 말했다.

나는 하늘을 날듯이 기뻤다. 드디어 노총각 신학생이 결혼을 하나 보다 생각하며 하나님께 감사하며 부산 분수대 앞에서 그녀의 손을 붙잡고 신학생답게 "우리 기도합세다~" 하고 그 자리에서 기도했다.

"하나님, 이제 우리가 결혼하게 됩니다. 하나님이 함께하셔서 축복을 허락해 주옵소서!"

내가 주례사까지 다 해버린 것이다. 그런데 얼마나 크게 기도했던지 분수대 주변에 있던 청년 자매 커플들이 "브라보!" 하면서 환호하고 축복을 해주었다. 조금 있다가 딸 걱정이 되었는지 음료수를 사가지고 장모님이 오셨다. 나는 장모님에게 우리 이야기를 말씀드렸다. 우리는 곧 결혼할 것이라고, 이미 합의했다고. 장모님이 얼마나 놀라셨겠는가? 가볍게 한번 보려고 했는데 첫날부터 결혼이니 뭐니 하니 건방지게 보이기도 하고 놀랍기도 하셨을 것이다.

우리 만남은 그렇게 시작되어 3개월 만에 결혼에 골인했다. 물론 장인어른의 반대가 조금 있었지만 그것도 나의 열정적인 노력과 번득이는 지혜로 하나씩 풀어나가 결국 결혼에 골인했다. 나는 처음에 매일 아내에게 수십 통의 전화를 부산 집으로 했다. 그러다 집에서 반대하면 유치원으로 했다. "당신은 나와 반드시 결혼해야 하고, 그것은 곧 하나님의 뜻이오!" 하며 아주 세뇌시키듯이 반복해서 말했다. 말하고 또 말해 머릿속에 인이 박힌 아내는 마치 나와 결혼하지 않으면 하나님의 저주를 받을 것처럼 생각되었는지 그냥 자연스럽게 나를 따라와 주었다. 지금 생각하면 고맙기만 하다.

나는 그때 미쳤다고 생각했다. 지금 결혼 안 하면 안 될 것 같은 생각이 들어서 뭔가에 씐 사람처럼 물불 안 가리고 무조건 덤벼들었던 것이다. 사람들 대부분은 결혼을 하고 나면 그것이 벗겨져 정신을 차리게 되는데, 나 역시 생각하기를 내가 왜 그때 그렇게까지 했지 하며 의아해하기도 한다. 그러나 그때는 결혼이라는 목표가 너무나도 간절했기 때문에 그것을 위해 열정을 불태우며 강력하게 추진할 수 있었던 것이다. 이것은 결혼한 사람이라면 누구나 한 번쯤은 경험한 일이리라!

열정적인 신앙

성공은 열정적인 사람에게 다가온다. 인생이든 직업이든 결혼이든 공부든 신앙이든 무엇이든 열정적인 사람에게 좋은 결과가 나타나기 마련이다. 열정은 보람을 가져다준다. 동시에 성취도 가져다준다. 열정은 결코 거짓말하지 않는다. 거기에는 공짜가 없다. 눈물과 땀과 피와 수고가 수반된다. 성공하는 사람은 한마디로 열정적인 사람이다. 열정적인 사람은 무엇을 하든지 어디로 가든지 성공할 수밖에 없다.

신앙도 마찬가지이다. 믿음의 선배들도 모두가 열정적인 사람들이었다. 바울을 보라! 복음에 미친 사람이었다. 베드로도 요한도 안드레도 다 주님께 미친 사람들이었다. 심지어 의심 많았던 도마도 복음에 미쳐 인도까지 전도하러 가지 않았는가? 여러분도 인생에 미쳐 보라. 신앙에 미쳐 보라. 목표에 미쳐 보라. 사명에 미쳐 보라. 그러면 하늘의 영감이 떠오르고, 그 목표를 향해 어떤 어려움도 헤쳐 나가도록 하나님이 힘을 주실 것이다.

나는 지금까지 오십 평생을 살면서 무슨 일을 하든지 어디로 가든지 주님을 전적으로 의지하며 폭발적인 열정을 쏟아냈다. 고난이 닥칠 때마다 성령 충만함으로 동기를 일으켰고, 나 자신에 대한 진정한 가치와 의미를 부여하면서 주님의 손을 꽉 붙잡고 앞을 향해 뜨겁게 달려 나갔다. 그랬더니 결국 모든 것이 합력해서 선을 이루며 하나님이 이 모양 저 모양으로 도와주셨다. 막혔던 길이 열리고 문제가 해결되며 질병이 떠나갔다.

지금 생각하면 모두가 다 하나님의 은혜였고, 열정적으로 주님을 의지하며 달려온 결과라 확신한다. 앞으로도 나는 주님이 주신 열정을 뜨겁게 불태우며 목회를 마칠 때까지 전진할 것이다. 여러분도 그런 믿음의 사람이 되기를 축복한다.

02 이왕이면 주님께 미쳐라

또한 모든 것을 해로 여김은 내 주 그리스도 예수를 아는 지식이 가장 고상하기 때문이라 내가 그를 위하여 모든 것을 잃어버리고 배설물로 여김은 그리스도를 얻고 그 안에서 발견되려 함이니 빌 3:8-9a

 마음 문 열기(Ice-breaking)

한 학교에서 선생님이 반장에게 "너의 꿈이 무엇이냐?"고 물었다. 그때 반장은 "대통령이요" 하고 대답했다. 학생들은 모두가 "와~" 하고 함성을 질렀다. 이번엔 부반장 여학생에게 물었다.

"너의 꿈이 무엇이니?"

부반장은 "전 여자로서 잘 준비해서 시집가면 현모양처가 될 거예요"라고 대답했다. 이번에도 학생들이 "와~" 하고 함성을 질렀다. 그때 맨 뒷자리에 앉은 말썽꾸러기 학생이 손을 번쩍 들며 "선생님, 저도 꿈이 있는데요!" 하고 소리쳤다. 선생님이 "무슨 꿈인데?" 하고 물으니까 대답하기를 "선생님, 제 꿈은요, 부반장의 꿈을 도와주는 거예요" 했다.

이번 주제는 "이왕이면 주님께 미쳐라!"이다. 인생에서 미치듯이 무언가를 할 수 있다는 것은 행복이고 축복이다. 더욱이 사명을 깨닫고 올바른 가치에 대해서 미치는 것은 더없이 큰 행복이며 축복이다. 우리 성도들도 하나님의 자녀로서 이왕 미치려면 주님께 제대로 미치는 것이 더없이 큰 축복이며 행복일 것이다. 또 그렇게 하면 주님께 크게 쓰임 받게 될 것이다.

미친 예수

예수님은 미친 듯이 공생애 사역을 담당하셨다.

"내가 곧 길이요 진리요 생명이니 나로 말미암지 않고는 아버지께로 올 자가 없느니라"(요 14:6).
"수고하고 무거운 짐 진 자들아 다 내게로 오라 내가 너희를 쉬게 하리라"(마 11:28).

아무도 이런 유의 이야기를 한 사람이 없다. 공자나 석가나 마호메트나 어느 누구도 감히 이런 식의 말을 하지 못했다. 그러나 예수님은 당당히 진리를 선포하셨고 구원의 도를 바르게 가르쳐 주셨다. 그는 구세주로서 자신의 사역을 열정적으로 감당하셨으며, 고난의 길도 마다하지 않고 몸소 솔선수범하며 희생하셨다. 마침내 그는 골고다 언덕에서 십자가를 지고 열정의 절정을 넘어 부활의 영광을 맛보며 인류의 메시아가 되셨다.

예수님은 성전에 대한 열정도 극심하셨다. 그 당시 대제사장과 종교지도자들은 말로 다할 수 없을 만큼 부패하고 타락했다. 그들은 장사치들에게 돈을 받고 성전 안까지 들어와 장사를 허락했다. 그래서 유대 전통 절기가 시작되면 성전 안에는 예배자와 장사치가 섞여서 순식간에 아수라장이 되어 버렸다. 이 광경을 보신 예수님은 의로운 분노를 폭발시키셨다. 그는 채찍을 만들어 성전에서 장사하는 사람들의 상을 엎고 장사치들을 쫓아내셨다. 내 집은 만민이 기도하는 집이라고 외치셨다. 그때 사람들이 생각하기를 성전을 사랑하는 예수님의 마음이 그를 집어삼켰다 할 정도로 놀라움을 금치 못했다.

바울도 미쳤다

바울은 예수 믿기 전에 사회적으로 전도유망한 청년이었다. 부와 명예와 권세를 가진 자였다. 그 시대 최고의 스승인 가말리엘 문하의 제자였다. 부잣집 아들로 로마 시민권을 가지고 있었다. 유대인의 최고 의결기관인 산헤드린의 70명 멤버 가운데 한 사람인 공회 의원이었다. 바리새인 중의 바리새인이요, 율법학자이며 야심찬 정치 지도자였다. 학벌과 지위, 좋은 가문과 배경을 가진 남부러울 것 없는 성공한 사람이었다.

그런데 그가 예수를 인격적으로 만나고 나서 180도 달라졌다. 세상의 성공보다 복음의 가치가 훨씬 더 중요하다는 것을 깨달았다. 그는 물질과 명예와 지위를 과감히 던져 버렸다. 그리고 오직 주님만을 위해 복음을 전하는 전도자가 되었다. 그는 천막 수리공의 일을 하며 전 세계를 향해 오늘은 이곳, 내일은 저곳, 아골 골짝 빈 들에도 복음을 들고 나아가는 열정적인 전도자가 되었다. 가난했지만 행복했다.

그는 미친 듯이 주님을 위해 전도했다. 그는 고백하기를 지금까지 내 인생이 아무리 좋았다 해도 그것은 배설물에 불과하며, 내 인생 중에서 그리스도를 알고 지내는 이 시간이 가장 고상하다고 선포했다. 그는 죄수로 끌려가 베스도 총독 앞에 섰지만 거기서도 복음을 전하는 폭발적인 열정을 불태웠다. 급기야는 베스도가 "네 많은 학문이 너를 미치게 한다!" 할 정도로 바울은 주님과 복음을 위해 완전히 미친 사람이었다.

당신도 주님께 미쳐라!

사람은 누구나 다 인격적으로 예수를 만나면 미치게 되어 있다. 왜냐하면 사람이 그리스도인이 되면 죽었던 영혼이 살아나고 영생복락을 누리게 되며, 새로운 피조물로서 하늘의 가치를 위해 열정을 불태우는 믿음의 사람이 되기 때문이다. 중생한 사람은 어떤 고난과 역경과 시련을 만나도 결코 그리스도의 사랑을 저버릴 수 없는 불가항력적인 은혜를 받게 된다. 예수의 생명이 그 속에 있기 때문이다. 그래서 인격적으로 예수를 만난 성도는 만나는 사람들마다 복음을 전하지 않고는 견딜 수 없는 열정적인 사명을 갖게 되는 것이다.

나와 여러분도 마찬가지이다. 성령을 체험하고 거듭난 사람은 예수의 사람으로 미치지 않을 수 없게 된다. 다시 말해, 예수의 사람은 성령에 완전히 사로잡히며 24시간을 주님과 연합하여 살지 않을 수 없게 된다. 그렇다면 성도는 어디에 미쳐야 하겠는가? 이왕이면 주님께 미쳐야 한다. 돈에 미치고 세상에 미치고 향락에 미치고 쾌락에 미치면 결국 세상적인 멸망에 이르게 된다. 그러나 나를 구원해 주신 주님께 미치면 놀라운 은혜와 신비로운 축복을 받게 된다. 이것이 성도의 바른 정체성이며 신앙관이다. 그러므로 성도는 세상에 미치는 것이 아니라 주님과 교회에 미쳐야 하는 것이다.

중학생 때 중생 체험

난 중학교 2학년 때 중생을 체험했다. 물론 주일학교 때에도 여름성경학교를 통해 뜨거운 은혜를 받았던 기억이 어렴풋이 떠오른다. 그때 새벽기도도 열정적으로 했고, 분반공부도 아주 신나게 했으며, 교회 생활을 적극적으로 한 것으로 기억된다. 모두가 나의 신앙적 자산이었다.

그런데 중학교 2학년 때는 보다 선명하게 주님을 체험하는 계기가 있었다. 그 당시 우리 교회는 건축 중이었다. 나는 장년 수요예배에 참석했다. 그때 찬송가 "죄짐 맡은 우리 구주 어찌 좋은 친군지……"를 부르는데 얼마나 눈물이 쏟아지는지 흐르는 눈물을 주체할 수가 없었다. 눈에는 눈물, 코에는 콧물, 입에는 침까지 튀기며 회개했다. 얼굴이 온통 눈물범벅이 되었다. 예배 후에도 나는 죄 용서됨과 십자가의 구속이 얼마나 절실하게 느껴지던지 그 은혜를 감당할 수 없어 앞에 있는 의자를 붙들고 엉엉 울면서 다시 뜨겁게 기도했다. 그때는 아무도 보이지 않고 주님과 나만 보였다. 나는 미쳐 있었다. 내 앞에 있던 어른들은 내가 붙들고 기도하던 의자가 쿵쿵 흔들리자 모두들 급히 일어나 도망가 버렸다. 그날 나는 강력한 성령의 불을 받았다.

친구의 죽음

중학교 3학년 때의 일이다. 이 시기는 내 인생에서 가장 슬프고 충격적인 사건이 있었던 때였다. 친한 친구가 내 등 뒤에서 싸늘하게 죽은 것이다. 그 친구는 나와 함께 독서실에서 공부하던 중학교 동창이었는데, 교회도 다니고 성격도 좋은 친구였다. 그 친구가 권투를 좀 했는데, 그날 동네 친구와 싸움이 벌어져 그만 봉변을 당한 것이다.

나는 몇몇 친구와 함께 구경 겸 응원을 갔다가 머리에 충격을 받고 쓰러진 친구를 황급히 업고 병원으로 뛰었다. 그런데 그만 그가 내 등에서 싸늘하게 식어 버린 것이다. 내가 그 친구를 내려놓았을 때는 이미 얼어붙은 시체였다. 그 일로 나와 함께했던 모든 친구들은 수갑이 채워져 곧장 경찰서로 끌려갔고, 그 후 하룻밤을 남대문경찰서 감방에서 보냈다. 정말 그날은 가슴이 멍해져 앞이 캄캄한 하루였다.

더 놀라운 것은 죽은 내 친구가 그날 싸우기 전 일기에 뭔가 유언 비슷한 것을 적어놓았는데, 그 내용이 참으로 내 가슴을 찢어지게 했다. 그것은 "나는 오늘 싸우러 간다. 무슨 일이 있을지도 모른다. 수영아, 내가 너에게 마지막으로 해 주고 싶은 말이 있는데, 너는 앞으로 목사가 되어라"였다. 그때 나는 그 유언장 같은 내용을 보면서 가슴을 쥐어짜며 얼마나 눈물을 흘렸는지 모른다. 울고 또 울었다. 뭔가 모르는 죄책감과 이상야릇한 소명이 겹치면서 흐르는 눈물을 주체할 수가 없었다.

그날 밤 나는 집에 와서 꿈을 꾸었다. 꿈에 예수님이 내 친구와 함께 나타나셨다. 예수님은 내 이름을 부르시며 주의 종이 되어 네 친구의 몫까지 담당하라고 말씀하셨다. 나는 깜짝 놀라 깨어났다. 2시였다. 나는 곧장 교회로 미친 듯이 향했다. 그리고 철야를 하며 밤새 눈물로 소리치며 외치고 또 외쳤다. 그날 밤 나는 "주님, 잘못했습니다!" 회개하며 주님 뜻대로 살겠다고 목놓아 부르짖고 또 부르짖었다. 나는 그날 밤을 평생 잊지 못한다. 얼마나 절규하며 부르짖으며 기도했는지 모른다. 그날은 정말 미쳐 있었다.

그 이후 나는 학교에 가기 전에 교회에 먼저 갔고, 학교가 끝나면 교회에 가서 찬송하고 기도하고 집으로 돌아왔다. 학교에서는 만나는 친구마다 전도했다. 나는 우리 교회에서 제일 많이 전도했다. 한 20명을 교회로 데리고 왔는데 12명이 등록하여 우리 교회를 다녔다. 나는 교회에서 중학교 때도 학생회장, 고등학교 때도 학생회장으로 섬기며 독보적인 존재로 뜨거운 신앙의 열정을 불태웠다.

신년 초에는 7일 금식, 연말에도 7일 금식을 온전히 했다. 그때는 교회에서 금식기도를 했는데, 친구들 앞에서 내가 설교하고 마치 목사가 된 양, 특히 조용기 목사님 흉내를 내며 소리친 것이 아직도 귀에 생생하다. 그때는 주님께 완전히 사로잡혀 미쳐 있었다. 나는 그 당시 교회 학생들에게는 열정적인 신앙의 모델이었다.

군대 자대 배치

그러나 청년이 되었을 때 나는 어릴 적 서원과는 달리 신학교에 가지 않았다. 그때는 목회자가 되는 것에 대한 두려운 마음과 아직 때가 아니라는 생각이 있었던 것 같다. 소명감도 확실히 느껴지지 않았다. 그래서 일반대학에 들어갔다. 그런데 그때는 이미 우리 집이 완전히 망했던 터라 장남인 나는 대학을 중도 포기하고 군대를 가기로 결정했다. 아버지는 군대에 가면 다시 한 번 신앙적으로 재무장하고 새사람이 되어 오라고 편지를 구구절절이 써주셨다. 나는 그 편지를 보며 군대에서 다시 내 신앙을 확실히 구축하겠다고 와신상담했다.

6주 훈련을 마치고 자대 배치를 받았다. 나는 서울에서 이사 온 우리 일산 집에서 그리 멀지 않은 금촌 백마부대에 배치되었다. 첫날 밤 점호 후의 사건은 무시무시한 기억으로 남아 있다. 그날 밤 우리 소대 내무반에서 갑자기 제일 위 고참병이 소집을 하더니 자기 바로 밑에 있는 고참병에서부터 제일 밑에 있는 졸병까지, 즉 바로 내 위까지 구타를 하는데 퍽퍽 소리가 나며 소름끼칠 정도로 간담이 써늘했다. 다행히 나는 막 왔다고 손을 대지는 않았는데 '아, 이러다 죽는구나!' 하는 생각이 들 정도였다.

다음 날이 공교롭게도 주일이었다. 나는 주일인 줄도 몰랐다. 정신이 없었기 때문이다. 그날은 중대원들 모두가 '똥' 푸는 작업을 했다. 그때만 해도 재래식 변소였다. 땅을 파서 변소를 만들고 똥을 통통에다 퍼서 다른 곳의 땅에 묻는 작업이었다. 나는 제일 말단 졸병이었기 때문에 열심히 똥을 얼굴에 묻혀가며 정신없이 작업을 했다. 그런데 어느 순간 상황실에서 "교인 집합!" 하는 소리가 내 귀에 선명하게 들렸다. 그 소리를 듣는 순간 나는 양쪽에 지고 있던 똥통을 나도 모르게 '탁' 하고 내려놓았다. 그때 똥물이 고참병들에게 튀었다. 나는 "이병 옥수영, 교회 다녀오겠습니다!"라고 외쳤다.

제일 고참병이 손가락으로 오라고 했다. 얼른 달려갔다. 주기도문, 사도신경을 외워 보라는 것이었다. 외웠다. "아 이놈, 환자 아냐? 얼른 보내!" 하는 것이다. 나는 내무반으로 달려갔다. 가는 도중에 중간 고참병들이 "너는 교회 갔다 오면 죽는다"고 협박했다. 나는 무조건 중대 상황실로 달려갔다. 그런데 아무도 없었다. 나 혼자였다. 모두가 무서워 집합 장소로 오지 못한 것이었다. 심지어 중대 군종병도 오지를 않았다. 모두가 똥 작업 하는데 교회 가기가 무서웠던 것이다. 눈 내린 겨울에 언덕 위의 교회를 나 혼자 올라갔다. "내 주를 가까이하게 함은~" 눈물을 흘리며 감격의 찬송을 불렀다. 그러나 그것도 잠시뿐, 감격의 예배를 마치고 황급히 내려오자마자 기다리고 있던 중간 고참병들에게 돌아가면서 죽도록 두들겨 맞았다.

그래도 나는 다음 주일에 또 교회로 갔다. 또 두들겨 맞았다. 그래도 줄기차게 교회를 다녔다. 맞으면서 교회를 다니는 것이 서럽기도 하고 즐겁기도 했다. 나는 아침이면 얼른 식사를 마치고 먼저 교회로 달려가서 기도하고 찬송하고 내려와 식기를 닦고 하루를 시작했다. 저녁을 먹을 때도 얼른 식사하고 와서 교회부터 갔다. 그리고 그곳에서 기도하고 찬송하고 얼른 내려와 식기 닦고 군화, 총기 닦고 내무반 일을 했다. 그래도 즐거웠다.

그때 나는 주님께 완전히 미쳐 있었다. 그렇게 교회를 어렵게 다니다가 내가 고참병이 되었을 때는 중대 90명 중에 80여 명 이상이 교회 올라가는 쾌거를 이루었다. 지금도 주님께 미쳤던 군 시절이 좋은 추억으로 남아 있다.

폐병을 앓으며 받은 소명

가사가 기울어졌던 우리 집이 다시 회복되었다. 나는 다니던 대학에 복학하지 않고 호주 유학을 결심했다. 그래서 호주에 있는 유수한 대학의 입학허가를 받았고 학비도 순조롭게 진행되었다. 마지막으로 종로 5가에 있는 '안국병원'에서 신체검사만 남겨 놓은 상태였다. 그 신체검사만 통과하면 호주로 유학을 가게 되었다. 그런데 그만 거기서 충격적으로 브레이크가 걸려 버렸다.

신체검사에서 왼쪽 폐 3분의 2가 결핵균에 감염되었다는 폐병 판정을 받았다. 3개월 동안 가족과 격리되어 음식도 따로 먹었다. 난 아무것도 할 수 없었다. 그때부터 우울증에 걸리고 심한 대인기피증, 정신적 피폐로 혼자 지내는 일이 많았다. 사람 만나기가 무서웠다. 나는 혼자 방에서 장시간 동안 있었고, 시간을 때우기 위해 늘 책을 읽으며 지냈다. 그러나 그것이 오히려 훗날 나에게 굉장히 큰 보탬과 자산이 되었다. 신학교 다니기 전에 이미 그때 기독교 서적을 다 통달하였기 때문이다.

나는 그런 와중에 기도원을 순례했다. 오산리기도원, 수동기도원, 청계산기도원, 한얼산기도원 등 여러 기도원을 다녔다. 혹시 기도하면 믿음으로 낫지 않을까 하는 생각이 들었고, 또 기도원에는 병자들이 많기 때문에 서로 공감대가 느껴져 덜 외롭기도 했다. 그때 나는 주로 오산리기도원에서 대부분의 시간을 보냈다.

그러던 어느 날 한얼산기도원에서 기적이 일어났다. 그때 나는 저녁 집회에서 은혜를 듬뿍 받고 혼자 산 기도를 했다. 소나무 하나를 뽑아야 한다는 생각에 자리를 잡고 회개의 눈물을 흘리며 뜨겁고도 간절하게 부르짖었다. 그때 갑자기 뜨거운 성령의 불이 임했다. 내 폐부를 주님의 손이 안수하시는 것이 느껴졌다. 그리고 주님의 음성이 들렸다. 갈라디아서 2장 20절 말씀이었다. 그리고 말씀하셨다.

"수영아, 이제부터는 네 힘대로 살지 마라. 내가 너를 책임질 것이다. 염려하지 말고 신학교에 가라."

쇠방망이가 내 머리를 강하게 때리는 것이 느껴졌다. 그때 내 입에서는 이상한 말이 나오고 있었다. 그 순간 나는 눈물, 콧물, 침까지 흘리며 회개와 순종, 충성을 다짐했다. 눈을 떠보니 소나무 하나가 뽑혀 있었다. 그 순간에 나는 미쳐 있었던 것이다.

나는 그렇게 폐병이 나았다. 그리고 주님 말씀대로 순종하며 신학교를 갔다. 그런데 놀라운 것은 신학을 한 이후에 내 인생이 술술 잘 풀리는 것이었다. 그전까지는 될 수만 있으면 신학을 안 하려고 고집했더니 막히고 얽히고 두들겨 맞고 하더니, 소명을 받고 딱 신학을 시작하니까 결혼 문제도 해결되고 유학 문제도 풀려 영국으로 가게 되고 학위도 잘 마치고 돌아오니 교회도 예비된 곳에서 개척을 하게 해주시고 지금까지 부흥케 해주셔서 즐겁게 목회의 길을 걸어오고 있다. 또 유학 후에도 교수의 길이 열려 지금까지 15년이 넘게 후학들을 가르쳐 오고 있다. 참으로 감사한 일이다. 나는 지금도 기억하기를 한얼산기도원에서 기도할 그

때는 내 정신이 아니라 완전히 주님께 미쳐 있었던 것이다.

이왕이면 주님께 미쳐라!

여러분도 이왕이면 주님께 미쳐 보라. 흉내만 내지 말고 완전히 미쳐 보라. 철저히 예수 스타일로 바꿔 보라. 그러면 주님이 구체적으로 책임져 주시며 막혔던 길도 열리고 놀라운 역사가 나타날 것이다.

오늘날 현대 사회는 사람들을 미치게 하는 것들이 많다. 세상은 참으로 많은 것들로 사람들을 유혹한다. 물질로, 향락과 쾌락으로, 지위와 명예로, 권세와 출세로, 학벌과 배경으로 시마다 때마다 분초마다 유혹한다. 그러나 성도는 이런 데에 미치면 망한다. 시작은 창대한 것 같으나 나중에는 멸망의 길이다. 일시적으로 좋을지 모르지만 궁극적으로 비참하고 불행한 종말을 맞게 된다.

그러므로 이왕 미치려면 주님께 미쳐라. 그것도 완전히 미쳐라. 주님 없이는 나는 아무것도 못한다고 고백하라. 아예 선언해 버려라. 모든 것을 내려놓고 다시 시작하라. 주님께 다 맡겨라. 온전히 100% 맡겨라. 그러면 정말로 살아 계신 주님이 여러분을 책임져 주시고, 누르고 흔들어 넘치도록 하늘의 신령한 복을 내려 주실 것이다.

나는 지금도 여전히 주님과 복음에 미쳐 있다. 나는 앞으로도 주님께 더 미치기를 갈망한다. 내 목회의 트레이드마크(trade-mark)도 '열정적인 목사'였으면 좋겠다. 나는 오늘도 죽을 때까지 미친 목사로 주님을 위해 끝까지 쓰임 받기를 기도해 본다.

03 오직 하나님께 영광을 돌려라

> 그런즉 너희가 먹든지 마시든지 무엇을 하든지 다 하나님의 영광을 위하여 하라 고전 10:31

마음 문 열기(Ice-breaking)

선녀 세 명이 계곡에서 목욕을 하는데 두 선녀는 예쁜데 한 선녀는 못생겼다. 이들은 옷을 벗어 밖에 놓고 '언제 내 옷을 훔쳐가나?' 하며 매일 기다렸다. 그런데 예쁜 두 선녀는 잘생긴 총각이 나타나 데려가고 못생긴 선녀만 남게 되었다. 못생긴 선녀도 옷을 벗고 매일 목욕을 하며 남자를 기다렸지만 아무도 나타나지를 않았다. 그러던 어느 날, "앗! 옷이 없어졌다." 못생긴 선녀가 얼른 나와 둘러보니 잘생긴 남자가 서 있었다. 못생긴 선녀가 '좋아라!' 하며 달려가려 했더니 그 남자 왈, "세탁~!"

이번 주제는 '오직 하나님께 영광'이다. 예수에 미친 사람은 오직 하나님께만 영광을 돌리는 자가 된다. 예수님은 나는 아버지의 보내심을 받았고, 아버지께서 가르쳐 주신 대로 말한다고 하셨고, 아버지의 영광을 위해 왔다고 선포하셨다. 예수님은 오직 하나님 아버지의 영광만을 위해서 사셨다. 우리 성도들도 이를 본받아 오직 하나님께 영광을 돌리는 신앙생활을 해야 할 것이다.

Sola Deo Gloria

예수님은 그 인생의 모든 부분을 오직 하나님께만 영광을 돌리셨다. 예수님은 하나님이 원하시는 일만 하며 하나님이 말씀하시지 않는 것은 하지 않았다고 진술하셨다. 그는 언제나 가르치실 때도, 병자를 고치실 때도, 복음을 전하실 때도 하나님의 영광에만 초점을 맞추며 사역하셨다. 예수님 또한 삼위일체 하나님으로서 독단적으로 자신의 권능을 베푸실 수 있음에도 불구하고 언제나 하나님의 뜻을 의지하여 하나님이 하신 것이라고 말씀하신 것은 참으로 놀라운 겸손이며, 오직 하나님께만 영광을 돌리는 행위임을 알 수 있다.

예수님은 십자가에 달려 돌아가시기 전날 밤 겟세마네 동산에서 기도하실 때도 눈물이 핏방울이 되기까지 "할 수만 있으면 이 잔을 내게서 옮기시옵소서. 그러나 내 뜻대로 마옵시고 아버지의 뜻대로 하옵소서!" 하며 전심으로 간구했던 것이다. 그는 그 와중에도 하나님의 뜻에 전적으로 순종했던 것이다. 그리고 십자가에서 죽음의 고통을 당하실 때도 오직 하나님의 영광을 위해 친히 부끄러움을 개의치 않고 복종하셨던 것이다.

세속적인 열정인가?

열정적인 사람이 성공하는 것은 우리 주변에서도 흔히 볼 수 있다. 뭔가에 미쳐 있으면 성공하게 되어 있다. 10년만 한 분야에 미치면 독보적 전문가가 된다고 하지 않는가? 사업이든, 공부든, 직장이든, 운동이든 열정적인 사람은 그 분야에서 탁월할 수밖에 없다. 그것이 인류의 역사이고 성공의 법칙이다.

그러나 내가 좋아서 쏟아 부은 열정이 세속적인 성공으로만 보상을 받는다면 그것은 기독교적 정신에 어긋난다. 배부른 돼지가 될 뿐이다. 결국 이기적 성공을 원하는 인간의 얄팍한 수단에 불과하다. 만약 성도가 세속적인 성공을 위해서만 열정을 쏟는다면 그 사람은 미성숙한 사람이며, 그 열정은 아무 의미가 없는 것이다. 그러므로 성도가 열정을 쏟을 때에는 무엇을 위한 것인가를 꼭 생각해야 한다. 이것이 '나를 위한 것인가, 아니면 타인을 위한 것인가? 내 출세를 위한 것인가, 아니면 하나님의 영광을 위한 것인가?'를 꼭 짚어 보아야 한다.

'Why' 와 'How' 의 차이

영국에서 유학할 때 귀에 못이 박히도록 들은 말이 있다. 그것은 'Why?'란 단어이다. 이 논문을 왜 써야 하고, 왜 이 문제를 다루어야 하며, 무엇 때문에 이 문제에 접근하게 되는지, 그 모든 이유를 수없이 자문하고 자답해야 논문의 뼈대를 확실히 세울 수 있었다. 그래서 영국의 논문은 '왜'를 굉장히 강조한다. 여기에 대해 터득하지 않으면 논문을 쓸 수 없고 학위를 취득할 수도 없다. 본질적인 부분을 다루는 것이다.

반면에 미국은 'How?'를 강조한다. 미국은 실용주의 노선을 걷기 때문에 논문을 쓸 때도 어떻게 이 문제를 해결할 것인지, 어떻게 성공할 것인지, 어떻게 사업할 것인지, 어떻게 경제 문제를 풀 것인지, 어떻게 가정 문제를 풀 것인지 등등 주로 방법적인 문제에 더 많이 접근한다. 다시 말해, 문제의 원인 규명보다는 문제 해결에 더 많은 관심을 가지고 있다고 하겠다. 실제로 미국이 세계 최강의 나라가 된 것은 이런 방법적인 부분에서 남들보다 앞서 가고 있기 때문이다.

그러나 'How'로 문제를 해결했다 할지라도 'Why'가 분명하지 않으면 그것은 나중에 문제가 될 수 있다. 다시 말해, 과정보다 결과를 앞세우다 보면 편법이 난무하고 세속적인 성공만이 최고의 가치인 것처럼 여겨질 수 있다는 것이다. 이것이 바로 황금만능주의, 자본주의의 병폐라고 할 수 있다. 신앙생활도 마찬가지이다. 'Why'가 확실히 정립되지 않고 'How'만을 추구하다 보면 기복주의, 성장주의로만 치닫게 된다. '꿩 잡는 게 매', '모로 가도 서울만 가면 된다'는 식이다. 이것은 절대로 올바른 신앙이 아니다. 그러므로 신앙에도 왜 열정을 쏟아야 하는지에 대한 분명한 해답을 갖고 있어야 한다. 그래야 그 열정이 거룩한 열정으로 승화될 수 있다.

욥의 하나님 중심 신앙

동방의 최고 갑부 욥은 모든 것을 다 잃었다. 재산도, 자식도 모두 한꺼번에 잃어버렸다. 그때 그는 자신의 억눌린 심정을 어떻게 표현했는가? "주신 이도 여호와시요 거두신 이도 여호와시오니 여호와의 이름이 찬송을 받으실지니이다"(욥 1:21)라고 고백했다. 욥은 이 모든 일에 범죄하지도 않았고, 하나님을 원망하지도 않았다. 다시 말해, 욥은 자기중심적 신앙을 가진 것이 아니라 철저히 하나님 중심의 절대주권을 따르는 뜨거운 신앙의 열정을 가졌던 것이다. 물질도 자녀도 내 것이 아니고 하나님의 것이기 때문에 하나님의 뜻에 무조건 맡기겠다는 것이다.

욥은 발바닥에서 정수리까지 온몸에 종기가 나서 질그릇 조각으로 몸을 긁을 정도로 아픔을 주체하지 못했다. 그의 아내는 "하나님을 욕하고 너도 죽어라!" 하며 가출해 버렸다. 친구들은 처음에 와서는 위로했지만 시간이 지나면서 점점 손가락질을 하고 욥을 정죄하며 비난했다. 그러나 욥은 그런 고통 가운데서도 철저한 하나님 중심의 신앙 열정을 가졌다. "내가 가는 길을 그가 아시나니 그가 나를 단련하신 후에는 내가 순금같이 되어 나오리라"(욥 23:10)고 고백했다.

얼마나 대단한 신앙인가? 이것은 욥이 얼마나 하나님에 대한 무한 신뢰와 신앙의 지조를 지키려는 뜨거운 열정을 갖고 있었는가를 잘 보여준다. 정말로 대단한 신앙의 열정이라 할 수 있다.

믿음의 사람들의 공통점

성경을 보면 다니엘, 에스더, 요셉 등과 같은 사람들도 욥과 같은 열정적인 믿음을 가지고 있었다. 그들의 공통점이 무엇인가? 어떤 상황에서도 하나님의 뜻을 저버리지 않고 오직 하나님의 영광을 위해 산 것이다. 그들은 '어떻게' 하면 고난을 이길 것인가, '어떻게' 하면 축복을 받을 것인가를 생각하기보다는 '왜' 내가 고난을 이겨야 하는가, '왜' 내가 성공을 해야 하는가를 먼저 생각하는 사람들이었다. 그것이 고난이든 축복이든 하나님의 영광을 위한 것이라면 어떤 희생도 감수하고 하나님의 뜻에 전적으로 순종했던 것이다. 다시 말해, 그들은 오직 하나님의 영광의 도구로만 사용된 인물들이었다. 그래서 하나님께서는 그들에게 축복을 주어 더욱 큰 그릇으로 사용하셨던 것이다.

오직 하나님의 영광!

소요리 문답 1번이 무엇인가? 인간의 제일 되는 목적은 하나님을 영화롭게 하고 그를 영원토록 즐겁게 하는 것이다. 산천초목도 하나님께 영광을 돌리는 피조물이다. 동물도 식물도 모두가 다 하나님께 영광을 돌리는 작품들이다. 그러므로 예수의 피 값으로 구원받은 성도들은 당연히 먹든지 마시든지 무엇을 하든지 어디로 가든지 다 하나님의 영광을 위해서 살아야 한다.

가정에서도 직장에서도 사업장에서도 학교에서도 병원에서도 군대에서도 어디에서든지 하나님의 영광을 위해 살아야 한다. 공부를 하든지, 돈을 벌든지, 정치를 하든지, 결혼을 하든지, 전쟁터에 나가든지, 병을 고치든지 무엇을 하든지 오직 하나님의 영광을 먼저 생각하는 그리스도인이 되어야 한다. 이것이 빠지면 그리스도인은 삶의 아무 의미가 없으며 진정한 행복을 추구할 수 없다.

왜 공부하는가?

공부도 하나님의 영광을 위해서 하는 성도가 되어야 한다. 서울대를 수석 졸업한 김동환 목사도 하나님의 영광을 위해 공부했다고 하지 않는가? 그는 다니엘처럼 뜻을 품고 총신대 신학대학원에 들어가 주의 종이 되어 하나님의 영광을 위해 계속 매진하고 있다. 몇 년 전에 서울대에 수석 입학한 모 학생도 자신이 서울대에 들어간 것은 순전히 하나님의 은혜였다고 이야기하며 모든 것을 하나님께 영광을 돌린다고 하였다.

미국 유학생들 중에 하버드, 예일, 프린스턴, 시카고 대학 등 명문대학에 들어간 청년 크리스천들을 조사한 결과 그들 대부분이 하나님의 은혜로 이 대학에 들어왔고, 하나님의 영광을 위해서 살겠다고 고백했다고 한다. 이들은 지성인다운 크리스천이 아니라 크리스천다운 지성인이 되겠다는 것이다. 정말로 아름다운 인생관이라 아니할 수 없다.

미국의 모 안수집사는 세 자녀를 훌륭하게 키웠다. 큰아들은 하버드 대학을 졸업했고, 둘째 딸은 미국 육군사관학교에 다니고, 셋째 딸은 오빠처럼 하버드 대학에 다닌다고 한다. 그 비결이 무엇이냐 물었더니 이렇게 대답했다고 한다.

첫째, 성경 말씀을 철저히 가르쳤다. 하나님이 너희와 늘 함께하시고, 성경 말씀대로 살면 너희들이 어디로 가든지 성공한다는 것을 가르쳤다고 한다. 둘째, 교회에 충성하지 않으면 재능을 빼앗긴다고 가르쳤다. 공부도 열심히 해야 하지만 교회 봉사하는 것도 게을리 해서는 안 된다는 것이다. 셋째, 너희들이 왜 공부하는지를 분명히 알아야 한다고 가르쳤다. 성공을 위해서만 공부하는 것이 아니라 하나님의 영광을 위해서 할 때 그것이 아름답다는 것을 계속 심어 주었다고 한다. 그 결과 그들이 기독교 정신으로 잘 자라서 훌륭한 인물들이 되었다는 것이다.

왜 사업을 하는가?

성도들이 사업을 하는 것도 하나님의 영광을 위해 하는 것이다. 이익 창출을 위해서만 회사를 경영한다면 수단과 방법을 가리지 않는 부도덕한 사장이 될 것이다. 그러나 하나님의 영광을 위해서 사업을 한다면 하나님 앞에서 깨끗하고 정직한 사업가가 될 것이다. 그리고 하나님의 영광을 위해 쓰임 받는 귀한 물질이 될 것이다.

대의그룹 채의승 회장의 간증이다. 그는 가난한 소년 시절 세 가지의 꿈을 꾸었다. 박사학위를 받아 대학교수가 되는 것, 대그룹 회사 사장이 되는 것, 100교회를 건축하여 하나님께 바치는 것이었다. 고2 때부터 이 세 가지를 놓고 기도했다.

믿음으로 열심히 최선을 다한 결과 두 가지 꿈은 이루었다. 건국대학교에서 경제학 박사학위를 받고 겸임교수가 되었다. 또한 대의그룹 회장이 되어 하나님께 영광을 돌렸다. 그런데 마지막 꿈인 100교회 건축은 아직 달성하지 못해 늘 안타까운 마음이 들었는데, 지금도 그것을 위해 모진 고난을 딛고 달려가고 있다고 한다. 하지만 현재 95개 이상을 국내외에 건축하여 목표달성도 얼마 남지 않았다고 한다. 그는 고백하기를, 이 모든 것이 다 하나님의 은혜이며 하나님의 영광을 위해서 지금도 달려가고 있다고 간증한다. 참으로 한국 교회에서 존경할 만한 훌륭한 장로님이시다.

목숨 건 교회 개척

나는 영국 유학을 마치고 한국으로 돌아왔다. 교회를 개척하기 위해서였다. 그것은 또 하나의 교회를 세우는 것이 아니라 하나님이 원하시는 본질적인 교회를 세우고자 하는 불타는 마음이 있었기 때문이다. 많은 사람들이 내가 살았던 경기도 일산에서는 이미 개발이 완료되었기 때문에 개척하기는 힘들다고 했다. 후발주자였던 것이다. 그러나 나는 일산의 성시화, 민족의 복음화, 세계 선교화의 사명을 안고 '남들이 안 되는 곳, 할 수 없다고 생각하는 곳에서 하자'고 마음먹고 일산에서 개척을 시작했다.

나는 오산리기도원에서 교회 개척 제목을 놓고 3일 금식, 7일 금식을 번갈아 하며 40일 금식을 채웠다. 시작부터 성령이 충만하지 않으면 안 된다는 생각이었다. 금식을 하면서 하나님이 원하시는 곳이라면 어디든 가겠다고 기도했다. 그러던 중 일산의 중산 지역에 있는 뒷골목 상가 7층 건물이 나왔다. 월세로 계약을 했다. 사택은 교회 상가 4-5평 정도를 원룸으로 개조해서 나와 아내, 두 아들이 함께 지냈다.

교회 입당 예배를 드리기 전에 한 선배 목사님이 찾아왔다. 그분은 우리 교회의 위치를 보더니 다짜고짜 하는 말이 이곳은 안 된다고 했다. 그러면서 왜 자기 말을 안 듣고 개척을 했느냐고 했다. 이런 곳은 유명한 조용기 목사나 한경직 목사가 해야 된다는 것이었다. 나는 그런 추궁의 말을 들었을 때 내 속에 울컥 하고 올라오는 것이 있었다. 그것은 '왜 조용기 목사도 되고 한경직 목사도 되는데 옥 목사는 안 된단 말인가? 하나님이 함께하시면 나도 될 수 있다'는 확신이었다. 그리고 이런 곳에서도 하나님이 함께하시면 된다는 것을 보여주고 싶은 열정이 솟구쳤다.

나는 매일 기도하고 전도하고 설교 준비하며 교회를 떠나지 않았다. 거의 매일 5시간 이상을 기도했고, 새벽기도가 끝나면 아파트에 전단지를 돌렸고, 오전에는 문화교실을 열어 영어성경대학과 영어회화, 열린 신앙 강좌를 담당했다. 제자훈련은 시간이 되는 대로 찾아다니며 시켰다. 설교 준비를 위해서는 7시간 이상을 투자했다. 밤을 새우며 철야 기도한 적이 수도 없고, 설교 준비를 위해 밤새도록 사투한 적도 한두 번이 아니었다. 무조건 한 영혼이라도 섬기고 사랑하고 돌보고 심방하고 원하는 곳이면 어디든지 찾아갔다. 교회 자립을 위해 몸부림치며 목회에 열정을 쏟았다. 그 결과 1년 만에 100명 정도가 모이는 역사가 나타났다. 그것은 기적이었다.

나는 오직 하나님의 영광만을 생각했다. 부름 받아 나선 이 몸 어디든지 가오리다. 하나님의 영광을 위해 어디든지 가서 무엇이든지 하겠다는 각오로 뛰어드니까 하나님이 역사해 주신 것이다. 지금은 재적 700명이 되는 교회로 성장했다. 모든 것이 하나님의 은혜요, 하나님의 영광의 도구로 쓰임 받은 결과라고 생각한다.

오직 하나님께 영광!(Sola Deo Gloria!)

Chapter 2. 구원(Salvation)

"내가 그리스도와 함께 십자가에 못 박혔나니 그런즉 이제는 내가 사는 것이 아니요 오직 내 안에 그리스도께서 사시는 것이라 이제 내가 육체 가운데 사는 것은 나를 사랑하사 나를 위하여 자기 자신을 버리신 하나님의 아들을 믿는 믿음 안에서 사는 것이라"(갈 2:20).

구원은 성도에게 신앙의 뿌리이다.
삶의 원천이며 축복의 물줄기이다.
성도는 구원이 무너지면 다 무너진다.

교회에 다니면서 가장 불쌍한 사람은
구원받은 흉내를 내는 사람이다.
진정한 구원의 체험이 없으면서도
종교적인 행위에 빠져 있는 사람이다.

이런 사람은 참으로 불쌍한 자이다.
나도 혹시 그렇지 아니한가?
반문해 본다.

01
구원받음을 기뻐하라

> 그러나 귀신들이 너희에게 항복하는 것으로 기뻐하지 말고 너희 이름이 하늘에 기록된 것으로 기뻐하라 하시니라 눅 10:20

마음 문 열기 (Ice-breaking)

유치원에서 한 아이가 "선생님, 오줌 마려워요" 했다. 이에 선생님은 "애야, 다른 애들도 들으니 아름답게 표현하렴" 하며 "오줌이 마려울 때는 '선생님, 휘파람 불고 싶어요!'라고 말하라"고 했다. 그래서 아이는 선생님 말씀대로 그렇게 잘했다. 그런데 집에 와서 아빠와 같이 자는데 또 오줌이 마려웠다. 그래서 "아빠, 휘파람을 불고 싶어요!" 하고 말했다. 아빠는 귀찮은 듯이 "이 밤에 무슨 휘파람이야?" 하며 어서 자자고만 했다. 너무 급해진 아이는 아빠에게 계속 휘파람을 불고 싶다고 했다. 그러자 아빠가 마지못해 하는 말, "그럼 내 귀에 조용히 불어라."

이번 주제는 "구원받음을 기뻐하라"이다. 이 세상에서 가장 큰 축복은 내가 구원을 받은 것이다. 이것보다 더 큰 축복과 행복은 없다. 세상 사람들은 그것을 모른다. 돈과 명예와 권세가 제일인 줄 안다. 그러나 그리스도인은 예수를 믿으면 그가 내 안에 거하며 천국 가는 날까지 나와 함께하신다는 것을 믿는다. 그리고 그 놀라운 주님의 사랑을 그 어떤 것과도 바꾸지 않는다.

사랑에 미친 예수

예수 그리스도는 삼위일체 하나님이시다. 그분은 이 땅에 오실 필요가 없었다. 다만 인간을 너무나 사랑하셔서 그들을 대속하고 구원하시기 위해 스스로 성육신하셔서 이 땅에 오셨던 것이다. 순전히 당신의 백성을 사랑하셨기 때문이다. 만약 그에게 인간을 향한 뜨거운 사랑의 열정이 없었다면 결코 이 세상에 오시지 않았을 것이다. 더욱이 십자가에 죽으셔야만 우리의 죄를 사해 주실 수 있는데 그 엄청난 고통을 감수하면서까지 왜 오시려고 했겠는가? 이유는 단 한 가지이다. 뜨겁게 우리를 사랑하셨기 때문이다. 그러므로 예수님의 십자가의 사랑은 아가페적인 사랑의 결정체이며, 인류 구속사역을 위한 사랑의 용광로라 할 수 있다.

이렇게 예수님은 십자가에 죽기까지 순종하시며 인류를 위해 구원의 길을 열어 놓으셨다. 이제 누구든지 예수 그리스도를 믿는 자는 남녀노소 빈부귀천을 막론하고 모두가 다 구원을 받는다. 또 지위고하를 막론하고 예수 안에 있으면 누구든지 영생을 얻으며 하나님의 자녀가 될 수 있다. 우리의 인생에서 인생의 방황은 예수 그리스도를 만나면 끝이 나고, 신앙의 방황은 좋은 교회를 만나면 끝이 난다. 따라서 성도의 축복된 삶의 시작은 우선 예수 그리스도를 인격적으로 만나는 것이다.

구원의 확신을 가져라!

구원의 확신은 신앙의 뿌리이다. 교회에서 아무리 봉사를 많이 하고 충성을 많이 해도, 아무리 능력을 많이 행해도 구원받지 않으면 그 사람의 인생은 말짱 도루묵이다. 이 세상에서 가장 불행한 사람이요 가장 불쌍한 사람이 된다. 만약 그 사람이 천국에 갔는데 예수님이 "나 너 모른다!" 하시면 얼마나 슬픈 일이겠는가? 그동안 충성, 헌신, 봉사했던 것이 얼마나 억울하겠는가? 그러므로 구원의 확신은 이 세상에서 성도들에게 가장 소중하고 중요한 기본적 신앙이다. 구원의 반석 위에 아름다운 믿음의 집을 지을 수 있고, 구원의 뿌리 위에 좋은 축복의 열매도 맺을 수 있는 것이다.

요한복음 3장 16절과 갈라디아서 2장 20절의 차이
지금까지 우리는 요한복음 3장 16절을 믿었다.

"하나님이 세상을 이처럼 사랑하사 독생자를 주셨으니 이는 그를 믿는 자마다 멸망하지 않고 영생을 얻게 하려 하심이라."

이것만 믿으면 구원을 받는다고 생각했다. 물론 틀린 말은 아니다. 그러나 이것만 갖고는 뭔가 2%가 부족하다. 교리 상으로는 맞을지 모르지만 실제로 성도들이 생활할 때에 구원의 계속적인 감격을 누리며 천국까지 구원의 확신을 가져가기에는 부족하다. 왜냐하면 구원이 지식적인 것이 아니기 때문이다. 또한 구원은 기차표 티켓 정도로 치부할 수 있는 것이 아니기 때문이다. 구원은 인격적으로 주님을 만나는 영적 체험이 반드시 따라와야 하기 때문이다.

그래서 갈라디아서 2장 20절이 필요하다.

"내가 그리스도와 함께 십자가에 못 박혔나니 그런즉 이제는 내가 사는 것이 아니요 오직 내 안에 그리스도께서 사시는 것이라 이제 내가 육체 가운데 사는 것은 나를 사랑하사 나를 위하여 자기 자신을 버리신 하나님의 아들을 믿는 믿음 안에서 사는 것이라."

이것을 체험해야 비로소 구원을 받았다 말할 수 있다. 무슨 말인가? 예수 그리스도의 십자가와 부활을 믿는 자는 그 사람의 마음속에 주님이 살아 계신다. 그러므로 구원받은 성도는 날마다 그 주님과 연합하며 동행하는 삶을 살 때 비로소 구원의 기쁨과 감격을 누리며 진정한 구원의 체험을 할 수 있게 되는 것이다.

십자가의 도에 미쳐라

　성도는 십자가의 도를 체험하지 않으면 구원의 체험을 할 수 없다. 십자가 신학이 무엇인가? 나의 자아는 죽고 예수와 더불어 산다는 것이다. 내 마음의 주인이 예수 그리스도가 된다는 것이다. 물질이 아니고 내 욕심이 아니고 내 뜻이 아니고 오직 예수 그리스도의 뜻대로 순종한다는 것이다. 예수의 사람이 되고, 예수로 충만한 영이 임하게 되는 것이다. 다시 말해, 십자가의 도를 믿는 사람은 더 이상 '나란 존재는 없고, 오직 예수 그리스도만이 내 안에 살게' 되어 있다.

　십자가는 신비한 능력이다. 그것은 고통의 틀이기도 하지만 승리의 도구이기도 하다. 예수님이 십자가에 죽으심으로 죄를 용서해 주셨다. 세상에 말할 수 없는 진정한 평화를 주셨다. 인간의 슬픔과 질고를 치유해 주셨다. 사탄의 권세를 이기셨다. 더욱이 십자가를 통해 부활의 영광을 맛보셨던 것이다. 그러므로 십자가의 도가 멸망하는 사람들에게는 미련한 것같이 보이나 구원을 받는 하나님의 백성들에게는 능력이 된다(고전 1:18). 십자가를 묵상하면 신비한 힘이 주어진다. 크고 비밀한 능력을 소유하게 된다. 예수 그리스도의 십자가야말로 성도들에게 힘을 주는 원동력이며, 치유와 회복과 변화의 원천이 되는 것이다. 성도들이여, 십자가로 돌아가라!

　사도 바울은 십자가에 미친 사람이었다. 그는 십자가의 고통을 몸소 체험한 사람이었다. 복음을 위해 얼마나 많은 고통과 고난을 당했는가? 수많은 매질과 감옥에 갇힘, 파선과 돌로 맞음, 탈진과 외로움, 조롱과 멸시 등 이루 말할 수 없는 십자가의 고통을 체험했다. 그래서 그는

"나를 괴롭게 하지 말라 내가 내 몸에 예수의 흔적을 지니고 있노라"(갈 6:17)고 공언하기도 했다. 그러나 그는 일평생 힘들고 어려울 때마다, 나태하고 나약해질 때마다, 또는 탈진되어 외로울 때마다 십자가를 묵상하며 그 모진 고통에서 승리했다. 십자가를 묵상하고 기도하면 예수님이 힘을 주셨던 것이다.

또 하나 바울이 승리한 원동력은 다메섹 도상으로 돌아가는 것이었다. 그곳에서 부활하신 예수 그리스도를 처음 만나 회심했기 때문이다. 그때의 소명을 잊지 않고 첫사랑, 첫 믿음의 불을 지피며 다시 신앙의 열정을 회복하곤 했다. 이것이 사도 바울이 일평생 전도자로 승리한 비결이었다.

새벽기도의 십자가 체험

나는 새벽기도에 익숙해 있기 때문에 12시에 자도 4시에 일어나고, 2시에 자도 4시에 일어나고, 심지어 3시에 자도 4시에 일어나는 훈련이 되어 있다. 그만큼 새벽기도는 나의 몸에 배어 있다. 또한 새벽기도는 나에게 희망을 주고 영감을 주며 지혜를 주는 신비로운 시간이기도 하다. 그래서 새벽기도를 하면 1년 목회 플랜이 그림 그리듯이 디자인이 되고, 머리가 복잡하거나 문제가 있을 때 새벽에 기도하면 실타래 풀리듯이 술술 풀리는 것을 경험할 때가 한두 번이 아니다.

특별히 나는 매일 새벽기도 때마다 십자가를 묵상하며 영적 싸움에서 승리하는 사람이다. 왜냐하면 십자가의 도가 멸망하는 자들에게는 미련한 것같이 보일지 모르지만 구원을 받은 하나님의 자녀에게는 능력이 된다는 것을 믿기 때문이다. 십자가에는 위대한 능력이 숨어 있음을 확신하기 때문이다. 그래서 나는 새벽기도를 시작할 때에도 십자가를 묵상하고, 마칠 때에도 십자가를 묵상한다. 그렇게 새벽에 날 위해 피 흘려 돌아가신 예수 그리스도의 십자가를 묵상하며 "나도 주님이 주신 내 십자가를 즐겁게 지겠습니다" 하고 고백하면 내 안에서 나도 모를 새로운 힘이 솟구쳐 올라온다. 참으로 십자가는 놀라운 능력의 산실이다.

어느 날 나는 신비롭고 놀라운 체험을 했다. 그날도 십자가를 묵상하며 소명감에 젖어 간절히 기도했다. 마치 바울이 다메섹 도상으로 돌아가 첫사랑, 첫 믿음을 회복했던 것처럼 나도 폐병을 앓았을 때 소명을 받았던 것을 기억하며 눈물을 흘리며 뜨겁게 기도하고 있었다. 그런데 내 기도에 이상한 변화가 일어났다. 이미 내 입은 다른 방언으로 말하기 시작했고, 또 내가 하는 방언이 성령의 조명하심을 통해 깨달아지는 것이었다. 정말 놀라운 사건이었다. 주님이 말씀하셨다.

"내가 너와 함께하리라. 너의 길을 책임지리라."

그 시간 나는 입술로 성령의 춤을 추며 눈물과 감사와 감격과 감동의 도가니 속으로 들어갔고, 성령의 기름 부으심으로 충만해 있었다. 그 이후 내 목회에 새로운 변화가 일어났다. 내가 예수 그리스도의 피와 십자가를 묵상하며 간절히 기도하면 하나님의 능력과 치유와 회복의 역사가 나타났던 것이다. 나는 이것이 '구원의 체험'이요, '십자가의 능력'이라고 믿는다.

철야기도의 십자가 체험

철야기도 때에도 이와 비슷한 경험을 했다. 보통 나는 금요 철야기도 때면 온몸이 땀으로 흠뻑 젖는다. 열정적인 설교와 합심 기도회를 인도

하다 보면 그 열기를 감당 못해 땀이 홍수처럼 흘러내리기 때문이다. 에너지가 다 빠져나가는 것이 온몸으로 느껴진다. 내 스스로도 금요 철야기도에 대한 중요성을 인식하고 있기 때문에 더욱더 힘써서 인도한다. 나도 그때마다 주체할 수 없는 큰 은혜를 많이 받는다.

금요 기도회가 끝나면 개인적으로 안수받기를 원하는 사람을 앞으로 나오게 해 마지막까지 안수를 해준다. 그때 또 한 번 진액을 쏟아 안수한다. 그야말로 땀으로 다시 한 번 샤워하는 느낌이다. 그런 뒤 집에 가면 하나님의 은혜로 포만감에 젖어 샤워 후에 깊이 잠들곤 한다. 나는 매 금요일마다 이렇게 기도회를 인도한다.

그런데 어느 금요기도회 때 나는 또 다른 놀라운 체험을 했다. 주로 나는 금요 철야기도회 때 설교 후 합심 통성기도 시간에 한 사람씩 안수기도를 해준다. 기도 제목을 주고 합심 기도를 하는 동안 앞에서부터 뒤에까지 모두 다 안수를 해준다. 그런데 어느 날 그렇게 안수하는 동안에 놀라운 체험을 했다. 그날은 정말 내 안에 계신 성령의 뜨거운 체험을 하면서 안수했다.

안수를 하고 뒷자리에 가서 내 손을 보는데 마치 예수님의 피 묻은 손처럼 못 박힌 손의 환상이 내 손에서 보이는 것이 아닌가? 순간 전율을 느꼈다. 감사와 감동과 은혜의 순간이었다. 그 이후로 나는 예수의 피를 의지하여 안수하면 하나님의 더욱 큰 능력을 경험할 때가 많았다. 이것도 예수 그리스도의 십자가의 능력이라 확신한다. 성도는 십자가의 능력을 의지할 때 새 힘을 얻게 되는 것이다.

생명책에 기록된 것을 기뻐하라

예수님의 70인 제자들을 보라. 그들이 예수님의 명령으로 전도할 때에 큰 기적들이 일어났다. 돌아와서 예수님께 보고하며 말씀을 드렸다. "귀신이 떠나가고 질병이 고쳐지며 기적과 능력이 나타나더이다."

그랬더니 예수님께서 말씀하시기를 "내가 너희들에게 귀신을 쫓아낼 권세를 주었으니 너희를 해칠 자가 없으리라. 그러나 귀신이 너희에게 항복하는 것보다 너희 이름이 생명책에 기록된 것으로 더욱 기뻐하라" 하셨다. 이것은 어떤 능력과 기적을 행하는 것보다 구원의 확신을 갖는 것이 더 큰 축복이며 은혜라는 것을 깨달으라는 말씀이다.

성도들도 마찬가지이다. 우리 인생 가운데 가장 큰 축복은 예수 믿는 것이다. 돈과 명예와 권세를 얻는 것이 아니라 성령 받고 하나님의 자녀가 된 것이며, 천국 백성이 된 것이며, 영생복락을 누리게 된 것이다. 구원의 확신, 그것은 내 인생에서 그 어떤 것보다 귀한 하나님의 축복이며 최고의 선물인 것이다. 그러므로 그 어떤 것도 예수 그리스도의 사랑에서 끊을 수 없다. 환난이나 곤고나 박해나 기근이나 적신이나 위험이나 칼이랴? 사망이나 생명이나 천사들이나 권세자들이나 현재 일이나 장래 일이나 능력이나 높음이나 깊음이나 다른 어떤 피조물이라도 우리를 우리 주 그리스도 예수 안에 있는 하나님의 사랑에서 끊을 수 없는 것이다. 할렐루야!!

02 구원의 즐거움을 회복하라

나를 주 앞에서 쫓아내지 마시며 주의 성령을 내게서 거두지 마소서 주의 구원의 즐거움을 내게 회복시켜 주시고 자원하는 심령을 주사 나를 붙드소서 시 51:11-12

 마음 문 열기(Ice-breaking)

버락 오바마가 재선을 한 데는 이유가 있다고 한다. 거기에는 이름의 배경이 깔려 있다. 클린턴이 대통령이 된 것은 클린 정치를 했기 때문이다. 그런데 여자 스캔들이 터졌다. 거시기 관리를 잘못해서 불명예를 얻었다. 그래서 국민들은 다음 대통령은 거시기 관리를 잘하는 대통령을 원했다. 그래서 조지 부시 대통령이 되었다. 그런데 조지 부시 대통령은 전쟁에 관심이 많았다. 이라크도 조지고 아프가니스탄도 조지고 다 부숴 버렸다. 이때 국민들이 버럭 화를 냈다. 다음 대통령은 오버하지 않는 대통령을 원했다. 그래서 국민들은 "너 오버하지 마!" 하고 버럭 오바마를 선택했다. 물론 웃자고 하는 유머이다.

이 시간 주제는 "구원의 즐거움을 회복하라"이다. 그리스도인에게 구원은 놀라운 은혜이다. 구원의 은혜를 즐기는 사람이 복 받은 사람이며 행복한 사람이다. 그러나 예수를 믿으면서도 여전히 세상적인 즐거움에 빠져 진정한 구원의 즐거움을 경험하지 못하는 그리스도인도 많다. 그 사람은 육신에 속한 사람이며 미지근한 신앙을 가진 사람이다. 우리는 여기서 벗어나야 한다.

구원에 미친 예수

예수님도 제자들에게 "너희가 이 땅에서 귀신을 쫓아내고 능력을 행하는 것보다 너희 이름이 하늘나라 생명책에 기록된 것을 기뻐하라"고 말씀하셨다. 구원받음이 이 세상에서 가장 큰 축복이라는 것을 인식하게 하는 부분이다. 니고데모에게도 물과 성령으로 거듭나라고 하시며 중생의 중요성을 가르쳐 주셨다. 세리장 삭개오에게도 구원이 이 집에 이르렀다고 하시며 구원의 확신을 심어 주셨다. 이것은 예수님이 구원을 인생의 가장 중요한 목표로 생각하신다는 것을 인식하게 하는 대목이다.

그러나 예수님은 인생에서 구원받음으로 신앙생활이 끝났다고 말씀하시지 않는다. 그것을 지속적으로 관리하라고 말씀하셨다. 예수님은 현장에서 붙잡힌 간음한 여인을 용서해 주시며, "가서 다시는 죄를 범하지 말라" 하셨다. 이제는 거룩함을 유지하라고 말씀하신 것이다. 부자 청년에게도 가서 네 물질을 가난한 자에게 주고 나를 지속적으로 좇으라고 말씀하셨다. 또한 예수님은 "천국에 들어가는 자는 집과 가족을 버리고, 전토도 버리고 핍박도 받아야 한다"고 말씀하셨다(막 10:29-30). 이것은 이 땅에서도 지속적으로 제자로서의 삶을 지켜 나가야 함을 강조한 것이다. 즉 성도는 믿음으로 구원을 받지만 천국 갈 때까지 그것을 계속 완성해나가야 한다는 것이다.

구원의 서정

구원은 일회용 밴드로 끝나는 것이 아니다. 한 번 받으면 끝나는 것이 아니다. 물론 예수를 믿으면 즉시 영원한 구원을 받는 것은 맞다. 이것은 성경적인 진리이다. 그러나 그 구원을 천국에 가는 날까지 지속적으로 지키며 승리하는 것도 중요한 구원의 과제이다. 그래서 구원은 지속적인 것이다. 계속 달려가야 할 신앙의 목표이다. 멈추면 안 된다.

그러므로 우리가 기억해야 할 것은, 구원에는 천국까지 가는 데 밟아야 할 여정의 단계가 있다는 것이다. 이것을 잘 헤쳐 나가야 세상에서 승리할 수 있고 천국에도 이를 수 있다. 물론 선택받은 자는 이러한 단계조차 성령께서 힘 주셔서 이길 수 있도록 해주실 것이다.

한국 교회 보수신학의 아버지 박형룡 박사의 구원론에서는 9가지 단계로 구원의 서정을 말해주고 있다. 먼저 내외적으로 부름을 받는 소명의 단계, 거듭나는 중생의 단계, 회개하고 돌아서는 회심의 단계, 믿음으로 나아가는 신앙의 단계, 의롭다 칭함을 받는 칭의의 단계, 하나님의 아들이라 일컬음을 받는 양자의 단계, 거룩하게 되어 가는 성화의 단계,

신앙을 지키며 참고 견디는 성도의 견인 단계, 천국에 이르도록 하는 영화의 단계를 거쳐야 된다고 말한다. 그중에서도 예수를 믿고 양자가 된 성도는 이 땅에서 거룩하게 되어 가는 성화와 성도의 견인을 통해 영화의 단계로 들어가야 함을 강조하고 있다. 이것은 성도들에게 신앙생활이 끊임없이 참고 인내하는 거룩한 신앙의 성화와 견인의 과정이 있어야 구원의 완성을 이룰 수 있다는 것을 발견하게 한다.

구원의 즐거움

앞에서 말한 바와 같이 한 번 구원은 영원한 구원이다. 하나님은 한 번 붙잡은 손을 절대로 놓치지 않으신다. 그러나 그 구원은 매일 이루어 가는 것이다. 한 번 구원받았다고 해서 아무 데나 팽개쳐 놓은 기차표 티켓 정도로 생각하면 안 된다. 이 세상에서 가장 중요한 것이 구원이다. 아무리 물질과 명예와 권세를 다 가졌다 해도 구원받지 못하면 그 인생은 헛된 것이다.

사람의 인생에서 구원보다 더 중요한 것이 어디 있겠는가? 또 그리스도인으로서 구원보다 더 큰 축복이 어디 있겠는가? 구원은 천국 갈 때까지 즐겨야 하는 가장 중요한 신앙의 행위이며 생활 방식이다. 우리는 매일 구원을 감사하고 감격하고, 또 감동의 도가니 속으로 들어가야 한다. 구원의 즐거움은 성도들의 축복의 저수지이며 행복의 원천이다.

구원은 기쁨이다

 신앙생활은 구원의 기쁨을 반복하는 것이다. 예배, 기도, 찬양, 말씀, 전도, 봉사 등 신앙 행위를 반복하면서 구원의 감격을 누리는 것이다. 그러나 때로는 신앙의 행위가 구원의 감격을 누리는 구조가 아니라 형식주의에 빠지게 하는 시간으로 흐르는 경우도 있다. 처음 예수를 믿을 때는 새로운 세상이 열렸다. 모든 것이 아름답고 새롭게 보인다. 구원의 세계는 놀라운 것이기 때문이다. 그러나 신앙생활을 조금씩 반복하다 보면 때로는 종교적 행위에 빠질 때가 있다. 구원의 즐거움을 놓쳐 버리기 때문이다.

 성도는 예배 속에서 구원의 기쁨을 경험하지 않으면 종교적이 된다. 또한 기도 속에서 구원의 감격을 느끼지 못하면 한낱 기복적인 주문에 불과하다. 찬양도 구원의 감탄으로 춤추지 않으면 스트레스 해소용의 세상 노래와 다를 바 없다. 전도도 구원의 감동으로 하지 않으면 내 의를 드러내는 것일 뿐이다. 그러므로 우리 신앙생활의 모든 행위 가운데 매순간마다 날 구원해 주신 예수 그리스도의 은혜를 기억하며 구원의 감사로 기뻐 뛰며 순종해야 구원을 지속적으로 이루어 나갈 수 있다.

구원은 능력이다

 성도에게 가장 중요한 것이 구원이다. 아무리 세상적인 것을 많이 얻었다 해도 구원의 감격을 잃어버리면 다 잃어버리는 것이다. 현재 물질의 축복을 받았다 해도 그것은 잃어버릴 거품의 축복일 뿐이다. 현재 마음의 평화를 얻었다 해도 그것 또한 곧 잃어버릴 일시적인 평화이다. 구원의 기쁨이 없다는 것은 주님과의 관계가 끊겼다는 의미이다. 내 의

지대로 산다는 것이다. 또한 그 성도에게는 주님의 능력이 나타나지 않는다. 하나님의 기적도 축복도 역사도 일어나지 않는다. 종교적 빈 껍데기일 뿐이다.

그러나 구원의 감격이 있는 사람은 주님이 함께하신다. 주님이 책임져 주신다. 주님이 말씀하신 대로 내가 하는 일을 그도 할 것이요 나보다 더 큰 일도 할 것이라는 말이 맞게 된다. 상상할 수 없는 기적과 능력이 나타난다. 구원의 지속적인 감격은 이처럼 천국행 기차 티켓에 불과한 일회용 밴드가 아니라 우리의 실제 생활에 하나님의 역사가 나타나는 가장 중요한 통로인 것이다. 하나님은 구원의 기쁨이 있는 사람에게 기도의 응답을 주시고, 축복을 주시고, 평강을 주시고, 은혜를 베풀어 주신다. 다시 말해, 구원의 감격이 있는 사람에게 능력 주시는 자 안에서 모든 것을 할 수 있도록 능력을 공급해 주신다는 것이다.

구원은 성화이다

구원은 한편으로는 누르고 흔들어 넘치는 기쁨의 신앙 행위가 계속되는 것이고, 또 다른 한편으로는 생활 현장에서 구원의 능력이 나타나 기적과 치유와 회복이 체험되는 것이다. 이것은 구원받은 자에게 주시는 주님의 혜택이자 은혜이다.

그런데 또 다른 한편으로는 구원받은 자가 담당해야 할 엄중한 과제가 있다. 그것은 구원에 대한 거룩함과 순결함의 문제이다. 왜냐하면 구원받은 자는 자기 양심 속에서 끊임없이 자신의 죄악과 싸워 이겨야 하는 영적 싸움을 해야 하기 때문이다. 게다가 세상에 나가서도 사탄의 세력과 피 터지게 싸워 승리해야 하는 영적 전쟁이 연속적으로 기다리고 있기 때문이다. 우리가 여기서 지면 영적인 패배자가 되고, 구원의 즐거움을 소유할 수가 없다. 사탄의 노예가 되어 질질 끌려 다니며 영혼이 피폐해지고 침체된 우울의 날을 보내게 될 것이다.

구원은 죄와는 거리가 멀다. 하나님께서는 예수 그리스도를 통해 우리의 죄를 완전히 씻어 주셨다. 그래서 성도는 용서받은 죄인이며, 앞으로도 천국 가는 날까지 용서를 받아야 하는 죄인이다. 그것은 성도가 설사 구원을 받았다고 해도 현재 짓고 있는 죄를 예수 그리스도의 피를 통해 씻음을 받지 못한다면, 그 영혼은 여전히 부패하고 더러워져 오염된 자가 되기 때문이다.

그렇게 되면 하나님과 소통이 막힌다. 기도 응답도 막힌다. 예배도 막힌다. 신앙의 길도 막힌다. 사탄이 막고 있다. 그때는 구원의 기쁨도 구원의 능력도 나타나지 않는다. 구원은 받았지만 구원의 즐거움이 없는 것이다. 어쩌면 이런 상황이 죽을 때까지 계속되면 그 사람은 구원을 받지 못할지도 모른다. 무서운 일이다. 그러므로 성도에게는 구원의 성화 과정이 구원의 즐거움을 회복하는 가장 중요한 기본이 되는 것이다. 거룩한 자가 능력이 있고 기쁨을 소유하며 진정한 승리자가 되는 것이다.

구원의 즐거움을 회복하라

다윗은 하나님의 마음에 합한 자였다. 하나님의 뜻대로 살았고, 늘 하나님을 의지했던 사람이다. 신실하고 진실하게 하나님 편에 섰던 사람이다. 그런 그도 범죄에서는 자유롭지 못했다. 하나님 앞에 큰 실수를 범했다. 이것을 보면 이 세상에 완전한 인간은 없다는 것을 알 수 있다. 다윗은 자신의 부하 우리아의 아내 밧세바를 취하여 동침하고 들통이 날까 봐 우리아까지 죽이고 말았다. 완전 범죄인 줄 알았다. 그러나 나단 선지자를 통해 통렬한 지적을 받게 된다. 그는 그때 왕의 계급장을 떼고 즉시 하나님께 무릎을 꿇고 참회하며 통회하고 자복했다. 그리고 시편 51편을 쓰며 참회의 고백을 드렸다.

"무릇 나는 내 죄과를 아오니 내 죄가 항상 내 앞에 있나이다"(3절).
"우슬초로 나를 정결하게 하소서 내가 정하리이다 나의 죄를 씻어 주소서 내가 눈보다 희리이다"(7절).
"주의 구원의 즐거움을 내게 회복시켜 주시고 자원하는 심령을 주사 나를 붙드소서"(12절).

다윗은 범죄한 이후 구원의 즐거움을 놓쳤다고 고백하고 있다. 여기서 그는 죄로 인해 하나님과 멀어진 외로움과 두려움을 고스란히 표현하고 있다. 그리고 그는 하나님과의 소통을 위해 회개하며 구원의 즐거움을 회복시켜 달라고 간절히 호소하고 있다. 예배를 드려도 구원의 감격이 없고, 찬송을 해도 구원의 기쁨이 없는 지금의 상태를 진심으로 회개하며 성령의 능력으로 구원의 즐거움을 회복시켜 달라는 진실한 간구였다. 그러므로 성도들도 구원의 즐거움을 이어가기 위해서는 죄를 과감히 끊고 거룩함과 순결함을 지키며 앞으로 나아가야 한다. 다시 말해, 성도는 거룩함으로 주님과의 연합을 이룰 때 구원의 즐거움이 계속될 수 있는 것이다.

부부 싸움

영국에서 유학할 때이다. 우리는 한국에서 부모님과 함께 살았기 때문에 아내는 늘 긴장상태였다. 그러다 영국으로 가족이 함께 유학을 왔으니 처음에는 얼마나 좋았겠는가? 영국 런던 히드로 공항에 내렸을 때 가을 낙엽이 우수수~ 떨어지고, 차를 타고 가면 영국 신사들이 모자를 쓰고 걸어가는 멋진 모습들이 보이자 아내는 정말 황홀해했다. 아내는 이제 자유인가 하는 생각이 들었다고 한다.

그러나 그것이 일주일을 못 갔다. 나는 학교를 다녔지만 아내는 하루 종일 집을 지켜야만 했고, 밖에 나가도 영어 한 마디 못하는 신세라 답답하기 이를 데가 없었다. 더욱이 큰애까지 달려 있었으니 스트레스가 점점 쌓이기 시작했다. 그래도 한국생활보다는 낫다는 생각에 꾹 참고 버텼다. 또 런던의 랭귀지 스쿨에서 영어를 배우며 나름대로 살길을 찾는 듯했다. 그렇게 1년을 잘 버티는 듯했다.

그러나 유학생들의 생활이 대부분 그렇듯이 넉넉지 못한 학비와 생활비로 지치고, 한국을 그리워하는 향수병이 주기적으로 찾아와 몹시 힘들 때가 있다. 우리도 예외는 아니었다. 우리가 버밍햄으로 학교를 옮겨 버밍햄 바이블 칼리지에 다닐 때에 그 한계가 왔다. 돈은 떨어지고 마음은 지쳐 있었고 큰애도 정서적으로 안정되지 못했고, 하루하루 살아가는 것이 힘이 들 지경이었다. 그러던 와중에 사소한 일로 말다툼이 시작되었는데 우리는 밤새도록 심각하게 소리치며 싸웠다. 우리가 한국에 있을 때는 부모님과 함께 살고 있어서 조용조용 싸웠는데 그날은 소리를 고래고래 지르며 싸웠다. 옆에 있던 베개도 던지고 뭔지 모르지만 이것저것 던졌던 것 같다. 그리고 멍~하니 있었다.

우리에게는 분명 문제가 있었다. 그것은 구조적 문제가 아니라 영적인 문제라는 것을 깨달았다. 우린 무릎을 꿇었고 참회하며 주님께로 돌아왔다. 그동안 억눌린 환경으로 인해 집착했던 것을 내려놓았다. 그리고 다시금 주님의 은혜로 돌아가며 잃어버렸던 구원의 즐거움을 회복했다. 새롭게 평안이 다가왔다. 기도의 능력을 체험했다. 우린 주님 안에서 다시 안정을 찾았다. 그리고 다시 시작할 수 있는 원동력을 얻었다. 우린 얼마 후에 그런 영적 충만함으로 둘째 아이를 하나님의 선물로 받았다. 구원의 즐거움은 성도의 신앙생활에 있어서 가장 중요한 행위이고 능력이며, 승리의 배경이 되는 것이다.

'그리 아니하실지라도' 의 신앙

구원의 감격은 고난 속에서도 발견된다. 한국 교회의 문제는 기복적인 태도에 있다. 물론 기복적인 것이 무조건 잘못된 것은 아니다. 하나님을 믿으면 축복을 받는 것은 당연한 것이다. 그러나 중요한 것은 성도들이 고난을 만났을 때도 구원의 즐거움을 가질 수 있어야 한다는 것이다.

하박국 선지자를 보라. 이스라엘의 멸망 가운데서도 하나님이 함께하신다는 확신을 갖고 "비록 무화과나무가 무성하지 못하며 포도나무에 열매가 없으며 감람나무에 소출이 없으며 밭에 먹을 것이 없으며 우리에 양이 없으며 외양간에 소가 없을지라도 나는 여호와로 말미암아 즐거워하며 나의 구원의 하나님으로 말미암아 기뻐하리로다"(합 3:17-18)라고 고백했다.

다니엘의 세 친구를 보라. 그들은 금신상에 절하지 않은 죄로 느부갓네살 왕에게 끌려가 회유를 받았지만 절대로 물러서지 않았다. 그들은 왕 앞에서 고백하기를 "왕이여 우리가 섬기는 하나님이 계시다면 우리를 맹렬히 타는 풀무 불 가운데에서 능히 건져내시겠고 왕의 손에서도 건져내시리이다 그렇게 하지 아니하실지라도 왕이여 우리가 왕의 신들을 섬기지도 아니하고 왕이 세우신 금신상에게 절하지도 아니할 줄을 아옵소서"(단 3:17-18)라고 단호히 선언했다. 결국 맹렬히 타는 풀무 불에 들어갔지만 천사의 도움으로 살아나는 기적을 체험했다.

이처럼 구원의 즐거움을 가진 사람은 어떤 환경에도 흔들리지 않는다. 사람에게도 흔들리지 않는다. 축복에도 흔들리지 않는다. 고난이 와도 감사할 줄 안다. 더욱이 시련이 오면 그것을 회피하지 않는다. 정면 승부를 걸고 믿음으로 헤쳐 나간다. 결국 모든 것을 주님의 뜻대로 합력하여 선을 이루게 한다. 그러므로 구원의 즐거움을 가진 사람은 주님만을 바라보는 믿음이 있기 때문에 세상이 감당치 못하는 힘을 얻게 되고 마침내 승리하게 되는 것이다.

구원의 흔적을 가져라

마지막으로 구원의 즐거움을 누리기 위해서는 신앙생활에 구원의 흔적이 나타나야 한다.

구원은 믿음으로 받는 것이다. 구원은 하나님의 선물이다. 구원은 절대로 공로로 받는 것이 아니다. 전적인 하나님의 은혜이기 때문에 내 편에서 할 수 있는 것이 아무것도 없다. 나는 다만 믿음으로 주님을 인격적으로 받아들이면 된다. 로마서 10장 10절은 "사람이 마음으로 믿어 의에 이르고 입으로 시인하여 구원에 이르느니라"고 말한다. 예수 그리스도를 마음으로 믿고 입으로 시인하면 구원에 이른다는 것이다. 고린도후서 5장 17절은 "그런즉 누구든지 그리스도 안에 있으면 새로운 피조물이라 이전 것은 지나갔으니 보라 새것이 되었도다"라고 말한다. 구원은 예수 그리스도를 믿음으로 시인할 때 새로운 피조물이 되는 것이다.

그러나 만약 어떤 사람이 예수 그리스도를 입으로 시인하여 구원을 받았다고 하지만 그 사람의 생활 속에 진정한 구원의 흔적이 나타나지 않는다면 정말 구원받았는지 의구심을 갖지 않을 수 없다. 왜냐하면 구원은 믿음으로 받지만 그 흔적과 열매는 생활 속에 나타나기 때문이다. 따라서 구원은 정도의 차이는 있겠지만 반드시 신앙생활 속에 변화의 흔적이 나타나게 되어 있는 것이다. 구원의 흔적과 열매는 여러 가지로 측정할 수 있겠지만 성경을 보면 대체적으로 세 가지를 필요충분 조건으로 말하고 있다.

주일 성수

첫째가 '주일 성수'이다. 즉 예배 행위이다. 예수 믿고 구원을 받은 사람에게서 제일 먼저 나타나는 구원의 흔적은 온전한 예배를 드리며 예배의 감격과 기쁨이 넘치는 것이다. 만약 구원받은 사람이 예배를 드리지 않는다면 그 사람은 구원받은 사람이 아니다. 또한 구원받은 표시로 예배를 드린다 해도 예배의 능력을 계속 경험하지 못한다면 신앙이 침체된 것이다. 다시 말해, 종교적 행위로서 무의미하게 예배 행위를 한다면 그 사람은 정말 구원을 받았을까 하는 생각을 해볼 필요가 있다. 왜냐하면 예배는 구원받은 사람의 가장 중요한 구원의 흔적이며 신앙생활의 뿌리이기 때문이다. 그러므로 예배는 가장 기본적인 구원의 흔적이고 축복의 통로이며, 은혜의 수도꼭지이다.

십일조

둘째는 '십일조 생활'이다. 십일조를 안 드린다고 구원받지 못하는 것은 아니다. 구원은 전적으로 믿음으로 받기 때문이다. 그러나 구원의 확신을 가진 사람이 십일조 생활을 안 하면 구원에 대해서 조금은 의심해 볼 필요가 있다. 왜냐하면 십일조는 구원받은 사람이 해야 하는 기본적인 신앙 행위이기 때문이다. 그것은 구원에 대한 감사이며, 나의 모든 것을 주님의 절대주권에 맡기는 신앙의 증거이기 때문이다.

구약의 마지막 선지자 말라기에 의하면 이스라엘 백성들은 눈먼 것, 저는 것, 병든 것, 훔친 것 등의 제물을 가져와 형식적이고 종교적으로 예배를 드렸다. 한마디로 예배 흉내를 낸 것이다. 그때 하나님께서는 그 드린 희생의 똥을 너희 얼굴에 바르리라 하며 강하게 꾸짖고 책망하셨다. 그리고 얼마나 안타까우셨으면 십일조를 도둑질하지 말라 하며, 온전한 십일조를 드리면 복이 쌓을 곳이 없도록 붓지 아니하나 시험까지 해보라고 말씀하시지 않았는가? 그러므로 십일조는 하나님의 백성이 된 구원받은 자의 중요한 흔적이며, 신앙의 열매이고 축복의 통로이다.

전도

셋째는 '전도'이다. 성도는 은혜로 구원받는다. 예수님은 나의 생명의 은인이시다. 그분이 생명을 주셨기에 나는 영적으로 다시 살아났다. 이 세상에서 가장 큰 축복은 내가 구원받은 것이다. 그 어떤 것도 그리스도의 사랑에서 끊을 수 없다. 그렇다면 이 놀라운 구원의 역사를 다른 사람에게 자랑하며 전해야 하지 않겠는가?

전도는 구원의 가장 큰 기쁨의 흔적이다. 내 아들이 서울대학에 들어가면 얼마나 기쁘겠는가? 하물며 구원받은 자가 어떻게 나를 구원해 주신 생명의 은인 되신 예수 그리스도를 기뻐 뛰며 자랑하지 않겠는가? 또 나만 천국 가는 것이 아니라 가족, 친지, 이웃들을 불쌍히 여기며 그들을 전도해야 하지 않겠는가? 부활하신 예수님께서도 전도는 구원받은 자의 가장 큰 사명임을 세상에 천명하셨다. 만약 내가 구원을 받았는데 전도하지 않는다면 그 사람이 정말 구원을 받았을까 의구심을 갖지 않을 수 없다. 전도는 구원의 가장 강력한 흔적이다.

그러므로 성도는 위의 세 가지를 잘 지켜나가야 한다. 이것이 우리 성도들이 가져야 할 신앙생활의 모범이다. 구원의 즐거움은 구원의 흔적을 통해 나타난다. 다시 말해, 어떤 환경에서도 구원의 확신을 갖고 구원의 즐거움을 여전히 간직할 수 있는 구원의 흔적을 가져야 그 성도가 진짜이며, 하나님의 큰 능력을 경험할 수 있다. 여러분도 이런 구원의 즐거움과 흔적을 회복하기를 주님의 이름으로 축복한다.

03
살아 있는 예배에 미쳐라

아버지께서는 자기에게 이렇게 예배하는 자들을 찾으시느니라 하나님은
영이시니 예배하는 자가 영과 진리로 예배할지니라 요 4:23-24

 마음 문 열기(Ice-breaking)

　　　돈 많은 부자가 병이 들어 병원에 왔다. 의사가 차트를 보더니 "장의사 오라고 해!"라고 소리쳤다. 부자는 깜짝 놀라 이제 죽을 날이 얼마 안 남았구나 생각하며 목사님을 불렀다.
　"목사님, 제가 그동안 헌금생활을 잘 못했는데 1억을 헌금하겠습니다."
　그러자 목사님은 그 약속을 받고 기도를 정성껏 해주었다. 그때 마침 장의사가 왔다. 그런데 의사 왈, "아니, 레지던트 장을 불렀는데 왜 당신이 오는 거요?" 그 소리를 듣자 부자가 나지막하게 속삭였다.
　"목사님, 거기서 0 하나만 빼면 안 될까요?"

이번 주제는 "살아 있는 예배에 미쳐라"이다. 그리스도인에게 예배는 은혜의 젖줄이며 영성의 보고(寶庫)이다. 또한 예배는 그리스도인의 신앙생활의 척도이다. 예배 생활을 보면 그 사람의 신앙 성숙도가 다 보인다. 예배에 자주 빠지는 사람치고 신앙생활 잘하는 사람이 없다. 그만큼 예배는 신앙생활의 중심에 있다는 것이다.

예배에 미친 예수

예수님은 예배에도 열정적인 분이셨다. 그분은 항상 어떤 상황에서도 예배에 우선순위를 두는 신앙생활을 하셨다. 열두 살 때에는 부모님이 유월절 후에 성전을 떠났는데도 예수님은 떠나지 않으셨다. 그곳에서 율법학자들과 함께 하나님을 예배하며 성경을 토론하셨다. 공생애 기간 동안에도 안식일에 회당에서 규칙적으로 예배를 드리셨다(눅 4:16). 또한 성전에서 장사하는 사람들의 상을 엎고 돈 바꾸는 자들을 흩으시며 성전을 개혁하셨다. 이것은 성전의 본질인 예배를 회복하고자 하셨던 것이다. 수가 성 여인을 만나셨을 때는 하나님이 예배하는 자를 찾으시고 성도는 신령과 진정으로 예배드려야 한다고 말씀하셨다(요 4:24).

그분은 늘 열정적으로 예배적 삶을 사셨고, 하나님께 예배하는 시간을 온전하고도 즐겁게 드리셨다.

구원의 열매

예배는 가장 중요한 구원의 열매이다. 즉 예배 속에는 구원의 감격이 있다. 구원의 확신을 가진 사람은 예배의 감격을 경험하지 않을 수 없다. 예배는 구원의 증거이기 때문이다. 예배가 죽은 사람은 신앙도 죽어 있다. 예배가 살아 있는 사람은 신앙도 살아 있고 은혜도 넘친다. 그러므로 성도는 예배가 살아야 축복도 변화도 치유도 넘치게 된다.

예배의 성공은 인생의 성공이고, 예배의 실패는 인생의 실패이다. 예배 한 번 잘 드리면 인생이 완전히 달라진다. 또 예배는 한 번 드리는 종교적인 행위가 아니라 예배를 드릴 때마다 매시간 새롭게 다가오는 구원의 감격이어야 한다. 왜냐하면 예배는 구원받은 자의 최고의 축제이며, 하나님이 주신 놀라운 특권이기 때문이다.

성도는 예배에 목숨 걸고 미쳐야 한다. 예배 속에 하나님의 뜻을 발견하며 하나님의 능력을 받아야 한다. 예배가 곧 인생이다. 사람의 모든 생활 속에 예배의 행위가 있어야 한다.

성도는 태어나면서부터 하나님께 감사하며 예배의 행위로 삶을 살아가게 되어 있다. 예를 들어 태어나면 제일 먼저 해야 할 것이 하나님께 감사예배를 드리는 것이다. 첫돌이 되어도 예배, 학교에 들어가도 예배, 이사해도 예배, 승진해도 예배, 결혼해도 예배, 환갑잔치도 예배, 칠순잔치도 예배 등등 성도의 생활 전반에서 예배가 빠지면 구원받은 성도의 모습이 아니며 하나님의 통치를 인정하는 것이 아니다. 그러므로 성도는 예배를 통해 구원의 역사를 이룰 수 있어야 한다.

하나님의 임재

예배는 하나님의 영감이 있어야 살아 있는 예배가 될 수 있다. 그 첫 번째가 '하나님의 임재'가 있는 예배가 되어야 한다. 성령이 충만한 예배가 아니라면 그 예배는 형식적이고 종교적인 예배로 추락할 수밖에 없다. 예배의 핵심은 하나님의 임재가 있느냐 없느냐이다. 하나님의 임재가 있는 예배는 하나님의 능력과 변화가 있다. 하나님의 뜻을 발견할 수 있다. 그러나 하나님의 임재가 없는 예배는 인간의 필요만 채워 준다. 잠시 위로와 평안을 얻을 수 있을지는 몰라도 진정한 평안과 능력을 경험하지는 못할 것이다.

영국에서의 첫 채플 시간

영국 유학할 때의 일이다. 버밍햄 바이블 칼리지에 다닐 때 아침 첫 채플 시간이었다. 다양한 인종이 모이고 영어로 예배를 드리는 것이라 어색하지 않을까 생각했는데 그렇지 않았다. 특별히 복음송은 어렵지 않은 영어로 불렀기 때문에 은혜롭게 따라갈 수 있었다. 그런데 내 옆에 있는 한 영국 신학생의 예배 태도는 나를 충격과 감동의 도가니로 들어가게 하기에 충분했다.

한창 은혜의 찬송을 부르는데 "I fall down on my kneel"의 가사를 부르는 도중 정말로 땅바닥에 무릎을 꿇고 눈물을 흘리며 부르는 것이 아닌가? 참으로 감동적인 순간이었다. 나는 영국 교회가 기울어져 가는 곳이고 신학생들의 소명의식도 약하지 않나 생각했는데 그 모습을 보는 순간 그 생각이 사라졌다. 한국 예수나 영국 예수가 똑같구나 생각하며 나도 예배의 감격에 빠졌다. 영국에서 하나님의 임재를 느낀 첫 경험이었다.

하나님의 능력

둘째, 영감이 있는 예배는 '하나님의 능력'이 있는 예배이다. 다시 말해 살아 있는 예배는 예배 속에 하나님의 능력과 치유와 변화가 나타난다. 성령이 역사하시기 때문이다.

만약 예배에 하나님의 임재가 있다면 그 속에는 분명히 살아 계신 하나님이 역사하시기 때문에 능력과 기적과 변화와 치유가 있기 마련이다. 그러므로 성도는 예배 속에서 하나님의 능력을 경험해야 한다. 예배 순서마다 성령의 기름 부으심과 은혜를 체험해야 한다. 기도할 때 능력을 체험해야 하고, 말씀을 들을 때 치유와 회복과 뜨거움을 느껴야 하고, 찬양할 때 감사와 감격과 헌신을 각오해야 한다. 예배가 변화이며 능력이며 기적의 시간이 되어야 한다.

허리가 나았어요!

우리 교회 한 권사님의 간증이다. 주일 예배를 드릴 때이다. 그 권사님은 성령이 충만하시고 마음이 열린 분이셨다. 찬송을 해도 아멘이고, 기도를 해도 아멘이고, 말씀을 들어도 아멘이시다. 그런데 그날은 더욱이 강렬한 성령의 불이 임했다. 주의 종의 말씀을 듣는데 가슴이 뜨거워지며 갑자기 불덩어리 같은 것이 아픈 허리를 지지면서 허리를 만지는 것이 느껴지더라는 것이다. 그러더니 순식간에 허리가 시원해지며 마음에 평안이 넘치더라는 것이다. 그 권사님은 순간 예배를 통해서, 말씀을 통해서 하나님이 치유하신다는 것을 깨달았다. 그리고 하나님께 감사와 감격의 눈물을 드렸다. 권사님은 예배를 통해 하나님의 능력을 경험한 것이다.

하나님의 목적

셋째, 영감이 있는 예배는 '하나님의 목적'이 실현되는 예배이다. 예배를 통해 하나님의 뜻과 목적이 개인과 가정과 직장 속에 나타나야 진정한 예배인 것이다. 예배는 예배드리기 전보다 예배드린 후가 더 중요하다. 예배드린 후 변화의 역사가 나타나야 하기 때문이다.

하나님께 영광

예배의 목적은 크게 3가지로 나타나야 한다. 첫째로 예배는 '오직 하나님의 영광'(Sola Deo Gloria!)을 위한 것이어야 한다. 예배는 헬라어로 '프로스퀴네오'인데 "몸을 굽혀 절하다"란 뜻이다. 예수님은 이 단어를 수가 성 여인에게도 사용하셨다. 그러므로 예배의 본질은 오직 삼위 하나님께 영광을 돌리며 몸도 마음도 물질도 시간도 믿음도 하나님께 드리는 것이다. 예배를 드린 후의 일상적인 예배의 삶도 오직 하나님의 영광을 위해 사는 것이다. 공부도 직장도 사업도 봉사도 모두가 하나님의 영광을 위해 사는 삶이 되어야 한다. 이것이 예배의 목적이다.

십자가의 사랑

둘째로 예배의 목적은 '십자가의 사랑'을 실천하는 것이다. 이것은 '하나님 사랑, 이웃 사랑'으로 요약할 수 있다. 다시 말해 예수님은 십자가에서 위로는 하나님의 뜻에 순종하셨고 옆으로는 이웃을 사랑하는 희생을 몸소 실천하셨다. 이것이 예배의 목적이다.

성도는 십자가가 아니면 하나님께 예배드릴 수 없다. 예수님의 십자가는 예배의 중보적 기능을 담당한다. 따라서 성도는 예수님의 십자가를 통해서 하나님께 예배하며 성령의 임재와 능력과 은혜를 받는다. 그리고 받은 은혜를 가지고 세상에 나가 이웃을 뜨겁게 사랑하는 것이다. 이것이 예배의 목적이다. 그러므로 성도는 예배 속에 충만한 은혜를 받고 하나님 사랑, 이웃 사랑의 십자가 정신을 실천해야 한다. 그래야 하나님의 복을 받을 수 있다. 이것이 율법의 대강령이며, 예배를 통한 하나님의 목적이다.

전도 대사명

셋째로 '땅 끝까지 복음을 전하는 것'이 예배의 목적이다. 예수님은 공생애 시작도 전도로 이루셨고 마지막도 전도하는 사명으로 마무리하셨다. 하늘로 승천하실 때도 전도의 사명을 가장 강력하게 말씀하셨다. 그러므로 예배를 통한 하나님의 목적은 은혜 받아서 땅 끝까지 복음을 전하라는 것이다. 전도는 이 땅을 사는 성도들의 지상 대위임령(Great Commitment)이며 예배의 목적이다.

만약 성도가 예배를 드린 후 전도하지 않으면 그것은 하나님에 대한 직무유기이다. 더욱이 예배를 드리고 전도하지 않으면 신앙이 정체될 수 있고 하나님 나라를 위해 쓰임 받을 수도 없게 된다. 부름 받은 성도들이여! 구원받은 자로서 땅 끝까지 복음을 전하는 사명을 기쁨으로 감당하자!

예배의 개혁

우리 교회는 예배를 목숨 걸고 드리려고 한다. 예배의 감동이 없으면 아무것도 할 수 없다는 것을 깨닫는다. 죽은 예배로는 기도도 찬양도 말씀도 봉사도 전도도 이루어질 수 없다. 따라서 성도들은 예배에서 풍성한 하나님의 임재와 능력과 목적을 경험하고 재충전하려고 한다. 왜냐하면 교회생활에 가장 중요한 신앙 행위가 예배이기 때문이다. 예배가 무너지면 다 무너진다는 신앙철학을 가지고 있기 때문이다. 그래서 우리 교회는 영감이 있는 예배를 위해 무던히 노력하며 치열하게 몸부림치고 있다. 구원의 즐거움을 예배 속에 회복해야 충성도 헌신도 봉사도 이루어질 수 있기 때문이다.

몇 가지 우리 교회의 예배 철학을 나누어 본다.

만인 제사장 예배

첫째, '만인 제사장 예배'이다. 이것은 목회자만이 예배를 인도하는 것이 아니라 평신도도 예배에 참여하도록 구성하는 것이다. 우리 교회도 처음에는 권위적이고 전통적인 예배를 드렸다. 그러다 보니 예배 분위기가 일방적이고 수동적인 모습이 되어 버렸다. 교회 분위기도 좀처럼 움직이지 않는 정체성의 무드였다. 그래서 교회 분위기를 좀 더 젊고 역동적이며 생동감 넘치는 구조로 전환하는 것이 필요하다고 생각했다.

예배의 구조를 바꾸었다. 목회자 혼자 예배 인도하는 것을 평신도들도 함께 참여하도록 예배 순서를 배정해 보았다. 찬송도 함께 하고, 성경봉독도 함께 하고, 비전 선언문도 함께 하고, 기도도 함께 하고, 광고도 맡은 사람이 하도록 하는 구조를 만들어 보았다. 그랬더니 예배가 한결 활력 있고 살아 있는 분위기로 변했다. 성도들도 모두 예배의 구경꾼이 아니라 자신이 예배의 주체자임을 인식하는 듯했다. 그때 예배의 구조를 바꾸기를 잘했다는 생각을 했다.

• 예배 찬양팀

우선 예배 참여도를 높이기 위해 '예배 찬양팀'을 키웠다. 왜냐하면 찬양이 살아야 예배가 산다고 생각했기 때문이다. 젊은 집사들과 청년들을 중심으로 예배 때 강단에서 찬양팀이 찬양을 주도했다. 그들의 은사와 영성을 한껏 살렸다. 그랬더니 찬양 분위기가 살아나고 예배 전체 분위기가 달라졌다. 우리 교회는 예배 전 찬양을 뜨겁게 한다. 모든 성도들이 15분 전에 나와 예배 전 찬양에 동참한다. 실제로 예배는 15분 전에 시작한다고 해도 과언이 아니다. 그런데 놀라운 것은 성도들 모두가 예배 전 찬양을 통해 성령의 임재에 흠뻑 젖어든다는 것이다. 예배 전 찬양이 때론 예배보다 더 은혜롭다고 말씀하시는 분들도 있다.

• 평신도 제사장

또한 예배 순서에 '평신도 참여 순서'를 늘렸다. 될 수만 있으면 평신도들이 기쁨으로 예배의 주체자가 될 수 있도록 유도했다. 대표기도도 장로와 안수집사가 번갈아가며 하고, 특별찬송도 미리 정하여 담당자가 준비하도록 했다. 성가대도 한 달에 한 번은 강단 앞에서 찬양 팀과 어울려 찬양을 같이 하도록 했다. 광고도 해당 기관이 맡으면 직접 안내하도록 했다. 때론 스크린 영상을 통해 홍보하기도 했다. 안내위원, 헌금위원도 미리 준비하며 살아 있는 예배를 섬기도록 했다. 예배 전체 분위기가 굳어 있기보다는 모든 교인들이 함께하는 '참여 예배'와 '하나님의 임재'에 초점을 맞추는 예배 시스템으로 바꾸었다. 그랬더니 처음엔 어색했지만 지금은 모두가 즐기며 성령의 임재에 감동을 받고 있다.

차별화 예배

둘째, 살아 있는 예배를 위해 '예배들마다 차별화'를 두었다. 한국 교회는 예배가 참 많다. 때문에 예배에 은혜를 받지 못하면 모든 것이 무너진다. 예배는 성도들의 일상이며 신앙의 뿌리이다. 그렇기 때문에 예배의 영성이 살아 있어야 주도적인 성도가 될 수 있다. 그래서 예배 때마다 조금씩 차별화하며 성도들이 다양한 영적인 경험을 하도록 돕고 있다.

• 주일 오전예배

먼저 '주일 오전예배'는 축제적인 예배에 초점을 맞춘다. 설교도 어렵고 딱딱한 내용보다는 모두가 다 이해하고 받아들일 수 있는 치유와 회복, 구원과 축복의 은혜들을 나누는 내용으로 구성한다. 참회의 기도도 있다. 한 주간의 실수와 허물을 개인적으로 묵상하며 참회하도록 하여 주님과 인격적인 만남을 이루게 했다. 신앙선언문도 함께 낭송하는 시간이 있다. 모든 교인이 신앙적인 목적을 한마음으로 이루고자 만들었다. 주일 오전예배인 1-3부도 조금씩 차별화를 두어 예배마다 분위기를 달리하며 나름의 색깔이 나도록 노력했다. 더욱이 한 달에 한 번 '새신자 초청 축제예배'를 기획하여 불신자를 위한 구도자 예배에도 초점을 맞추었다.

• 다른 예배의 차별화

'주일 오후예배'는 찬양과 셀별 드림예배로, '수요예배'는 성경을 보다 더 깊이 있게 연구하는 성경강해 시간으로 설교한다. 말씀을 갈망하는 많은 성도들이 수요예배 시간이 더 은혜롭고 깊이 있는 말씀이라고 간증한다. 이때 핵심 멤버들이 더 많이 나온다. '금요기도회'는 부흥회 식으로 인도한다. 한국 교회 1990년대 이전의 전통적인 기도회 형식인 '주여!'를 부르짖고 뜨겁게 기도하는 시간을 그때 갖는다. 안수기도도 뜨겁게 해준다. '새벽기도회'는 큐티와 하루 생활에 적용할 수 있도록 강해한다. 성경 한 장을 읽고 묵상하며 적용하고 개인 기도시간을 갖는 데 초점을 맞춘다.

많은 새벽기도의 동지들이 새벽기도가 참 은혜롭다고 한다. 또 새벽기도 왔다가 등록하시는 분들도 많이 있다. 나는 예배 시간마다 성령의 기름 부으심이 임하기를 간절히 기도한다. 그때마다 부어 주시는 하나님께 감사하지 않을 수 없다. 할렐루야!

Chapter 3. 성화(Sanctification)

"이는 우리가 이제부터 어린아이가 되지 아니하여 사람의 속임수와 간사한 유혹에 빠져 온갖 교훈의 풍조에 밀려 요동하지 않게 하려 함이라 오직 사랑 안에서 참된 것을 하여 범사에 그에게까지 자랄 지라 그는 머리니 곧 그리스도라"(엡 4:14-15).

주님의 제자가 되고 싶다.
주님의 세계에 푹 빠지고 싶다.
아름답게 성화된 내 모습을 보고 싶다.
그러나 변하지 않는 내가 싫어 몸부림친다.

얼마나 지나야 세상을 버릴 수 있을까.
얼마나 지나야 욕심을 버릴 수 있을까.
얼마나 지나야 나를 버릴 수 있을까.
내가 죽어야만 진정으로 변할 것 같다.

심장을 쥐어뜯으며 주님께 호소한다.
가슴을 치고 통회하며 부르짖는다.
내 힘으로 못하고 내 능력으로 못하기에
나를 쳐 복종시키며 주님께로 나아간다.

자기를 부인하라

> 누구든지 나를 따라오려거든 자기를 부인하고 자기 십자가를 지고 나를 따를 것이니라 마 16:24

마음 문 열기(Ice-breaking)

여자들이 신혼 때는 남편이 일찍 들어오는 것을 좋아하지만 나이 들어 구혼이 되면 남편 밥 챙겨 주는 것도 귀찮을 때가 있다. 그래서 대부분 부인들은 남편이 밖에서 밥을 해결하고 들어오기를 원한다. 예를 들어, 남편이 집에서 한 끼도 안 먹으면 '공식이 님' 이라고 한다. 집에서 한 끼만 먹으면 '일식 씨' 한다. 두 끼 먹으면 '이식이 그 인간' 한다. 세 끼 먹으면 '삼식이 놈' 한다. 그런데 세 끼 먹고 거기다 간식까지 먹으면 '간나 새끼' 한다.

여기서는 "자기를 부인하라"는 주제로 예수님 스타일을 분석해 본다. 예수님은 자기를 따라오는 자는 반드시 자기를 부인해야 한다고 말씀하셨다. 왜냐하면 자기를 부인하지 않으면 세상을 좇을 수밖에 없기 때문이다. 이것은 자기를 부인하는 자만이 참된 그리스도인이 된다는 의미이기도 하다. 예수님의 영성은 자기 부인에서부터 시작된다.

자기 부인에 미친 예수

예수님은 자신을 철저히 부인하셨다. 자기의 삶보다 하나님이 기뻐하시는 삶을 사셨다. 자기의 뜻보다 하나님의 뜻을 존중하며 순종했다. 그분은 하나님의 본체시나 하나님과 동등됨을 포기하시고 자기를 비워 종의 형체를 가지사 사람들과 같이 되셨다. 또 자기를 낮추시고 십자가에 죽기까지 복종하셨다.

예수님은 생전에 집 한 채 갖고 있지 않았으며 오늘은 이곳, 내일은 저곳, 아골 골짝 빈 들에도 어디든지 복음 들고 가셨던 분이다. 그는 가난한 사람, 소외된 사람, 몸이 아픈 사람, 세리와 창녀, 죄인들과 함께하셨고 늘 낮은 자리에서 섬기고 나누고 베푸는 삶을 솔선수범하셨다. 예수님은 자신을 먼저 부인하고 자기를 포기하는 열정적인 삶을 보여 주셨다.

기복신앙의 거품

한국 교회의 병폐는 기복신앙이다. 이것은 자기중심적 신앙생활을 하게 한다. 자기를 부정하지 않는다. 자기를 포기하지 않는다. 그저 복을 중심으로 한 이기적 신앙의 형태만 보일 뿐이다. 참된 제자의 삶이 아니다. 물론 기복적인 신앙이 잘못된 것만은 아니다. 종교 자체가 복을 비는 행위가 없을 수 없기 때문이다. 또 만복의 근원이 하나님이시기 때문에 복을 비는 것은 당연하다. 그러나 신앙의 모든 부분이 복을 빌고 거기에 따른 보상을 기대하는 심리는 분명 문제가 있다.

기복신앙은 축복을 받으면 하나님을 가까이하고, 축복을 받지 못하면 하나님을 원망하는 식이다. 또 충성하면 복을 받고 충성을 하지 않으면 징계를 받는다는 식이다. 이것은 모든 신앙의 행위를 축복의 기준에서만 바라보도록 신앙의 수준을 전락시킨 것이다. 마치 내가 하나님과 거래를 하는 것처럼 생각이 된다.

기복신앙은 한국 교회의 신앙적 거품이다. 거품은 빼야 한다. 거품을 빼면 정상으로 돌아온다. 다시 말해, 한국 교회도 기복신앙의 거품을 빼야 건강한 교회가 될 수 있다. 이제는 축복에 대한 성경적인 올바른 가치관을 확립할 필요가 있다. 경건한 성도도 고난을 받는다. 가난한 가운데서도 신실하고 예수를 잘 믿는 사람도 많다. 죽을병에 걸려도 마지막까지 흔들리지 않는 믿음으로 승리하는 성도도 있다. 그러므로 성숙한 신앙의 척도는 물질 축복이 기준이 아니라 예수 그리스도를 어떻게 닮아 가느냐가 기준이다. 한마디로 예수님의 제자도이다. 즉 믿음의 크기는 얼마나 주님의 신실한 제자가 되느냐의 문제이지 물질 축복이나 부유함이 기준이 아니다. 자기를 부인할 때 기복신앙의 거품을 뺄 수 있고 성숙한 성도가 될 수 있다.

순금 신앙

욥의 순금 신앙

욥의 신앙을 보라. 동방의 의인 욥이 얼마나 많은 고난을 받았는가? 물질을 다 잃었다. 열 자녀가 대풍으로 한꺼번에 모두 죽었다. 몸에는 악창이 들어 고통 속에서 살아야 했다. 아내는 "하나님을 저주하고 당신도 죽어라!" 하며 도망갔다. 친구들은 "네가 죄를 지어서 징계를 받은 것이다" 하며 욥을 정죄하고 비난했다. 이렇게 주변에 위로할 사람이 아무도 없는 상태에서도 욥은 "내가 가는 길을 그가 아시나니 그가 나를 단련하신 후에는 내가 순금같이 되어 나오리라"고 선언했다.

참으로 놀라운 신앙이 아닌가? 자신이 가진 모든 것을 다 잃어버린 상황에서도 그는 하나님을 절대 놓치지 않고, 결코 흔들리지 않는 믿음의 반석 위에 견고히 서 있었다. 이것이 나중에 갑절의 축복을 받는 계기가 된 것이다.

바울의 순금 신앙

사도 바울을 보라. 그도 순금 신앙을 가지고 있었다. 원래 그는 많은 축복을 받은 사람이었다. 부잣집 아들이며 로마 시민권을 가지고 있었고, 가말리엘 문하에서 최고의 학문을 연구했으며, 70명의 산헤드린 공회원의 한 사람이었다. 한마디로 출세한 사람이었다. 그러나 그가 예수 그리스도를 영접하고 나서는 이 모든 것을 배설물로 여겼다. 그리스도를 아는 지식이 가장 고상한 것이라 했다. 그는 예수 외에 나머지를 다 포기했다. 주님을 위해서라면 그 어떤 것도 버릴 각오가 되어 있었다. 복음을 위해서는 생명을 조금도 귀한 것으로 여기지 않았다.

수많은 고난과 위기와 어려움을 만났다. 그럴수록 그의 신앙은 더욱 강해져 갔고, 순금 같은 신앙으로 나오게 되었다. 몸에 가시가 있었다. 기도했지만 하나님은 고쳐 주시지 않았다. 그럼에도 불구하고 그는 "내가 약할 때 곧 강함이라" 하면서 더욱 하나님을 의지하며 주님께 가까이 나아갔기 때문에 귀하게 쓰임 받는 사도가 될 수 있었다. 순금 신앙은 자기를 포기하고 부인할 때 나타나는 것이다.

겸손

자기를 부인하는 방법 중에 가장 중요한 첫 번째 요소가 '겸손'이다. 내 생각도 언어도 행동도 모두 겸손해야 자기를 부인할 수 있다. 성도가 만약 자기를 낮추지 않으면 겸손을 절대로 배울 수 없다. 겸손은 자기 부인이요 자기 포기이다. 나를 내려놓지 않는데 어떻게 겸손할 수 있겠는가? 결코 그럴 수 없다. 겸손은 예수 믿는 첫 출발이다. 겸손하지 않으면 예수를 받아들일 수 없다. 겸손하기 때문에 예수를 높이고 예수의 사람이 되는 것이다.

또한 예수 믿고 나서도 겸손하지 않으면 성숙한 성도가 될 수 없다.

매 순간 어린아이 신자가 되어 불평하고 원망하고 다투는 삶을 살 것이다. 그래서 성 어거스틴은 말하기를 "신앙 덕목의 가장 중요한 것이 겸손"이라고 했다. 그리고 "신앙생활 하면서 첫째도 겸손, 둘째도 겸손, 셋째도 겸손이다"라고 했던 것이다.

비굴이 아니다

그러나 한 가지 명심할 것이 있는 데 그것은 겸손이 비굴이 아니라는 것이다. 비굴은 억지로 자신을 낮추는 것이다. 초라하고 비참하다. 목적을 위해서 수단과 방법을 가리지 않고 뭐든지 다 하겠다는 것이다. 비굴은 아첨하는 것이요 위선적이고 가식적인 것이다. 비굴은 절대 겸손이 될 수 없다. 비굴한 사람은 겸손한 척은 해도 겸손한 행동은 결코 나오지 않는다.

그러나 겸손은 자발적으로 남을 나보다 낫게 여기는 것이다. 상대를 존중하지만 나도 소중한 존재임을 확인한다. 아첨하지 않고 진심으로 칭찬하고 격려한다. 상대를 이해하고 배려하며 축복한다. 이것이 겸손이다. 그러므로 성도는 비굴해서는 안 되지만 겸손한 미덕은 가져야 한다.

하나님 무한 신뢰

더욱이 겸손은 나보다 하나님을 절대 의지하는 것이다. 겸손은 나는 할 수 없지만 전능하신 나의 하나님이 함께하시면 능치 못함이 없다고 믿는 신앙이다. 하나님 앞에서는 한없이 낮아지는 것이며, 하나님을 절대 무한 신뢰하는 것이다. 그러나 교만한 사람은 하나님보다 나를 더 앞세운다. 나의 능력을 믿는다. 천상천하 유아독존이다. 세상에 자기가 제일 잘난 줄 안다. 교만하기 때문이다.

하나님은 교만한 사람을 물리치고 겸손한 자에게 은혜를 베푸신다. 다윗을 보라. 골리앗과의 싸움에서 그는 겸손했다.

"너는 칼과 단창으로 내게 나아오거니와 나는 만군의 여호와의 이름으로 네게 나아가노라."

그는 평소에 곰과 사자를 물리쳤던 실력 있는 사람이었지만 겸손했다. 하나님을 절대 의지했다. 결국 하나님의 능력으로 교만한 골리앗을 이기게 된 것이다. 하나님은 겸손한 자를 사용하시고 은혜를 베푸신다.

무욕

자기를 부인하는 또 다른 방법은 '욕심을 버리는 것'이다. 이것이야말로 세속에 물들지 않는 예수님의 참된 영성이다. 성도는 욕심을 버릴 때 평안할 수 있다. 세상을 관조하며 바르게 볼 수 있다. 다른 사람과 화평할 수 있다. 시기 질투하지 않는다. 남과 비교하지 않는다. 분수에 맞게 산다. 자존감을 누린다. 성취하지 못했다 해도 조바심 내지 않는다. 느림의 미학도 아름답게 여긴다. 그러나 욕심을 부리면 그 욕망이 한도 끝도 없다. 하나를 얻으면 또 얻고 싶어한다. 한번 하면 또 하고 싶어한다. 아파트 20평에 살면 30평에 살고 싶고, 30평에 살면 40평에 살고 싶어한다.

욕심은 부리기 시작하면 끝이 없다. 그래서 야고보는 "욕심이 잉태한즉 죄를 낳고 죄가 장성한즉 사망을 낳느니라"(약 1:15)고 말했다. 욕심을 부리기 시작하면 결국 사망에 이르게 된다는 것이다. 예수님도 "심령이 가난한 자는 복이 있나니 천국이 그들의 것임이라" 말씀하셨다. 욕심을 버려야 천국을 소유할 수 있다는 것이다. 천국은 무욕의 장소이다. 그곳은 미움과 증오가 없다. 화목과 평화만이 있다. 욕심이 없는 곳이다.

예수님의 무욕

예수님께서도 친히 욕심을 버리신 분이다. 그는 근본 하나님의 본체시나 하나님과 동등됨을 취할 것으로 여기지 아니하시고 오히려 자기를 비워 종의 형체를 가지사 사람들과 같이 되셨다. 자기의 영광과 권능을 내려놓고 겸손하게 이 땅에 내려오셨다. 겸손과 무욕의 마음이다. 공생애 사역 동안 "여우도 굴이 있고 새들도 집이 있지만 인자는 머리 둘 곳이 없도다" 하며 평생 청빈하게 사셨다. 그분은 욕심 없이 오직 하나님 나라를 위해 헌신하다가 십자가에 죽으셨다. 무욕으로 일평생을 사셨던 분이다. 그러므로 예수님의 영성을 닮아 가기 위해서는 욕심을 버려야 한다.

사람에게는 돈의 욕심, 지식의 욕심, 명예의 욕심, 권세의 욕심, 미적 욕심 등 수많은 욕심이 있다. 이런 것들을 포기하고 부인하지 않으면 진정한 예수 스타일로 살아갈 수 없다. 성도는 작은 예수로서 크고 작은 세상의 욕심으로부터 자유로워져야 영적인 사람이 될 수 있고 하늘의 신령한 복을 받을 수 있다.

창 밑에서 마시는 차 한 잔

영국에서 유학할 때였다. 학교를 찾아 런던에서 버밍햄으로 옮겼다. 그런데 집을 구할 만한 형편은 안 되고 학교 기숙사는 다 차 있고 난감

했다. 학교에다 사정 이야기를 했더니 다행히 다락방이 하나 있는데 그곳에서 살겠느냐는 것이었다. 우린 흔쾌히 승낙을 했고 그곳으로 갔다.

그곳은 참 재미난 곳이었다. 가파른 계단으로 문까지 이어졌고, 천장 높이는 사람 키 하나 정도이고 천장 위로 창문이 있는 3층 다락방이었다. 그 창문을 열면 하늘이 보이고 바람도 쐴 수 있었다. 참으로 낭만적이었다. 우린 그 다락방을 페인트칠하며 직접 아름답게 단장을 했다. 비 오는 날이면 아내는 커피 한 잔을 마시며 창문 위로 뚝뚝 떨어지는 빗소리에 감상에 젖곤 했다. 우린 비록 돈이 없어 가난했지만 행복했다. 그때 우리는 둘째 아들을 그곳에서 하나님의 은혜로 낳았다. 지금도 그 때의 생활은 좋은 추억으로 간직하고 있다. 또한 그런 가난한 생활이 한국에 와서 교회를 개척할 때 견딜 수 있는 큰 힘이 되었다.

베란다에서 샤워를 하며

교회를 개척할 때의 일이다. 7층 상가였다. 사택은 4-5평의 사무실을 원룸으로 개조하여 사용했다. 바닥에는 전기 판넬을 깔고 위에는 두 아들을 위해 2층 침대를 놓았다. 바깥 베란다에는 베니어 합판으로 대충 가린 뒤 세면대 없이 샤워기만 하나 설치했다. 세수를 할 때는 대야에 물을 떠서 했는데 여름에는 시원했지만 겨울에는 으스스 추워서 씻지 못할 정도였다. 그런데 한번은 초등학생인 큰애 지형이와 한겨울에 같이 샤워를 한 적이 있었다. 너무 추워서 물을 데워도 소용이 없었다. 바들바들 떨면서 서로 등을 씻어 주었던 기억이 아직도 눈에 선하다.

초등학교 아들 친구가 오면 "너희 집은 교회니? 왜 집이 없니?" 묻는데도 아들은 "우리 집은 교회야!" 하면서 아이들에게 아무렇지도 않게 전도하며 같이 놀던 모습이 눈시울을 적시게도 했지만, 애들도 같이 목회하는 듯 생각이 들어 감동에 젖기도 했다. 그때는 참 행복했고, 무욕의 삶이었다는 생각이 든다. 나는 개척 초기 3년 동안 사례를 받지 못했지만 그래도 지금 생각하면 좋은 추억이었고 너무나도 행복한 날들이었다.

양보

자기를 부인하는 또 다른 방법은 '양보'이다. 내가 가진 것을 양보할 줄 아는 사람이 비로소 예수님의 영성을 본받을 수 있다. 예수님은 하나님의 나라를 위해서 모든 것을 양보하는 용기를 가지셨다. 하나님의 영광, 명예, 지위와 권세 모든 것을 내려놓으셨다. 그는 차지하려고 하기보다는 하나님께 양보했고, 빼앗으려고 하기보다 나눠 주는 인생을 사셨다. 자기를 부인했기 때문이다.

지는 것이 이기는 것이다

우리 어머니께서 항상 말씀하신 것이 있다.

"지는 것이 이기는 것이다."

양보하면 지는 것 같지만 결국에는 이긴다는 것이다. 실제로 어머니는 당신의 삶을 그 말씀대로 사셨기 때문에 자녀들에게 존경받지 않을 수 없었다.

양보는 아름다운 미덕이다. 나보다 남을 세워 줄 줄 아는 용기이며 희생이다. 나도 하고 싶지만 상대와 공동체의 유익을 위해 참는 것이다. 내 입장에서 볼 때는 손해 보는 것 같다. 하지만 기쁨으로 그 손해를 감수한다. 이것이 양보이다. 양보가 당장에는 손해 보는 것 같지만 나중에 보면 결코 그렇지 않다. 하나님이 양보하는 자를 책임져 주시고, 나중에 보면 이 모양 저 모양으로 다 채워 주시는 역사가 있다. 이것이 기독교의 정신이다.

양보의 결과

성경을 보라. 아브라함은 조카 롯에게 양보했다. 롯은 소돔과 고모라의 물질적으로 풍요로운 땅을 선택했지만 죄악의 도시임을 생각지 않았다. 결국 소돔과 고모라는 불과 유황으로 멸망당하였다. 그러나 양보했던 아브라함은 척박한 땅 가나안이지만 하나님께서 젖과 꿀이 흐르는 축복의 땅으로 바꾸어 주셨다.

이삭을 보라. 그랄 지역에 이주하여 흉년 중에도 농사를 지었는데 백배의 축복을 받았다. 하나님이 함께하셨기 때문이다. 그러나 그들이 시기하여 이삭을 쫓아 버렸다. 그는 양보하고 다른 곳으로 갔다. 그곳에서도 우물을 팠는데 물이 철철 넘쳤다. 그랄 목자들이 와서 또 빼앗아 버렸다. 다시 양보했다. 또 우물을 팠다. 또 빼앗아갔다. 또 양보했다. 수없이 그렇게 했다. 맨 마지막에는 그랄 목자들이 미안해서 그런지 빼앗지를 않았다. 그때 그 우물을 '르호봇, 하나님이 이제는 나의 지경을 넓히시리로다'라고 기도했다. 이삭은 이런 과정에서 더 큰 축복을 받았고, 그의 인생이 복되고 형통한 삶을 영위했다.

양보는 나를 부인하는 것이며 또 다른 축복의 열매를 맺는 것이다.

자기 십자가를 져라

내 아버지여 만일 할 만하시거든 이 잔을 내게서 지나가게 하옵소서 그러나 나의 원대로 마시옵고 아버지의 원대로 하옵소서 마 26:39

 마음 문 열기(Ice-breaking)

    민희가 동창회에 갔다. 에쿠스를 타고 갔더니 동창들이 "와~" 했다. 그때 민희는 남편이 사줬다고 자랑했다. 모두들 부러워했다. 친구 영희도 왔다. 빨간 마티즈를 타고 왔다. 민희가 영희를 놀린다.
  "너는 마티즈밖에 못 타니? 이거 얼마야? 딸 하나 사주게."
    영희는 떨떠름해하며 참았다. 그러자 민희가 계속해서 얼마냐고 묻자 영희가 퉁명스럽게 하는 말, "이거 벤츠 샀더니 덤으로 주더라."

여기서는 "자기 십자가를 져라"라는 주제로 예수님의 영성을 분석해 보고자 한다. 예수님은 자기 십자가는 자기가 져야 한다고 말씀하셨다. 예수님도 실제로 자신의 십자가를 지셨기 때문이다. 만약 자기 십자가를 자기가 지지 않고 남에게 떠넘기거나 회피하려고 하면 그것은 그리스도인의 참된 삶이 아니며, 자신의 사명을 저버리는 것이다. 그것을 지지 않으면 나중에 영광의 면류관도 얻을 수가 없다. 오히려 주님의 징계를 받을 뿐이다.

십자가에 미친 예수

예수님도 자기 십자가를 자신이 지셨다. 예수님의 십자가는 어느 누구도 감당할 수 없었다. 예수님만이 질 수 있는 십자가였다. 결국 그 십자가의 무게가 얼마나 버거우셨는지 "엘리 엘리 라마 사박다니, 나의 하나님 나의 하나님 어찌하여 나를 버리시나이까?"라고 절규하였지만 주님은 끝까지 참고 인내하셨다. 예수님은 제자들에게도 말씀하셨다.
"너희들의 십자가는 너희들이 져야만 한다."
가룟 유다에게는 가룟 유다의 십자가가 있고, 베드로에게는 베드로의 십자가가 있었다. 그러나 그들은 자기들의 십자가를 예수님께 미루고 회피하려다 도망가고 실수하고 배반하고 자살해 버렸다. 예수님의 십자가를 예수님이 지셨듯이 우리도 내 몫으로 지워진 십자가는 내가 지고 가야만 한다.

짐인가, 십자가인가?

모든 사람에게는 십자가가 있다. 그것은 나에게 주어진 내 몫이다. 내가 감당해야 하는 것들이다. 이것을 회피하면 불행이 온다. 이것을 도피하면 더 엄청난 재앙이 온다. 아모스 선지자는 사자를 피하려다 곰을 만난다고 말했다(암 5:19). 그러므로 십자가는 정면 돌파해야 하는 문제이지 도망가거나 회피할 문제가 아니다. 내가 감당해야 할 십자가라면 그것은 즐겁게 내가 감당해야 하나님의 축복과 은혜 가운데 거할 수 있다.

그런데 우리는 십자가가 '죽음의 도구'라는 것을 대부분 기억하지 않는다. 예수님이 말씀하시기를 "수고하고 무거운 짐 진 자들아 다 내게로 오라 내가 너희를 쉬게 하리라" 하셨다. 여기서 수고하고 무거운 짐(burden)은 십자가(cross)와 다른 의미이다. 짐은 내려놓으면 된다. 무거운 짐을 내려놓으면 가볍다. 그러나 십자가는 죽어야 하는 것이다. 죽어야 사는 것이다. 예수님도 십자가에서 죽으시고 다시 부활하셨듯이 나도 십자가에서 죽어야 다시 살아나는 체험을 할 수 있다. 이것이 십자가의 놀라운 신비이다. 따라서 십자가는 분명 우리가 내려놓는 염려 근심의 짐과는 다른 차원의 신앙이다.

나는 혹시 십자가를 짐으로만 생각하고 있지는 않은가? 짐(burden)은 우리의 기도 가운데 발생하는 얕은 일상의 문제들이다. 그것이 아무리 무겁다고 해도 죽을 정도의 십자가(cross)는 아니다. 물질 문제, 자녀 문제, 질병 문제, 미래와 장래, 직장과 사업장의 문제, 결혼 문제, 취업 문제 등등 이것들이 무거운 짐들이기는 하지만 주님께 내려놓으면 견딜 만한 것들이다. 예수님께 맡기면 편안히 쉬도록 해주신다. 시간이 지나면 해결될 수 있는 것이다. 주님 안에서 참고 인내하면 결국 풀어질 짐들이다.

그러나 십자가는 아니다. 십자가는 반드시 죽어야 하는 문제이다. 한마디로 죄의 문제이다. 세상에 탐닉되는 문제이다. 영생의 문제이다. 신앙의 문제이다. 사명의 문제이다. 주님의 뜻의 문제이다. 사탄과 성령의 대립이며, 영적 전쟁의 문제이다. 하나님의 뜻을 어기고 세상을 향해 나아가면 그 사람은 자기 십자가를 지지 않는 것이다. 다니엘은 죽음을 각오하고 자기 십자가를 졌기 때문에 부활과 같은 영광을 맛보았다. 에스더도 죽음을 각오하고 자기 십자가를 졌기 때문에 민족을 구원하는 영광의 도구가 될 수 있었다.

십자가는 죽음의 도구이지 무게를 측정하는 도구가 아니다. 무게를 측정하는 것은 짐이지만 생사를 측정하는 것은 십자가이다.

사명

십자가는 하나님이 나에게 주신 '사명'이다. 십자가는 해도 되고 안 해도 되는 문제가 아니라 반드시 해야 하는 사명의 문제이다. 예수님은 사명을 위해 목숨 걸고 십자가를 지셨다. 그리고 제자들에게도 마찬가지로 자기 십자가를 지고 예수를 따라야 참된 제자가 된다고 말씀하셨다. 이것은 내 몫으로 지워진 사명에 목숨 걸고 신앙의 지조를 지켜나가지 않으면 영생을 얻을 수도 없고 신령한 복도 받을 수도 없다는 의미이다.

십자가는 나에게 주어진 하늘의 사명이다. 내가 반드시 짊어지고 가야 할 내 몫이다. 고난이 와도, 어려움이 와도, 시련이 와도 쫄 것도 없고 기죽을 것도 없다. 당당히 묵묵히 짊어지고 가면 된다. 여기에서 승리하면 영광의 면류관이 기다리고 있다. 부활의 능력을 경험한다. 이것이 십자가이다.

사명자는 죽지 않는다

아프리카 선교의 아버지 리빙스턴은 "사명이 있는 자는 죽지 않는다"고 말했다. 사명은 생명의 끈이다. 사명 있는 자는 그것을 향해 목숨을 다하여 달려간다. 결국 그것을 이룬 후에 죽는 것이다. 예수님도 십자가에서 마지막으로 하신 말씀이 "다 이루었다"였다. 예수님도 십자가의 사명을 다하시고 돌아가신 것이다.

이익을 따라가는 사람은 세상적인 사람이지만 사명을 따라가는 사람은 진정한 그리스도인이다. 그리스도인은 비록 손해가 온다 할지라도 사명을 붙들고 사는 사람이다. 그 사명을 다할 때 이 땅에서도 길이 열리고 저 하늘나라에서도 하늘의 상급이 큰 것이다. 그러므로 내 십자가를 내가 진다는 것은 나에게 주어진 하늘 사명의 길을 즐겁게 끝까지 걷겠다는 것이다.

각오는 되어 있는가?

이순신 장군이 300척 이상 되는 왜놈의 배와 싸울 때 "우리에게는 아직도 열두 척의 배가 있다" 하며 정면 돌파하여 일본 적군을 크게 물리쳤다. 그는 외쳤다.

"살고자 하는 자는 죽을 것이고, 죽고자 하는 자는 살 것이다."

유명한 말이다. 그는 목숨을 걸고 사명을 다하여 일본 왜놈들과 싸웠기 때문에 승리할 수 있었던 것이다.

성도들도 마찬가지이다. 인생을 걸어갈 때 내 몫의 십자가를 목숨 걸고 사명을 다해 짊어져야 승리할 수 있다. 죽음의 십자가를 질 각오를 해야 한다. 그래야 하나님의 나라를 세울 수 있고, 사탄과 싸워 승리할 수 있다.

사명을 완수하라

부산에서 대학 청년을 위한 한 선교집회가 열렸다. 이때 한 강사 목사님이 선교에 대한 비전을 심어 주고 선교사로 나갈 사람은 손을 들라고 했다. 100명 정도가 손을 들어 눈물을 흘리며 사명을 감당하겠노라고 서원했다. 그런데 그 해에 단기선교를 갈 때는 50명으로 줄었다. 반이 감정적으로 손을 들었다가 포기한 것이다. 단기선교를 갔다 와서는 20명으로 줄었다. 현장에 가서 보니 선교사의 길이 험난하다는 것을 깨달은 것이다. 그리고 막상 선교사로 나가려고 할 때는 두세 명밖에 남지 않았다고 한다. 언어 훈련, 음식 문제, 기후와 환경의 적응, 영성 훈련 부족 등으로 선교 훈련이 제대로 되지 않아 선교사로 나가지 못했던 것이다.

사명을 찾는 것은 그다지 어려운 일이 아니다. 조금만 마음에 부딪힘이 있으면 사명을 충분히 깨달을 수 있다. 하지만 그 사명을 완수하는 것은 죽음을 각오하지 않으면 안 되는 것이다. 많은 사람들이 사명을 찾기도 하고 깨닫기도 하지만 사명을 완수하기 위해 십자가를 끝까지 지지는 않는다. 사명을 감당하려면 눈물과 피와 땀과 수고를 아끼지 않아야 하기 때문에 그것을 회피하려 하는 것이다. 막상 사명을 감당하려고 하면 너무 힘들기 때문에 포기하는 것이다. 그래서 사명의 십자가는 죽음을 각오하고 감당해야 승리할 수 있다. 사명은 죽음의 도구인 십자가의 길이기 때문이다.

여러분도 하나님이 주신 사명의 십자가를 위해 생명을 내려놓아야 할 것이다. 그래야 영광의 면류관을 얻을 수 있다. 이 땅의 하늘의 신령한 복도 받을 수 있다. 바로 여러분이 지금 여기에서 주님을 위해 사명의 십자가를 즐겁게 끝까지 져야 할 사람들이다. 그것이 예수님의 참된 영성이고 축복의 길이다.

순종

십자가는 '순종의 길'이다. 즉 하나님 말씀에 절대 순종하는 것이다. 예수님은 십자가에서 순종의 모델을 보여 주셨다. 십자가 지시기 전날 밤 "할 수만 있다면 이 잔을 내게서 옮기시옵소서. 그러나 나의 원대로 마옵시고 아버지의 원대로 하옵소서!" 하며 눈물이 피가 되도록 기도하셨다. 결국 예수님은 철저히 하나님의 뜻에 순종하셨고 자기 십자가를 끝까지 지셨던 것이다.

순종은 그것이 하나님의 뜻이라면 목숨 걸고 하는 것이다. 즉 내 몫의 십자가를 기쁨으로 지는 것이 참된 순종이다. 십자가는 죽음의 도구이다. 그것은 내려놓으면 되는 짐이 아니다. 그러므로 순종도 하나님의 뜻이라면 해도 되고 안 해도 되는 그런 문제가 아니라 반드시 철저히 순종해야 하는 과제(agenda)이다. 이러한 순종은 세상적인 순종과는 차원이 다르다. 주님의 뜻이라면 목숨 걸고 해야 하는 것이다.

죽음을 각오한 순종

• 다니엘의 세 친구

다니엘의 세 친구는 바벨론의 느부갓네살 왕이 만든 금 신상에 끝까지 절하지 않았다. 왕은 풀무불에 집어넣겠다고 협박했다. 그러나 세 친구는 "왕이여, 그렇다 하더라도 우리 하나님이 건져 주실 것입니다. 만약 하나님이 건져 주시지 않는다 해도 우리는 왕의 금신상에 절하지 않겠습니다"라고 외쳤다. 그들은 신앙의 지조를 지켰다. 흔들리지 않는 믿음으로 담대히 나아갔다. 이것이 목숨을 건 순종이다. 십자가는 순종이다. 그것은 해도 되고 안 해도 되는 것이 아니라 하나님의 뜻이라면 목숨을 걸고 하는 것이다. 이것이 내 몫의 십자가를 지는 것이다.

• 에스더

에스더는 사촌 오빠 모르드개의 요청을 받는다.

"네가 하나님의 은혜로 왕후가 된 것이 유대 민족을 구원해야 하는 바로 이때를 위한 것이 아니냐? 지금 목숨을 걸고 하나님의 백성을 구하라."

이 말을 듣고 그녀는 결심한다. '왕의 허락이 지금은 없지만, 또한 허락 없이 왕에게 나아가면 목숨을 잃을 수도 있지만 그래도 하나님의 백성을 구원하기 위해 무조건 나아가리라.' 그녀는 죽으면 죽으리라 결심하고 3일을 금식한 후에 왕에게 예고 없이 나아갔다. 그런데 놀랍게도 왕의 마음이 변하고 움직여서 결국 유대 민족을 말살하려 했던 하만 총리는 장대에 달려 죽고 유대인 전체는 구원받는 놀라운 기적의 역사가 나타났다.

• 아브라함

아브라함은 고향인 갈대아 우르에서 가나안으로 가라는 하나님의 말씀에 일언반구도 하지 않고 철저히 순종했다. 그는 목숨을 걸고 순종했다. 100세에 낳은 아들 독자 이삭을 모리아 산에서 바치라는 하나님 말씀에도 즉시 순종했다. 다음 날 아침 아내 사라에게도 말하지 않고 3일 길을 걸어 결국 모리아 산에 도착해 이삭을 제물로 바쳤다.

하나님이 얼마나 급하셨으면 이삭을 살리기 위해 "아브라함아, 아브라함아!" 하고 두 번이나 부르셨겠는가? 그는 하나님의 말씀이라면 죽음도 불사하는 순종의 사람이었다. 이삭을 바쳤던 모리아 산은 솔로몬 성전의 터가 되었고, 나중에 예수님이 십자가를 지신 갈보리 언덕의 장소였다고 한다. 참으로 의미심장한 암시를 주지 않는가? 십자가는 철저한 순종이다. 목숨 걸고 하나님의 뜻을 지키는 순종이 십자가의 신앙인 것이다.

• 사도 바울

사도 바울은 그는 전도유망한 청년이었다. 학벌, 지위, 명예, 권세를 누렸던 창대한 사람이었다. 그는 세상적으로 교만했고 야심적인 사람이었다. 율법적으로도 의롭게 살려고 노력했던 사람이었다. 그러나 그가 다메섹 도상에서 인격적으로 예수를 만난 후에는 모든 것이 완전히 변화되었다. 그는 그동안 자신의 힘으로 살려고 했던 인간적인 노력들을 모두 버렸다. 자신을 떠받쳐 왔던 모든 배경을 배설물로 여겼다. 그리고 주님을 위해서 자기의 생명을 조금도 귀한 것으로 여기지 않았다. 주님의 말씀이라면 무엇이든지 우선순위로 순종했다. 살아도 주를 위해 살고, 죽어도 주를 위해 죽었다.

   그는 평생의 목회와 전도사역을 주님의 뜻대로 철저히 순종했다. 그랬기에 그는 하나님으로부터 위대한 사도로 쓰임 받을 수가 있었던 것이다.

온전히 주님을 좇으라

네가 죽도록 충성하라 그리하면 생명의 면류관을 주리라 계 2:10

 마음 문 열기(Ice-breaking)

한 남자가 강아지를 사랑스럽게 키우던 중 그 강아지가 죽었다. 그래서 동네 교회 목사님에게 찾아와 물었다.
"교회에서 강아지도 장례식을 치러 줄 수 있나요?"
목사님은 "우리 교회에서는 강아지 장례식이 힘듭니다. 그러나 저 옆에 있는 이상한 교회는 될 것입니다" 하고 대답했다. 그때 그 남자가 "장례비는 천만 원 정도면 되겠지요?" 하고 말했다. 그랬더니 목사님이 다급하게 "아~ 왜 그 강아지가 신자라는 말씀을 안 하셨나요?" 하면서 장례식 날짜를 잡았다고 한다.

이 시간 주제는 "온전히 주님을 좇으라!"이다. 예수님의 참된 영성은 예수님을 적당히 좇아가는 것이 아니라 온전히 좇아가는 것이다. 한쪽에는 세상, 한쪽에는 예수님, 이렇게 양다리를 걸치는 사람은 진정한 예수님의 제자가 될 수 없다. 그러므로 성도는 예수님을 먼 거리에서 좇아가는 것이 아니라 바짝 붙어서 적극적으로 좇아가는 자가 되어야 할 것이다.

하나님의 뜻에 미친 예수

예수님은 하나님의 뜻을 온전히 좇았다. 예수님은 항상 자신이 하는 일을 그를 보내신 아버지의 뜻대로 행하는 것이라고 말씀하셨다. 아버지의 뜻을 저버린 적이 한 번도 없다고 하셨다. "아버지와 나는 하나다"라고 하셨다. 십자가에 돌아가실 때도 하나님의 뜻을 온전히 좇기 위해 겸손하게 순종하신 것이다. 예수님은 100% 하나님의 뜻을 따랐고 헌신했으며 충성했다. 예수님이 말씀하시기를 "손에 쟁기를 잡고 뒤를 돌아보는 자는 하나님 나라에 들어갈 수 없다"고 하셨다. 온전히 주님을 좇지 않으면 천국에 갈 수 없다는 것이다.

또한 예수님은 본토 친척 아비와 재물과 환경을 버리고 주님을 좇지 않으면 참 제자가 될 수 없다고 하셨다. 부자가 천국에 들어가는 것은 낙타가 바늘귀로 들어가는 것보다 어렵다고도 하셨다. 누가복음에 나오는 부자 청년이 율법은 다 지켰지만 돈 때문에 근심하며 예수님을 떠나갔던 사건은 우리에게도 교훈하는 바가 크다.

부분적 헌신

성경은 100% 헌신이 아니면 헌신이 아니라고 한다. 100% 순종이 아니면 순종이 아니다. 99% 순종을 해도 1% 순종하지 않으면 그것은 불순종인 것이다. 헌신도 충성도 봉사도 마찬가지이다. 헌신은 온전히 100% 해야 가치가 있는 것이고 하나님의 영광을 위한 것이지, 1%만이라도 불충성하면 그것은 충성이 아닌 것이다. 그래서 참 제자가 되기 위해서는 100% 충성, 헌신, 봉사를 해야 한다. 부분적인 것은 헌신이 아니다.

초대교회를 살렸던 바나바는 100% 헌신을 했다. 온전히 주님을 좇았다. 그는 마가 다락방에서 기도했던 120문도의 한 사람으로 예루살렘 교회의 개척 멤버였다. 그는 교회 어려움을 온몸으로 막으며 100% 헌신했다. 물질도 온전히 헌신했다. 자기 밭을 팔아 교회에다 몽땅 다 바쳤다. 최초의 이방인 교회인 안디옥 교회가 세워졌을 때는 아무도 가려하지 않는 그곳을 바나바는 마다하지 않고 가서 담임목사가 되었다. 그곳에서도 온몸으로 100% 헌신하여 교회를 폭발적으로 부흥시켰다. 선교사로 나갈 때도 바울과 함께 온몸으로 헌신했다. 바나바는 최초의 초대교회인 예루살렘 교회를 살렸고, 최초의 이방인 교회인 안디옥 교회를 살렸으며, 세계 선교의 교두보 역할을 톡톡히 담당했다. 100% 헌신했기 때문이다.

반면에 아나니아와 삽비라 부부를 보라. 그들은 부분적으로 헌신했다. 헌신을 안 한 것이 아니다. 헌신을 했지만 인간적인 방법으로 했고, 부분적으로 했다. 그들은 바나바의 헌신을 보고 한편으로는 도전을 받으면서도 한편으로는 시샘도 했다. 믿음이 약한데도 바나바처럼 자기들도 소유를 팔아 바치겠다고 했다. 처음에 사도들은 이들 부부에게 감동했다. 계속되는 충성과 헌신으로 교회가 더욱 발전할 것이라는 기대가 충만했다. 그런데 문제가 발생했다. 이들 부부가 막상 바치려고 하니까 아까운 생각이 들어 일부를 감추어 버렸다. 하나님과의 약속을 어긴 것이다. 이것이 베드로에게 발각되어 두 사람 모두 즉사하는 불행한 사건이 벌어졌다. 초대교회 최초의 교회 내 징계의 사건이다. 이것은 약속을 어긴 것과 부분적 헌신에 대해 하나님께서 일침을 가하신 사건이다. 헌신은 온전히 해야 하나님께 영광이 됨을 교훈해 주고 있다.

온전한 헌신

100% 헌신하는 자만이 주님의 참 제자가 될 수 있다. 어중간한 헌신은 오히려 문제를 일으킨다. 교회 내에 갈등을 유발할 수 있다. 그것은 오히려 교만하게 하고 내 의를 드러낼 수 있다. 남의 평판에 의해 좌우되는 헌신이 될 수 있다. 그러나 온전한 헌신은 겸손하게 한다. 이름도 없이 빛도 없이 한다. 오직 하나님의 영광을 바라보며 한다. 열매도 풍성히 맺는다. 모든 것이 합력하여 은혜롭게 진행된다. 하나님의 역사가 나타난다.

여기서 잠시 성도는 무엇을 온전히 헌신해야 하는지 몇 가지 점검해 보자.

온전한 헌금

첫째, 헌금을 온전히 해야 한다. 마음과 뜻과 정성을 다하여 해야 한다. 헌금을 경솔히 하면 안 된다. 사사롭게 하는 것이 아니라 믿음으로 거룩하게 해야 한다. 왜냐하면 헌금은 사람에게 드리는 것이 아니라 하나님께 드리는 것이기 때문이다. 예수님께서도 "물질이 있는 곳에 네 마음이 있다"고 말씀하셨다. 마음이 하나님께로 향하는 사람은 물질도 정성스럽게 드린다는 것이다.

그러나 물질을 사랑하는 사람은 헌금도 하나님 앞에 대충 드릴 수 있다. 위선적이고 외식적으로 드릴 수 있다. 자기 의를 드러내기 위해 드릴 수 있다. 복을 받기 위해 사심을 품고 드릴 수 있다. 모두가 부분적으로 헌신하는 헌금이다. 하나님이 기뻐하시지 않는다. 그래서 예수님께서는 물질과 하나님을 동시에 섬길 수 없다고 하셨다. 사람이 물질을 사랑하면 그 마음이 나눠지기 때문이다. 명심해야 한다. 물질 자체가 나쁜 것이 아니지만 물질을 사랑하다 보면 그 물질이 일만 악의 뿌리가 되는 것이다.

나는 어릴 적부터 헌금 훈련을 잘 받았다. 우리 아버지는 장로이시다. 교회를 세 군데나 개척하기까지 헌금을 조금도 아까운 것으로 여기지 아니하시고 아낌없이 헌신하셨다. 드릴 때는 대가 없이 이름도 없이 조건 없이 교회와 하나님의 영광을 위해서 드리셨다. 나에게는 참으로 감동이었다. 내가 보기에도 그런 아버지에게 하나님께서는 복을 물 붓듯이 부어 주셨다. '아~, 이것이 축복을 받는 길이구나'라는 생각이 들 정도로 정말 아낌없이 바치셨다. 나도 이런 신앙을 좋은 유산으로 물려받았다. 그래서 지금까지 헌금 부분만큼은 아깝지 않게 생각하며 많은 것을 드릴 수 있었던 것 같다. 그런데 놀라운 것은 우리 자녀들도 나를 닮아서 그런지 헌금하는 것을 조금도 머뭇거림 없이 과감하게 드리는 것을 보면 기특하기 그지없다. 하나님이 축복하시리라!

나는 영국 유학 생활 중에도 아무리 생활비가 빠듯해도 십일조를 드렸다. 런던에 있을 때는 40-50명 정도의 영국 침례교회에 다녔는데 십일조를 드렸더니 장로회의에서 나를 불렀다. 그곳에는 십일조 생활을 정확하게 하는 사람이 드물었기 때문에 놀랐던 것이다. 그리고 그들 모두가 감동이 되어 나에게 설교를 부탁했다. 그것이 영국에서 한 첫 설교였다. 나는 헌금을 드릴 때 우리 아버지가 그랬듯이 가장 새 돈으로 준비해서 드린다. 그렇게 하면 기분이 좋다. 하나님이 기뻐하시는 모습이 그려진다. 나는 지금까지 그렇게 헌금생활을 기쁘게 하고 있다. 나는 드리는 것이 기쁘다. 물론 하나님이 채워 주시는 은혜도 수없이 많다. 온전한 헌금은 개척해서 지금까지도 목회 현장에서 그대로 이어지고 있다.

사랑하는 성도들이여! 드리는 기쁨, 주는 즐거움은 경험한 사람만이 알 수 있다. 이것은 온전한 헌금을 드린 사람만이 경험할 수 있는 놀라운 기쁨이다. 하나님의 축복도 덤으로 나타난다. 반드시 채워 주신다. 할렐루야!

온전한 봉사

둘째, 봉사를 온전히 해야 한다. 조금 봉사해 놓고 생색내는 사람도 많다. 이런 사람들은 자기 의를 드러내야만 직성이 풀리는 사람들이다. 그리고 사람에게 인정받아야만 봉사하는 사람도 있다. 하나님의 영광보다는 자기 만족이 앞서기 때문이다. 때로는 분위기만 유도해 놓고 정작

일을 할 때는 자기만 쏙 빠지는 사람도 있다. 나는 그 부류에 들지 않는다고 하지만 몸에 배어 있어 실제로 은근히 그것을 즐기는 사람도 있다. 모두가 부분적으로 헌신하는 사람들이다. 이것은 온전히 헌신하는 것이 아니다. 봉사는 겸손하게 온전히 할 때 하나님이 영광을 받으시고 교회도 부흥하게 된다.

한 시골 고등학생이 비 오는 어느 날 교회에서 흘러나오는 찬송 소리를 듣고 교회에 들어와 은혜를 받고 예수를 믿게 되었다. 목사님에게 교회 봉사를 하고 싶다고 했더니 새벽종을 치라고 하셨다. 이 학생은 새벽기도를 하면서 날마다 새벽종을 치는 것을 감사하게 생각했다. 그렇게 1년을 온전히 쳤다. 어떤 때는 손바닥에서 피가 날 정도였다. 그러던 어느 날 꿈에 흰옷을 입은 예수님이 나타나 "왜 새벽종을 치느냐?" 물으시기에 "하나님을 기쁘시게 하고 복을 받으려고 합니다"라고 대답했다고 한다. "그럼 앞으로 무엇이 되고 싶으냐?" 하셔서 "하늘을 날고 싶습니다"라고 대답했다고 한다.

그런데 그 꿈 이후에 기적이 나타났다. 아버지가 다니는 철도청 직원이 서울에서 대학 원서를 가져왔는데, 국립항공대에서 국비장학생을 선발한다는 것이었다. 신청을 했는데 놀랍게도 합격이 되었고, 졸업한 후에는 40년 무사고로 하늘을 날며 그가 꾼 꿈대로 파일럿이 되어 비행기를 탔다. 지금은 후진을 양성하는 교수로 봉직하고 있다고 한다. 이분이 바로 충북 제천 출신인 신일덕 장로이다. 1년을 새벽종 치는 온전한 봉사를 했더니 하나님이 이렇게 축복을 주셨다고 간증한다.

온전한 사랑

셋째, 사랑을 온전히 해야 한다. 예수님께서도 "내가 새 계명을 주노니 서로 사랑하라. 내가 너희를 사랑한 것같이 너희도 서로 사랑하라. 너희가 서로 사랑하면 이로써 모든 사람들이 너희가 내 제자인 줄 알리라" 말씀하셨다. 예수님은 아낌없이 누구나 사랑하셨다. 그분은 몸소 십자가에 죽기까지 온전히 사랑하셨다. 생전에도 그분은 "거저 받았으니 거저 주어라! 주는 자가 복되도다!" 말씀하시며 온전한 사랑을 솔선수범하며 보여 주셨다.

마찬가지로 우리도 사랑할 때는 예수님처럼 온전히 사랑해야 한다. 부분적으로 사랑하고 계산적으로 주고받는 사랑은 사랑이 아니다. 그것은 이기적인 사랑이며 깨어질 사랑이다. 온전한 사랑은 대가 없이 무조건 주는 사랑이다. 보상을 바라지 않으며 주는 자체로 기쁨을 누리는 사랑이다. 이런 자가 예수님의 말씀대로 복을 누리게 될 것이다.

어느 집에서 일어난 일이다. 남편이 직장을 지방으로 옮기면서 가족이 흩어져 살게 되었다. 아내는 한 달에 한두 번 정도 지방을 방문하는 정도였다. 어느 날 아내가 딸에게 자기 대신 아빠에게 가라고 했다. 딸은 엄마가 챙겨 준 먹을 것과 입을 것을 준비해 가져갔다. 회사에 갔더니 아빠가 잠시 자리를 비웠다. 물어보았더니 직원들이 아빠 계신 곳을 가르쳐 주었다. 그곳으로 가보았더니 이상한 광경이 펼쳐져 있었다. 웬 여자가 상을 차려놓고 아빠와 밥을 먹고 있는 것이 아닌가? 아빠가 딴 살림을 차린 것이다. 딸은 놀라 기겁을 했다. 아빠는 엄마에게 말하지 말라고 신신당부했다. 딸이 올라왔다. 엄마가 물었다.

"아빠 잘 있지?"

딸은 "어~그래! 근데 엄마 아빠에게 좀 잘해줘야겠다. 아빠 지방에서 무지 고생하고 있더라!" 하며 한마디 거들었다. 아빠가 서울로 올라왔다. 집에 들어가기가 불안했다. 하지만 용기를 내어 들어갔다. 그런데 아내가 오랜만에 왔다고 얼마나 잘해 주는지 눈물이 펑펑 날 정도였다. 딸도 이전보다 아빠에게 더 잘했다. 아빠는 딸에게 미안한 눈짓을 하며 고마워했다. 그리고 지방에 내려가 딴살림을 청산했다고 한다. 가족의 사랑이 변화를 만들어낸 것이다. 사랑은 모든 것을 변화시킬 수 있다.

"믿음, 소망, 사랑, 이 세 가지는 항상 있을 것인데 그중의 제일은 사랑이라"(고전 13:13).

예수 스타일은 주님을 온전히 좇는 것이다. 부분적으로 얄팍하게 좇는 것이 아니다. 100% 순종과 충성, 헌신과 봉사를 통해 온전히 나아가는 것이다. 주님께 온전히 나아가면 주님이 책임져 주신다. 만약 내가 무언가를 하겠다고 하면 주님은 뒷짐 지고 가만히 계신다. 절대로 움직이지 않으신다. 왜냐하면 주님이 하실 일이 없기 때문이다. 그러나 내가 주님을 온전히 좇고 내 능력을 포기하고 주님을 철저히 의지하면 주님의 놀라운 능력이 내게 임하는 것이다. 여러분도 주님을 온전히 좇는 성도가 되라!

Chapter 4. 사명(Mission)

"예수께서 모든 도시와 마을에 두루 다니사 그들의 회당에서 가르치시며 천국 복음을 전파하시며 모든 병과 모든 약한 것을 고치시니라"(마 9:35).

미성숙한 영혼을
훈련시키는 것은 아름답다.
영적으로 죽은 영혼에게
복음 전하는 것은 더 아름답다.

지치고 힘든 영혼에게
기도하는 것은 아름답다.
그들에게 온 맘으로
사랑을 베푸는 것은 더 아름답다.

이 땅의 만물이
나로 변화되는 것은 실로 아름답다.
시대에 맡겨진 사명을 다하는 것은
이 세상에서 가장 아름다운 축복이다.

01
가르쳐 지키게 하라

내가 너희에게 분부한 모든 것을 가르쳐 지키게 하라 볼지어다 내가 세상 끝 날까지 너희와 항상 함께 있으리라 하시니라 마 28:20

 마음 문 열기(Ice-breaking)

　　한 여집사가 다단계 피라미드 조직에 빠져 교회를 나오지 않았다. 그와 친한 집사님들이 목사님에게 심방을 요청했다. 그래서 목사님이 그 집사님을 심방하고 돌아왔다. 한 집사님이 물었다.
"목사님, 교회 다시 나온데요?"
목사님은 묵묵부답 허공만 쳐다보며 아무 말도 하지 않았다. 집사님이 "왜 아무 말씀도 안 하셔요?" 하고 묻자 목사님 왈, "집사님, 혹시 자석요나 정수기 살 생각이 없나요?"

이 시간 주제는 "가르쳐 지키게 하라"이다. 예수님의 사명은 제자들을 가르쳐 하나님의 백성으로 만드는 것이었다. 그래서 예수님은 십자가에 죽기까지 가르치셨으며, 부활 후에도 40일 동안 이 땅에 계시면서 하나님의 나라에 대해 가르쳐 주셨다. 마지막 승천하는 날까지도 제자들에게 성령을 기다리라고 당부하며 가르쳐 주셨다.

사명에 미친 예수

예수님에게는 3대 사명이 있다. 가르치는 사역, 전파하는 사역, 치유하는 사역이다. 예수님은 이 세 가지 사명을 위해 공생애 기간 동안 온 힘을 다 쏟으셨다. 그중에서도 3년 6개월 동안 밤낮 주야로 쉬지 않고 산에서 바다에서 시장에서 회당에서 가는 곳마다 가르치는 사역을 담당하셨다. 가르치고자 하는 예수님의 열정은 타의 추종을 불허했다.

시간과 장소를 불문하고 허락이 된다면 어디서든지 누구에게든지 복음을 가르치는 데에 눈물과 피와 땀과 수고를 아끼지 않으셨다. 때로는 수많은 비난과 반대로 공격을 받았지만 가르치는 사역을 멈추지 않으셨다. 결국 맛디아를 포함한 열두 제자를 변화시키셨고, 70명의 제자를 훈련시키셨으며, 120문도를 마가의 다락방에 모이게 하여 하나님 나라를 위해 충성하는 주님의 참된 제자들로 만드셨다. 그리하여 그 에너지가 온 세상을 복음으로 변화시켰다.

오늘의 교회 또한 가르치는 사명을 계속적으로 감당해야 한다. 성도들도 받은 은혜에 따라 가르치는 사명을 감당해야 한다. 그래야 지속적으로 건강한 교회, 건강한 성도가 될 수 있다.

교회 사역의 두 날개

우리 교회도 가르치는 사명을 계속적으로 감당하려고 노력하고 있다. 특별히 우리 교회에는 중요한 두 날개 사역이 있다. 이것은 어떤 경우에도 놓치지 않으려고 하는 우선순위 사역이다. 하나는 생명력 있는 예배이고, 또 하나는 교육부서의 활성화이다.

신앙생활에 있어서 영감 있는 예배는 가장 중요한 것이기 때문에 예배가 죽어 버린 교회는 그 존재 가치가 없다 하겠다. 아무리 프로그램이 좋아도 그 속에 예배가 죽어 있다면 사회의 기능적 조직에 불과할 것이다. 둘째는 교육부서가 살아야 한다. 주일학교, 중고등부, 청년부가 살아야 한다. 다음 세대를 책임지고 가르치는 교회가 되어야 한다. 교육부서가 살아야 미래의 교회도 부흥하며 세대 간의 격차도 줄일 수 있다. 앞으로 한국 교회가 21세기 기독교 인재 양성에 힘쓰지 않으면 교회도 병들고 죽으며 사회에도 심각한 문제를 야기하게 될 것이다. 따라서 우리 교회는 이 일들을 위해서 앞으로도 사명을 갖고 계속 매진해 나갈 것이다.

영적인 교육

성도들에게 무엇이 가장 중요한 가르침인가? 그리스도인은 무엇을 제일 먼저 배워야 하고 또 무엇을 가르쳐야 하는가? 그것은 첫째가 성경이다. 흔들리지 않는 신앙 교육이다. 만약 성경을 배우지 않으면 그 사람은 진정으로 바뀔 수 없다. 성경은 살아있고 활력이 있어 좌우에 날선 어떤 검보다도 예리하여 혼과 영 및 관절과 골수를 찔러 쪼개기까지 하며 사람들의 심령을 감찰하게 한다.

성경은 지혜를 가르쳐 주며 구원의 도를 가르치고 축복의 방법을 알려 준다. 성경을 읽으면 축복을 비결을 알 수 있다. 지혜와 지식이 풍부해진다. 담대해지고 능력의 사람이 된다. 질병이 치유되고 인격이 변화되며 온전한 사람으로 바뀌게 된다.

성경교육

가정에서 자녀들에게 무엇을 제일 먼저 가르쳐야 하는가? 영적인 성장을 위해 성경을 가르쳐야 한다. 아이들에게 과외를 시켜 공부를 잘하게 하는 것보다 더 중요한 것이 있다. 바로 믿음생활이다. 교회생활이다. 그리스도인의 가정에서 신앙이 무너지면 다 무너지는 것이다. 믿음의 반석 위에 세워져야 그 다음에 공부도 진로도 취미도 특기도 아름답게 달성될 수 있지, 신앙을 빼놓고 다른 것을 하면 그 자녀는 모래 위에 집을 짓는 것과 같다. 나중에 슬피 울며 이를 갈며 후회하게 될 것이다.

그러므로 부모가 물려주어야 할 가장 중요한 유산이 무엇인가? 신앙 유산이다. 성경책이다. 성경을 가르치는 것이다. 그들이 성경을 마음에 새기기만 하면 이 세상에서도 성공할 수 있고, 하나님 나라를 위해서도 크게 쓰임 받을 수 있을 것이다.

변화되던가요?

우리는 심각하게 생각해야 한다. 예를 들어, 범죄한 사람이 교도소에 간다고 그 사람이 바뀌던가? 아니다. 오히려 교도소에서 더 못된 것을 배워 더 중한 범죄를 저지르게 된다. 또한 명문대 출신이고 학벌이 좋다고 해서 그 사람이 바뀌던가? 그것도 아니다. 물론 일부 교육의 힘이 발휘되기는 하겠지만, 교육도 받으면 받을수록 더 교만하게 되기 마련이다. 또한 사람에게 돈을 많이 준다고 그 사람이 바뀌던가? 일시적으로는 효과가 있을지 모른다. 그러나 그것도 결국 일신의 향락을 따를 뿐 절대로 바뀌지 않는다.

오직 성경밖에 없다. 신앙밖에 없다. 외부적인 힘이 아니라 내면의 힘이다. 영적인 힘이다. 성령이 강권적으로 역사하시면 놀라운 변화의 주역이 될 수 있다. 성경만이 변화의 주체이다. 그리스도인이 성경을 떠나면 죽는다. 축복을 받지 못한다. 변화되지 못한다. 성도는 철저히 성경적인 사람이 되어야 한다.

정신적 교육

예수님도 성장하는 동안 정신적으로 안정과 평안을 유지하셨다. 그의 어린 시절을 보면 혼란하고 정신분열적인 모습은 없었다. 정서적으로 정신적으로 건강하고 밝고 명랑하게 매사에 적극적이고 당당하게 생활하셨다. 그는 키도 자라고(육체적 성장), 지혜도 자라고(정신적 성장), 믿음도 자라며(영적 성장) 하나님과 사람 앞에 더욱 사랑스러워 갔다(사회적 성장)고 성경은 말한다(눅 2:52). 이렇게 예수님은 어릴 때부터 균형적으로 잘 성장하셨다. 특별히 공생애 사역에서도 흔들림 없이 평안 가운데 사명을 감당하셨다. 그는 풍랑 속에서도, 핍박 속에서도, 논쟁 속에서도 평온을 유지하는 법을 알고 계셨다. 그분은 늘 하나님과 동행하는 분이셨기 때문이다.

또한 예수님은 제자들에게도 평안을 가르쳐 주셨다. "수고하고 무거운 짐을 진 자들아, 다 내게로 오라. 내가 너희를 편히 쉬게 하리라"고 하셨다. 예수님은 평안을 주시는 분이다. 그분에게 가면 참 평안을 얻을 수 있다. 세상이 감당할 수 없는 신비로운 평화가 예수님 안에 있다. 예수님은 십자가에 달리시기 전에도 제자들에게 "너희는 마음에 근심하지 말라 하나님을 믿으니 또 나를 믿으라"(요 14:1) 하며 평안을 주셨다.

더욱이 부활하시고 제자들에게 제일 먼저 하신 말씀도 "너희에게 평강이 있을지어다!"(Peace be with you)였다. 그때 제자들은 예수님의 말씀을 듣고 안정과 평화를 얻었다. 더욱 담대해졌다. 겁쟁이에서 두려움을 모르는 용사가 되었다. 그분은 평강의 임파테이션(impartation)을 일으키시는 분이다. 예수님께로 가면 평화의 임파테이션이 일어난다. 놀랍고 신비로운 사실이다.

예수 안의 체험(In Christ)

21세기는 각종 스트레스로 인해 암과 다양한 질병이 유발되고 있다.

아이들이 정서불안과 정신분열로 갑자기 1등 하던 성적이 30등으로 뚝 떨어지는 예도 있다. 사람들이 우울증, 공황장애, 트라우마, 자기 학대, 피해의식 등으로 자살하고 묻지마 살인을 하며 자기를 사탄에게 함부로 내어줘 버린다. 우리는 지금 이런 정신적인 혼란의 시대에 살고 있다. 사람들은 사회적으로도 생각이 집중되지 않아 오락가락 갈팡질팡하고 있다. 이러한 각종 스트레스와 혼란이 만연한 가운데 어디에서 평안을 얻을 수 있겠는가? 돈이나 술이나 여자에게서 얻을 수 있겠는가? 안 된다. 더 혼란스러워진다.

다른 길이 없다. 오직 예수 그리스도밖에 없다. '오직 예수, 오직 믿음, 오직 은혜, 오직 성경'밖에 없다(Sola Christus, Sola Fide, Sola Gratia, Sola Scriptura). 다시 말해, 예수 외에 다른 방법은 일시적이고 부수적인 방법이지 근본적인 해결책은 아니다. 본질적인 문제는 오직 예수 안에 참 평안이 있다는 것이다. 그래서 성도는 '예수 안의 체험', '예수 교육'을 해야 한다.

오직 예수 그리스도의 이름으로 기도해야 참 평안을 얻을 수 있다. 예수 안에서 예배드려야 참 평화를 회복할 수 있다. 예수 안에서 찬양해야 참 기쁨을 맛볼 수 있다. 성도 간의 교제도, 믿음의 봉사도 예수 안에 있을 때 참 기쁨과 평안과 은혜를 체험하는 것이다. 이렇게 예수의 임재를 경험하는 영성 훈련을 통해 깊은 평안을 소유할 수 있다. 그러므로 성도는 오직 예수 스타일로 바뀔 때 정서적으로도 참된 안정과 평안을 찾을 수 있다. 우리 모두 예수 교육을 통해 정신적인 평안을 누리자! 본질로 돌아가자! 예수께로 돌아가자!(Back to Jesus Christ!)

일반은총의 평안

어떤 사람은 '운동'이나 '음악'에서 정신적 평안을 얻으려 한다. 물론 나쁜 것은 아니다. 이런 것은 해야 한다. 신앙적 균형을 갖추며 하나님이 주신 일반은총을 누릴 줄 알아야 한다. 그러나 이것도 너무 탐닉되어 중독성을 가지게 되면 문제를 유발한다.

운동을 하면 기분이 좋아지고 스트레스가 풀린다. 건강에도 좋다. 그러나 이러한 운동이 스트레스를 푸는 적당한 도구가 되어야지, 운동을 안 하면 하루가 허전해져서 운동으로 만사를 해결하려는 습관이 되면 중독성이 된 것이다. 또 교회는 빠져도 운동은 해야 한다고 생각하면 너무 취미에 탐닉된 것이다. 너무 일반은총을 오버하는 것이다.

음악도 마찬가지이다. 음악은 사람들에게 정서적으로 안정을 준다. 21세기는 음악이 무엇보다 중요한 시대이다. 모든 문화에 음악이 가미될 정도로 최고의 영향력을 가지고 있다. 그러나 이것도 잘못된 음악에 중독되면 치명적인 정서적 장애를 가져온다. 또 아무리 좋은 음악이라 해도 '음악 만사형통주의'에 빠지면 인본주의자가 될 수 있다. 따라서 아무리 좋은 음악이라고 해도 신앙 밖에 있는 '음악 만사형통주의'는 잘못된 것이다.

신앙적 관점에서 보면 세상적인 취미와 문화는 언제나 한계가 있다. 일반은총의 평안은 결코 특별은총의 평안을 따라잡을 수 없기 때문이다. 그러므로 일반은총을 누리는 사람은 항상 특별은총인 신앙적 균형을 맞추어야 진정한 평안과 건강한 자아를 만들어 갈 수 있다.

또한 어떤 사람은 '자연친화적 환경'과 '자연 식품'에 관심을 많이 갖고 있다. 그래서 전원주택을 짓고 주말 농장을 하며 산과 들로 나가 자연친화적 환경에서 평안을 얻으려 한다. 또 '자연친화적 학교'에 아이들을 보내 경쟁 위주의 박탈감을 해소해 주려는 부모들도 많아지고 있다. 물론 이런 운동은 자유와 해방의 기쁨을 준다. 하나님이 창조하신 자연세계를 활용하는 것은 아름다운 것이다. 또 긍정적인 대안으로 만들어 가야 할 것이다. 그러나 자연친화적 운동의 약점은 하나님의 일반은총의 문제이지 특별은총은 아니라는 것이다. 이것은 일시적으로 육체적 안식과 정신적인 평안을 줄 수 있을지 모르지만 우리 내면의 죄와 좌절과 불안을 깊이 있게 해결해 주지는 못한다. 즉 진정한 평안의 문제는 해결하지 못한다는 것이다. 얕은 평안은 줄 수 있겠지만 정말로 깊이 있는 내면의 불안은 해결해 주지 못한다는 것이다.

마지막으로 어떤 사람은 '요가'나 '단학' 같은 운동을 통해서도 정신적 평안을 얻으려 한다. 우주의 기를 받고 마인드 컨트롤을 통해 정신세계를 지배하는 것이다. 물론 정신을 집중하면 평안이 찾아온다. 그러나 이런 운동을 자주 하다 보면 이상한 중독에 빠지게 된다. 그리고 그때만 평안을 얻지 일상으로 돌아오면 다시 불안해진다. 또한 이런 것들은 대부분 종교적인 색채를 띠고 있다. 깊이 들어가면 갈수록 사탄의 미묘한 영적 흐름에 빠지게 되는 경우가 많다. 대단히 위험한 경우이다. 절제할 필요가 있다.

특별은총의 평안

기독교인은 참된 평안을 소유한 사람들이다. 우리는 수고하고 무거운 짐들을 특별은총인 예수 안에서 해결받는다. 염려, 근심, 불안, 초조, 두려움 등을 예수님의 십자가에 내려놓는다. 그러면 그분의 초자연적인 능력을 통해 내 안에 진정한 평화가 전이된다. 이것은 성령의 능력이며, 내면에 공급해 주시는 주님의 은혜이다.

물론 성도들도 일반은총이 주는 평안의 요소들인 운동이나 좋은 음악, 또 자연친화적 환경과 건강식품 등을 많이 접해야 한다. 이런 것들이 우리에게 평안의 좋은 보너스를 준다. 그러나 중요한 것은 기도보다 앞서서는 안 된다. 예배보다 앞서서는 안 된다. 찬양보다 앞서서는 안 된다. 성경보다 앞서서는 안 된다. 그런 것들은 부수적으로 우리에게 주시는 하나님의 일반은총이지, 내면의 깊이 있는 평안을 주는 특별은총이 아니기 때문이다. 그러므로 성도는 세상의 염려와 근심을 반드시 예수 안에서 해결해야 하며, 일반은총이 주는 요소들도 주님 안에서 누릴 줄 아는 균형적인 자아상을 가져야 할 것이다.

사회성 교육

예수님은 사회성 지수(Social Personality Quotient)도 높았다. 그는 나사렛에서 밝고 건강하게 성장하였고, 30세 이전까지 목수로서 생활하셨다. 청년기에는 소년 가장으로 어머니와 동생들, 야고보, 요셉, 시몬, 유다와 누이들을 돌보며 열심히 사셨다. 나사렛 동네 사람들의 칭찬과 인정을 받기도 했다. 예수님은 어려운 현실 앞에서도 의연하게 사회성을 길러 가셨다.

공생애 사역을 시작하실 때도 먼저 사촌 형인 세례 요한과의 관계를 아름답게 설정하셨다. 빈부귀천, 남녀노소를 따지지 않고 만나는 사람들과 좋은 관계를 유지하려고 노력하셨다. 특별히 세리와 창녀, 병자들과 죄인들의 형편을 돌아보며 그들의 아픔을 함께하셨다. 열두 제자들과는 3년 동안 동고동락 동숙을 하며 확실한 인간관계를 만드셨다. 결국 제자들을 변화시켰고 세상을 복음으로 주도하는 사도들로 만드셨다.

사회성 계발(Social Personality Development)

21세기에는 사회성이 매우 중요하다. 사람과의 관계를 잘못할 때 가정도, 학교도, 교회도, 사회도 모든 것이 어그러질 우려가 있다. 요즈음 학교에서도 왕따 문제가 심각한 문제로 대두될 정도로 골칫거리가 되었다. 회사에서도 실력은 있는데 사회성이 부족해서 회사 적응을 못하는 사람이 부지기수이다. 그래서 대기업에서도 이제는 실력과 스펙만 보는 것이 아니라 인성이 얼마나 함양되었는가를 보는 점수제도도 있다고 한다. 그만큼 인간관계와 사회성이 중요해지고 있다는 반증이다.

이제는 누구나 사람을 소중히 여기지 않으면 성공할 수 없는 시대가 되었다. 세상의 빛과 소금이 되어야 하는 그리스도인들에게는 더욱 그러하다. 여기에는 네 가지의 중요한 인간관계와 사회성 계발의 덕목이 있다.

공감 체질(Sympathy Constitution)

첫째, 사회성의 중요한 덕목은 나를 '공감 체질'로 바꾸는 것이다. 사람은 공감이 잘되지 않으면 인간관계를 잘해 나갈 수 없다. 내가 상대의 입장을 공감하고 이해할 때 상대도 마음을 열고 나에게 다가와 친구가 될 것이다. 공감은 사회성 지수를 높이는 기본적인 덕목이다.

만약 정치인이 국민의 공감을 얻지 못하면 독불장군이 된다. 부모가 자녀의 공감을 얻지 못하면 권위적인 부모가 된다. 교수가 학생의 공감을 얻지 못하면 나홀로 교수가 된다. 사장이 사원의 공감을 얻지 못하면 이해심 없는 이기적 사장이 된다. 목회자가 성도의 공감을 얻지 못하면 삯꾼 목자가 된다. 친구가 상대의 공감을 얻지 못하면 오랜 우정을 지속할 수 없게 된다. 이처럼 공감은 사회의 모든 분야에서 사회성을 유지하는 가장 기초적인 덕목임을 인식하지 않을 수 없다. 내가 먼저 상대의 입장을 공감하는 사람이 되어야 하고, 나도 상대로부터 공감을 얻을 수 있는 사람이 되어야 한다.

소통 체질(Communication Constitution)

사회성의 두 번째 덕목은 나를 '소통 체질'로 바꾸는 것이다. 사람과 공감하려면 반드시 소통이 수반되어야 한다. 정보를 같이 나누고 생각을 같이 나누어야 일을 빨리 처리할 수 있다. 또 상호 대화를 통해서 서로 다른 의견을 조율하는 기회를 가져야 인간관계의 문제가 생기지 않는다. 내 생각만 주장하는 사람은 오늘날 권위적인 사람으로 낙인 찍혀 사회에서도 환영받지 못한다. 혼자 똑똑한 척하는 사람은 불통 이미지 때문에 사회의 문제를 야기시키는 주범이 된다.

그러므로 사람들과 자주 만나 원탁회의를 열고 상대와 생각을 조율하는 리더십을 가져야 실수를 하지 않는다. 더욱이 상호 소통할 때 더 효과적인 일처리를 할 수 있다. 사회성 지수도 더 올라간다. 인성이 떨어지는 사람을 보면 소통 능력이 부족한 것을 알 수 있고, 일의 능률도 떨어지는 것을 쉽게 감지할 수 있다.

협력 체질(Cooperation Constitution)

셋째, 사회성의 또 다른 덕목은 나를 '협력 체질'로 바꾸는 것이다. 오늘날은 협력하지 않으면 혼자 살 수 없는 시대이다. 혼자 독불장군 식으로 하려고 하면 아무도 따라주지 않는다. 또 전문화된 시대이기 때문에 서로 협력해서 윈윈(win-win) 체질을 만들어야 성공할 수 있다. 그러기 위해서는 인간관계가 필수적이다. 사회성이 높은 사람은 실력만을 강조하지 않는다. 그것은 기본이다. 거기다가 플러스로 공동체 속에서 인간관계의 지수를 높여 나간다. 그래서 무슨 일을 할 때는 상대의 입장을 배려해 주고 협력 체제를 형성해 상생의 방법을 모색한다.

조화를 잘 이루는 사람이 되어야 일을 효과적으로 처리할 수 있다. 오늘날 상호 협력은 너도 살고 나도 사는 상생의 지혜이다. 이런 사람이 어디를 가도 성공할 수 있다.

인내 체질(Patient Constitution)

마지막으로 나를 '인내 체질'로 바꾸는 것이다. 이것은 사회성의 가장 중요한 덕목 가운데 하나이다. 많은 사람들이 참지 못하고 기다리지 못해 일을 그르치고 인간관계도 망치는 경우가 많다. 요즈음에는 신혼여행 갔다가 이혼하는 젊은 부부도 많다. 심지어 결혼식장에서 싸워 이혼하는 경우도 있다. 회사에서도 조금만 마음에 안 들면 그만두거나 이직을 하는 사람들도 많다. 교회에서도 사소한 것 때문에 교회를 옮기는 일들도 비일비재하다. 모두가 참지 못해서 일어나는 현상이다.

신앙은 인내하는 것이다. 관계도 인내이다. 참고 기다리며 양보하고 배려하는 마음이 있어야 좋은 관계를 유지할 수 있다. 분노하고 시기하고 질투하고 감정을 삭이지 못해 깨지는 경우는 그 결과가 언제 보아도 불행하다. 아름답지 못하다. 덕을 끼치지 못한다. 사탄이 조장한다. 그 사람의 감정의 기폭이 심하다. 질풍노도와 같이 불안하다. 그러므로 인내 체질은 사회성의 가장 중요한 덕목 중의 하나이다.

육체적 교육

예수님은 육체적으로도 건강하게 성장하셨다. 키도 지혜도 믿음도 균형적으로 성장했다고 성경은 말한다.

인생에서 건강 교육은 참으로 중요하다. 이런 말이 있다.

"물질을 잃으면 조금 잃는 것이고, 명예를 잃으면 조금 더 잃는 것이고, 건강을 잃으면 다 잃는 것이다."

그만큼 건강이 중요하다는 것이다. 건강하기만 하면 다시 일어나 물질도 명예도 회복할 수 있기 때문이다. 그러나 대부분의 사람들이 건강을 잃고 나서야 건강의 소중함을 깨닫게 된다. 하지만 그때는 이미 늦은 것이다. 그러므로 건강은 잃기 전에 미리 챙겨야 하고, 또 잃지 않도록 유비무환으로 건강 관리를 지속적으로 해나가야 한다.

건강 관리는 신자이든 비신자이든 상관없이 평소에 잘해야 한다. 특별히 목회자는 더욱 건강 관리에 유의해야 한다. 만약 영적인 일을 하는 목회자라고 해서 신령하니까 아무 일 없겠지 생각하면 착각이다. 목회자도 건강 관리 안 하면 하나님이 무조건 지켜 주신다는 보장이 없다. 오늘날 목회자들이 건강 관리를 잘 못해 한창 일해야 할 나이에 쓰러지는 경우가 얼마나 많은가? 내가 아는 목사님도 몸을 사리지 않고 열정적으로 목회하다가 얼마 못 가 간암으로 돌아가셨다. 몸 관리에 신경을 쓰지 않았기 때문이다. 돌아가신 목사님도 안타깝지만 남겨진 사모님과 두 딸들의 인생도 불쌍하기 그지없다.

건강은 한 순간에 무너질 수 있다. 건강 앞에서는 장사가 없다. 한번 건강을 해치고 나면 그때부터는 몸이 말을 듣지 않아 체력을 회복하기가 여간 어려운 일이 아니다. 주님의 일을 한다고 건강을 신경 쓰지 않고 몸을 해치면 그것도 직무유기가 되는 것이다.

식생활 습관 관리

건강 관리를 위해서는 첫째, '식생활 습관'을 잘 길러야 한다. 암 환자를 보면 대부분 잘못된 음식 습관이 있었다. 음식을 폭식하거나 가려 먹지 않아서 그런 것이다. 배 안에 기름기가 너무 많아 그런 것이다. 또한 찬 음식을 너무 많이 먹어 몸에 냉기가 흘러서 그런 것이다. 암은 몸이 찰 때 생긴다는 것을 명심해야 한다. 또한 오염된 인스턴트 음식이 체내에 너무 많이 쌓이면 각종 질병의 요인이 된다.

소식해야 한다. 천연 자연식품을 많이 섭취해야 한다. 육식보다 채식이 좋다. 물도 좋은 물을 마셔야 한다. 하루 세 끼 밥도 오래 씹고 잘 챙겨 먹어야 한다. 맵고 짜고 신 것은 가려 먹어야 한다. 화를 내거나 스트레스를 받으면서 음식을 먹으면 소화가 안 되어 위장병에 걸린다. 음식도 즐겁게 먹어야 건강할 수 있다.

운동 관리

둘째는 '운동'이다. 사람은 조깅, 수영, 등산 등 적절한 운동을 통해 건강을 유지할 수 있다. 자기에게 맞는 운동을 하면 된다. 그중에서도 조깅이 가장 편하고 건강에 좋은 운동이라고 의학자들이 많이 추천한다.

운동하는 사람과 운동하지 않는 사람의 질병 발병률의 차이는 두 배가 넘는다고 한다. 운동하는 사람은 평균 7-8년은 더 오래 산다고 한다. 운동은 몸의 신진대사를 활성화시키고 엔돌핀을 만들어내며 일의 능률도 오르게 한다. 운동을 하면 자신감이 넘치고 각종 영감과 아이디어를 창출하는 잠재적 원동력이 생긴다. 운동하는 사람은 스트레스도 잘 풀고 인간관계도 잘한다. 공부도 잘하고, 사업도 잘하고, 직장생활도 잘하고, 봉사도 잘하고, 맡은 일도 잘하고, 목회도 잘한다고 한다. 그만큼 운동이 건강과 인생에서 중요하다는 것을 말해 주고 있다.

스트레스 관리

셋째, '스트레스 관리'이다. 사람은 살아가면서 스트레스를 잘 극복해야 건강할 수 있다. 이것은 스트레스를 받을 수 있는 여러 환경이 있지만 그것을 부드럽게 넘어갈 수 있는 내공을 가지고 있어야 건강할 수 있다는 것이다. 장수한 사람들의 공통점은 그들의 인생이 평온한 삶을 유지했다는 것이다. 한마디로 재미있게 살았다는 것이다. 잘 웃고 좋은 관계를 유지하고 화목한 삶을 살았다는 것이다. 웬만한 일에는 좀처럼 화를 내지 않는다. 사람이 하루에 15초만 웃어도 이틀을 더 사는데 평생으로 따지면 7-8년 더 사는 것이라고 한다. 사람들이 모였을 때 함께 웃으면 33배의 효과가 있다고 한다. 아이들은 하루에 300번 이상 웃지만 어른은 다섯 번도 웃지 않는다고 한다. 잘 웃어야 건강할 수 있다.

스트레스는 빨리 풀어 주어야 한다. 운동이든, 대화든, 음악이든, 기도든, 찬양이든, 예배든, 봉사든 할 수 있는 방법을 다 동원하여 빨리 풀어 주어야 한다. 갈등의 요소는 미리 줄여서 화목을 이루어 나가는 지혜를 만들어 가면 삶이 풍요롭고 아름답게 이루어질 것이다. 스트레스는 받을 수 있지만 관리를 잘하면 오히려 건강의 면역성을 길러 주는 청량제가 될 것이다.

건강 관리, 주님의 뜻이다

이제 성도들은 건강 관리도 잘해야 한다. 건강한 삶을 위해 배울 것이 있다면 시간을 투자해 배워야 한다. 사람의 건강은 주님의 뜻이며 명령이다. 만약 성도가 건강하지 못하면 그것은 신앙적으로 직무유기하는 것이다. 내가 건강하지 못해 하나님의 영광을 가리는 일도 있다는 것을 명심해야 한다. 체력이 국력이다. 건강을 잃어버리면 다 잃어버리는 것이다. 목회도 건강해야 사명을 감당할 수 있다. 신앙도 건강해야 덕을 끼치며 충성할 수 있다. 많은 사람들이 건강을 잃고 나서야 건강의 소중함을 느낀다. 그때는 이미 늦은 것이다. 이제 우리 모두 건강도 신경을 쓰는 신실한 성도가 되자!

02
복음 전파에 미쳐라

너는 말씀을 전파하라 때를 얻든지 못 얻든지 항상 힘쓰라 범사에 오래 참음과 가르침으로 경책하며 경계하며 권하라 딤후 4:2

 마음 문 열기(Ice-breaking)

중학교 철학 시험 시간에 전교 1등이 '니체'라고 답을 썼다. 옆자리에 있던 영희가 곁눈질로 커닝을 했는데 그만 니체를 '나체'로 보았다. 그래도 똑같이 쓰면 안 될 것 같아 고민하다가 '누드'라고 적었다. 뒷자리에 있던 명희도 커닝을 했는데 영희가 쓴 누드를 똑같이 쓰기엔 고민이 되었다. 그래서 한참 생각하다가 영감이 떠올라 미소를 지으며 답을 적었다. 그것은 '알몸' 이었다.

이 시간 주제는 "복음 전파에 미쳐라"이다. 예수님은 지상에 계실 때도 복음 전파에 미치셨고, 천상에 올라가서도 복음 전파에 미치신 분이다. 지금도 천상에서 성령을 통해 복음 전파의 사역을 감당하고 계신다. 마찬가지로 성도들도 주님의 명을 받들어 복음 전파의 사명을 성실히 감당하는 자들이 되어야 할 것이다.

전도에 미친 예수

예수님은 매일 전도하셨다. 3년 6개월 동안 하루도 빠지지 않고 전도하셨다. 길거리에서도, 회당에서도, 시장에서도, 발이 닿는 곳이면 어디든지 가서 전도하셨다. 그는 전도에 미친 사람이었다. 잃어버린 한 마리의 양을 위해 목숨을 바치셨다. 버림받은 수가 성 여인을 위해 전심으로 전도하셨고, 세리장 삭개오를 위해서도 따뜻한 사랑으로 전도하셨다. 유대 공회의원 니고데모를 위해서도 정성을 다하여 전도하셨다. 그분은 남녀노소 빈부귀천을 막론하고 누구든지 한 생명을 구하는 것이 온 천하를 얻는 것보다 낫다고 말씀하셨다.

예수님은 제자들에게도 철저히 전도 훈련을 시키셨다. 둘씩 짝을 지어 전도자로 파송하며 그들도 전도에 미치도록 훈련시키셨다. 또한 전도 현장에서 어떤 핍박을 당하여도 포기하지 말고 오늘은 이곳, 내일은 저곳 계속 전도할 것을 권고하셨다. 더욱이 예수님이 승천하시기 전 제자들에게 해주신 마지막 유언의 말씀도 땅 끝까지 계속해서 복음을 전하라는 것이었다. 이것은 그분의 모든 사역의 중심이 전도였다는 것을 알 수 있다.

예수님은 두 가지를 가지고 전도하셨다. 하나는 '예수 믿어야 하나님 나라에 간다'이고, 또 하나는 '예수의 십자가와 부활을 믿어야 하나님 나라에 간다'는 것이었다. 전도의 핵심이 하나님 나라와 예수 그리스도의 십자가와 부활임을 알 수 있게 하는 대목이다.

초대교회의 부흥

초대교회의 부흥은 마가 다락방에서 시작되었다. 모두가 성령의 충만을 받고 즉시 전도했다. 베드로가 설교하며 전도할 때 3천 명, 5천 명이 회개하고 돌아왔다. 열두 사도가 모두 흩어져 전도할 때 수많은 사람들이 돌아왔다. 스데반 집사는 순교하면서까지 열정적으로 전도했다. 덕분에 훗날 위대한 사도가 된 바울이 예수께로 돌아왔다. 바울도 예수를 믿고 즉시 회당에 가서 전도했다. 빌립 집사는 사마리아에까지 가서 전도했다. 그곳에서 구스 나라의 내시를 전도했다. 훗날 에티오피아에 기독교 국가가 형성되는 데 그가 중요한 역할을 했다. 초대교회의 모든 성도들도 모이면 기도하고 흩어지면 전도했다. 시마다 때마다 전도했다. 그랬더니 구원받는 자의 수가 날마다 더해 갔다.

이처럼 초대교회의 모든 성도들은 전도의 일심으로 사역을 감당했던 것이다. 초대교회는 사도들도 전도하고, 집사들도 전도하고, 평신도들도 전도하고, 모두가 다 복음을 전하는 일에 한마음으로 열심이었다. 이것이 폭발적인 부흥의 원동력이었다.

바울의 전도

바울은 이방인의 사도였다. 최초의 이방인 교회 안디옥 교회에서 바나바와 함께 선교사로 파송을 받았다. 열방에 나가 복음을 전하기 위해서였다. 그는 60대 중반에 로마에서 순교할 때까지 세 차례에 걸쳐 세계 전도 여행을 하며 목숨을 걸고 미친 듯이 돌아다녔다. 그 결과 그를 통해 소아시아와 유럽이 복음화되었다. 한마디로 세계 교회의 밑그림이 그를 통해 이루어졌다고 해도 과언이 아니다.

그는 이방인을 위해 일평생 복음 전도에 미쳤다. 그가 죄수의 몸인데도 불구하고 로마의 베스도 총독과 유대의 아그립바 왕에게까지 복음을 전하자 베스도 총독은 "네가 미쳤도다. 네 많은 학문이 너를 미치게 하는도다!" 하며 혀를 내둘렀다. 그는 남들이 복음을 전한 곳에는 가지 않았다. 언제나 새로운 곳을 찾았고, 미지의 세계에서 모진 고난과 세파에 시달려도 복음의 승리를 일구어냈다. 그는 하나님이 함께하신 사람이었고, 폭발적인 부흥을 일으킨 전도자의 모델이었다.

전도에 미쳐라

하나님의 소원은 전도이다. 예수님의 지상 대위임령도 전도이다. 전도는 그리스도인의 최고의 사명이며 축복의 통로이다. 하나님이 가장 기뻐하시는 것도 전도이다. 하나님께 영광 돌리는 가장 큰 사역도 전도이다. 내가 원하는 한 가지 그것도 전도여야 한다. 전도는 성도들이 하늘

대사로서 해야 하는 가장 큰 영적 직무이다. 만약 전도의 직무를 다하지 않으면 화가 있으리라! 사도 바울은 그렇게 고백하며 전도의 열정을 불태웠다. 전도는 해도 되고 안 해도 되는 그런 문제가 아니라 반드시 해야 하는 필수의 문제이다.

하나님은 전도하는 성도에게 복을 주신다. 전도하는 가정에 복을 주신다. 전도하는 교회를 부흥시키신다. 전도하는 자를 어디서든지 하나님이 높이 세워 주실 것이다. 전도에는 예외가 없다. 목사든 장로든 평신도이든 누구든지 전도하는 자가 축복을 받는다. 하늘의 신령한 복과 이 땅의 기름진 복으로 함께할 것이다. 전도자는 반드시 하늘의 별과 같이 빛나는 영광의 면류관을 얻게 될 것이다(단 12:3).

송충이는 솔잎을 먹어야 산다. 마찬가지로 그리스도인은 전도해야 산다. 그리스도인이 그리스도인인 이유는 전도하기 때문이다. 성도는 전도에 미쳐야 한다. 전도의 광인이 되어야 한다. 전도에 목숨을 걸어야 한다. 예수님처럼, 바울처럼, 베드로처럼, 스데반처럼, 빌립처럼.

교회 부흥의 열쇠

전도하는 교회는 부흥하게 되어 있다. 불신자들이 몰려오기 때문이다. 그래서 부흥하는 교회는 모두가 다 전도의 폭발적인 역사가 있다. 이것은 교회 부흥의 공식이다. 왜 개척교회가 장기간 일어나지 못하는가? 전도하지 않기 때문이다. 아니, 조금 하다가 전의를 상실해 포기하기 때문이다. 예배, 양육, 봉사 등 신앙의 행위를 다 내려놓아라. 전도보다 중요하지 않다. 개척 때는 기도하고 전도하고, 또 기도하고 전도하고, 무조건 기도와 전도에 목숨을 걸어야 한다. 사람이 모여야 그다음에 예배, 양육, 교제, 봉사 등을 하지 않겠는가? 전도하지 않는 교회는 침체된다. 고이게 된다. 썩게 된다. 교회에 문제가 생긴다. 교회 내에 불평과 불만이 싹트게 된다.

초대교회를 보라. 세상의 권력자들, 바리새인들, 서기관들이 사도들에게 무엇을 하지 말라고 했는가? 구제를 하지 말라 했는가? 아니다. 예배를 드리지 말라 했는가? 아니다. 봉사를 하지 말라 했는가? 아니다. 사회개혁을 하지 말라 했는가? 아니다. 거기에 대해서는 언급하지 않았다. 다만 그들은 전도를 하지 말라고 했다. 전도하면 죽이겠다는 것이었다. 왜 그랬는가? 전도하면 예수를 막을 길이 없었기 때문이다. 그리고 전도를 막으면 교회도 자연히 소멸되리라는 것을 알았기 때문이다.

마찬가지로 사탄이 교회생활 중에 무엇을 제일 많이 막겠는가? 전도이다. 전도 못하게 하는 것이다. 전도가 안 되면 교회는 자연히 문을 닫을 수밖에 없다. 초대교회는 핍박을 받으면 받을수록 더 나가 전도했다. 더 열정적으로 복음을 외쳤다. 그랬더니 날마다 구원받는 자의 수가 더했다. 권력자들도 도저히 막을 수가 없었다. 이것이 초대교회의 부흥의 열쇠였다.

개척교회 전도

개척교회 때는 전도하기가 너무 힘들다. 전도 환경도 열악하고, 교회 분위기도 한계가 있고, 또 힘들여서 전도해 놓으면 큰 교회에서 싹 낚아 채가고 정말 힘든 것이 개척교회의 전도이다. 일꾼 좀 키워 놓으면 이런 저런 이유로 이사가 버리고, 전도할 일꾼은 없고 부흥에 대한 열망은 점점 식어가고 어찌할 수 없는 한계를 느낄 때가 있다. 아무리 열정적인 목회자라 해도 때론 주저앉고 싶을 때가 있다. 그러나 그럴지라도 전도 프로그램은 계속 돌려야 한다. 멈추면 안 된다. 눈이 오나 비가 오나, 바람이 부나 폭풍이 치나, 언제나 늘 한결같이 전도 프로그램은 돌아가야 한다. 그래야 교회의 변화를 기대할 수 있다.

직접전도

오늘날 대부분 사람들이 말하기를 거리에 나가 노방전도를 하며 직접 전도를 하는 시대는 지났다고 한다. 하지만 아니다. 아직도 여전히 관계전도보다 직접적인 전도가 더 효과적이다. 관계전도는 관계를 통해 예수의 향기를 드러내며 지속적이고 장기적으로 접근하는 것이라면, 직접전도는 그 현장에서 잘만 말하면 한 방에도 돌아오는 장점이 있다. 그래서 전도는 직접 나가야 한다. 전도는 나가면 있고 안 나가면 없다. 안 된다고 안 나가면 전도는 이루어지지 않는다. 성령은 나갈 때 역사하신다.

개척 초기 전도
개척 때는 전도하러 나갈 사람이 없다. 그래서 목사님과 사모님이 먼저 시작해야 한다. 아니면 평신도 중에 전도할 만한 개척 멤버를 선택해 정기적으로 꾸준히 하게 하는 것이 좋다. 나는 개척 초기에 새벽기도가 끝나면 교회 전단지를 아파트 층층마다 돌렸다. 그런데 놀라운 것은 그때에는 그것 보고도 오는 사람이 있었다. 사모는 일주일에 한 번 김밥, 빈대떡, 커피 등을 일정 장소에 놓고 돌리며 직접 전도를 했다. 거기서 사람을 만나 전도대상자를 만들었다. 우리는 그 지역에 아무도 아는 사람이 없었기 때문에 그렇게 해서라도 예비신자를 만들어야 했다.

또 '상가전도'도 했다. 교회 건물 상가의 음식을 팔아 주며 얼굴을 익히고 전도했다. 그중에서 전도된 개척 멤버들도 있었다. 부활절, 추수감사절에는 교회 내 상가와 주변 상가에 계란, 떡을 돌리며 전도했다. 예산은 기도하고 조금만 지혜를 모아 보면 개척 때는 까마귀를 통해 더욱 채워 주시는 역사가 있었다.

피켓 전도

그렇게 해서 사람들이 교회로 몇 명씩 더 들어오니까 개척 멤버가 형성되었다. 그다음에는 그들과 함께 '피켓 전도'를 했다. 교회 이름, 전도 문구 등을 써서 피켓을 세워 놓고 차와 함께 노방 전도를 했다. 또 '거리 행진 전도'도 했다. 일주일에 한 번 5-20명 정도로 시간이 되는 사람은 다 모았다. 그리고 동네를 돌며 피켓도 들고 전도지도 주며 행진을 했다. 그때는 교인들 숫자가 적어서 아이들, 여자들, 청년들, 남자들, 하여튼 되는 숫자는 다 동원해서 행진을 했다. 내가 보기에도 참 초라할 때도 있었다. 그래도 무조건 했다. 사모도 큰애는 걷게 하고, 둘째는 유모차에 태운 채 전도지를 돌리며 행진했다. 남자 청년에게는 북을 치며 행진하게 했다. 놀라운 것은 그래도 같이 참여할 사람이 있더라는 것이다.

노인정 전도

'노인정 전도'도 했다. 이것은 교회 부흥의 전환점이 되었다. 노인정에 가서 쌀도 사다 주고 매주 관리를 하는 것이다. 중요한 것은 꾸준하게 해야 한다는 것이다.

그런 와중에 결정적으로 우리 어머니께서 자비량으로 교회에 출석하면 매주 용돈과 점심을 제공하겠다고 하셨다. 용돈은 얼마 되지 않았지만 노인들이 교회에 나오기에는 충분한 미끼가 되었다. 처음에는 20명 안팎으로 나왔다. 그때 전 성도들이 노인들을 잘 섬겼다. 그러나 노인들이 용돈만으로 계속 교회를 나오지는 않는다. 처음에는 가능할지 몰라도 계속적인 관심과 돌봄이 없으면 그들도 정착하지 않는다. 그렇게 열심히 섬기다 보니 어르신들이 등록도 하고 회심도 하여 세례도 받고 한 10여 명 정도가 정착하게 되었다.

아파트 전도

'아파트 전도'도 했다. 교회가 부흥하면서 전도의 일꾼이 늘자 '화목 전도대'를 구성했다. 특별히 화요일은 나이 많은 권사님들과 어르신들은 중보기도를 담당하게 했고, 전도가 끝나면 모두가 점심을 같이 먹었다. 젊은 집사들은 밖으로 나가 가가호호 방문하며 전도하게 했다. 되든 안 되든 무조건 나가 전도하게 했다. 그러다 보니 열심히 하는 전도대원들도 생겼다. 그것이 아름다운 전통이 되어 지금까지 하고 있다.

일단 시스템을 만들어 놓으면 사람들은 어떻게 해서라도 채워 주시는 것을 체험했다. 개척 초기에는 화요일만 하던 것을 점점 부흥이 되면서 목요일까지 늘려 지금까지 '화목 전도대'로 이어 오고 있다. 지금도 모두가 나가 아파트 전도, 축호전도, 방문전도, 차 전도를 계속해 오고 있다.

찬양 전도

교회가 좀더 부흥하면서 '찬양 전도'도 했다. 한 달에 두 번 주일에 교회 앞에서 찬양대와 청년부를 중심으로 기타도 치고 찬양도 부르며 전단지와 함께 거리 전도를 했다. 찬양 전도를 할 때는 특히 얼굴이 환하고 밝아야 한다. 명랑하고 즐겁게 찬양하고 전도하는 모습을 보여야 한다.

우리 교회는 매달 두 번씩 눈이 오나 비가 오나 바람이 부나 폭풍이 치나 상관없이 한결같이 전도했다. 그러자 이웃 주민들이 주목하며 좋은 반향을 일으켰다. 지나가는 동네 사람들도 오가며 우리 교회를 인식하고 눈길을 주기 시작했다. 그렇게 되자 찬양 전도 팀들도 힘을 얻어 더욱 전도하게 되었다. 그렇게 시간이 가면서 사람들을 만나 예비신자를 만들고 전도가 활성화되었다. 그러면서 교회 내에서도 전도하기를 원하는 사람들이 그 대열에 참여하며 전도의 붐이 일어났다.

매일 전도팀

지금은 교회가 더 부흥하면서 '매일 전도팀'이 있다. 특별히 제1-2전도위원회를 중심으로 매일 전도를 담당한다. 제1전도위원회는 주로 '화수목 전도대'를 담당한다. 이것은 교회에서 전도를 원하는 모든 사람들이 참석할 수 있는 공통된 시간이다. 이것을 제1전도위원회가 체계적으로 주관한다.

그리고 제2전도위원회에서는 특별한 대상을 목표로 하여 매일 전도를 담당한다. 예를 들어 새벽기도 끝나고 정거장 앞에서 매일 하는 '새벽이슬 전도팀'이 있고, 오후에는 놀이터에서 노는 아이들과 그 엄마들을 전도하는 '노아방주 전도 팀'이 있다. 그리고 방과 후에 교회 앞에서 정기적으로 차와 과자, 사탕 등으로 전도하는 '차 한잔 하고 가세요 전도팀'이 있다. 이 팀이 예상 외로 최고의 전도 성과를 올리고 있다. 그리고 매일 저녁 중산공원에 가서 운동하는 사람들에게 전도하는 '샤이니 전도팀'이 있다. 이것은 제2전도위원회의 적극적인 헌신으로 나타난 전도 활동들이라 할 수 있다.

남성과 청년들 전도

우리 교회는 남성들도 한 달에 한 번 주일에 전도띠를 두르고 전단지로 전도한다. 남성 어르신들은 교회 주변을 크게 돌며 교회 띠를 두르고 휴지를 줍는 운동도 펼치고 있다. 청년들도 중산공원에 가서 전단지를 돌리며 찬양전도를 정기적으로 하고 있다. 이제 우리 교회 전체에 전도 시스템이 만들어진 것이다. 이것은 오랜 기간 동안 교회가 전도 시스템을 지속적으로 정착시켜 나갔기 때문에 성도들의 마음속에 해야겠다는 사명감이 생긴 것이다.

전도의 방법은 다양하다. 어느 한 가지가 왕도라고 말할 수는 없다. 그러나 확실한 것은 직접 나가면 있고 안 나가면 없다는 것이다. 전도를 안 하는 것이 문제이지 전도를 하면 성령이 강하게 역사하신다. 문제 없는 교회는 없다. 다 문제가 있다. 그러나 전도하면 교회의 문제는 덮어진다. 교회도 부흥하고 성도들도 축복을 받는다.

관계전도

전도의 가장 중요한 핵심 포인트는 사람을 만나는 것이다. 직접전도이든지 관계전도이든지 사람을 만나지 않으면 전도가 되지 않는다. 그러므로 어찌하든지 사람을 만나는 프로그램을 개발해야 한다. 그런 의미에서 관계전도는 사람을 만나는 가장 좋은 방법이다. 일단 관계전도는 만남이 가능한 사람이기 때문에 무턱대고 부딪히는 직접전도보다 훨씬 더 효과적으로 전도할 수 있다. 관계전도는 상대와 지속적으로 유지만 된다면 확실하게 교인 등록으로까지 이어질 수 있다.

이슬비 전도편지

개척 때의 관계전도는 사모가 '이슬비 전도편지'를 활용했다. 이것은 직접 노방전도에서 만났거나 또는 아는 사람들을 통해 알게 된 전도 대상자를 확보하면 7주간 이슬비 전도편지를 보내는 것이다. 이슬비 전도편지 밑에는 정성스럽게 친필로 좋은 글도 함께 적어 보낸다. 그러면 그 친필에 마음이 끌려 교회로 오는 사람들도 많이 있었다.

때로는 인쇄된 이슬비 전도편지로 보내기보다는 직접 손으로 써서 일반 봉투에 사랑의 전도편지를 보내기도 했다. 그러면 더 감동하여 교회에 안 나오면 안 되겠다는 생각이 들어 자원해서 나오는 경우도 있었다. 이처럼 전도편지는 전화나 심방보다 더 효과적일 때가 많다.

방문 관계전도

나는 개척 초기 주로 '방문 관계전도'를 했다. 일명 '찾아가는 전도'이다. 어느 집사님이 "전도 대상자가 있다" 말하면 그 집사님과 함께 무조건 찾아갔다. 일단 가서 만나고 이야기하고 칭찬해 주고 점심 먹고 하는 것이 개척 초기의 일상적인 일이었다. 어떤 때는 점심을 두 번 먹을 때도 있었다. 안 좋아하는 커피도 사정없이 마셨고, 대접하는 음식은 가리지 않고 먹었다. 때로는 주머니를 털어 내가 사주기도 하며 지속적으로 만남을 이어갔다. 이렇게 한 번 두 번 친분을 쌓다 보니 우리 교회로 발길을 옮기시는 분들도 꽤 되었다.

아파트 관계전도

사모가 우리 아파트 옆, 위아래 호수에 사는 사람들에게 커피 마시자며 우리 집으로 초대했다. 그렇게 조금씩 얼굴을 익히며 친분을 쌓았다. 처음에는 교회 이야기를 하지 않았지만 정기적으로 만나면서 교회 이야기도 하게 되고, 전도의 장(場)도 만들어지게 되었다. 그러다가 자연스럽게 성경공부 모임이 이루어졌고, 그들이 교회로 들어와 통째로 한 셀이 만들어지기도 했다. 이것이 아파트 관계전도이다.

우리 교회에 아파트 관계전도를 가장 잘했던 한 집사님이 계셨다. 그 집사님은 자신이 사는 아파트 동을 몽땅 다 전도할 정도로 사교성이 좋았다. 먼저 커피나 차로 옆과 위아래 집을 초대하여 친분을 익힌 다음 자연스럽게 전도하는 것이 너무나도 잘 훈련되어 있었다. 자기 집 아파트 주변 관계전도는 잘만 하면 가장 큰 효과적인 방법이 될 것이다.

셀(구역) 관계전도

셀 예배 때 셀원들 중 가족, 친척, 지인 등의 전도대상자를 뽑는다. 이

때 두 명이 짝을 지어 정기적으로 대상자를 찾아가며 친분을 쌓는다. 찾아갈 때는 매주 똑같은 사람이 찾아갈 필요는 없다. 셀원 중에서 돌아가면서 두 명씩 찾아가며 만남을 계속 이어가도 상관이 없다. 규칙적으로 만나는 것이 중요하다. 그렇게 만나서 밥도 먹고 운동도 같이 하고 영화도 보고 계속적으로 친분을 쌓는다. 아이가 있으면 아이도 돌봐 주고 설거지도 해주고 한다. 그렇게 쌓은 관계는 쉽게 끊어지지 않는다. 그런 다음 전도하면 자연스럽게 교회 등록으로 이어진다.

문화교실 관계전도

문화교실은 지역 주민을 위해 개설된 취미 장소이다. 종교적 색채를 띤 것이 아니라 취미와 재능을 기르기 위해 자발적으로 온 이웃 사람들이 모인 곳이다. 그런데 이것이 교회를 알리고 복음을 전하는 데 효과적인 접촉점이 될 수 있다. 설사 그들이 복음을 받아들이지 않는다 해도 교회에 대해서 긍정적인 마음을 갖게 될 것이다.

따라서 교회는 성도들을 문화교실에 많이 참석하게 하여 문화교실에 온 학생들과 지속적으로 친분을 유지하게 한다. 단 이들에게 전도한다는 인상을 주면 거부반응을 일으킬 것이다. 그러므로 먼저 그들과 자연스럽게 친분을 쌓은 다음 교회로 전도하면 효과적으로 등록을 하는 계기를 만들 수 있을 것이다.

스포츠 관계전도

축구와 탁구 교실, 헬스와 등산과 같은 운동을 통해 관계전도를 하는 것이다. 우리 교회에는 축구와 탁구 교실이 있다. 축구는 주일학교, 중고등부 학생들이 하고, 탁구교실은 문화교실을 통해 지역 주민을 위해 운영하고 있다.

스포츠 관계전도는 정기적으로 전도 대상자들과 운동을 하며 친분을 쌓은 다음 자연스럽게 신앙 이야기로 옮겨가며 전도하는 것이다. 운동을 같이 하면 쉽게 마음이 열린다. 그런 가운데 복음을 전하면 자연스럽게 등록으로 이어지는 효과가 있다. 교회에 운동을 잘하는 사람이 있으면 전도에 많은 도움이 될 수 있다.

인터넷 관계전도

교회가 홈페이지를 멋지게 잘 만든다. 사진도 댓글도 잘 올려놓는다. 현대인들은 미리 홈페이지를 보고 탐구한 후 찾아오는 사람들도 많다. 인터넷 등 영상 매체를 통해 홍보를 잘하면 그것을 보고 오는 사람들이 많이 있다. 이제는 스마트폰 관계전도, 페이스북 관계전도, 이메일 관계전도 등 각종 영상과 인터넷 매체를 통해 전도하는 다양한 방법이 모색되고 있다. 시대가 빨리 움직이고 있다. 효과적인 전도를 위해서는 이런 것들도 좋은 도구가 될 수 있다.

우리 교회의 전도 조직

우리 교회는 전도에 미쳤다. 성도들이 전도에 목숨을 건다. 왜냐하면 전도가 교회의 절대적 사명이라고 생각하기 때문이다. 영혼을 사랑하고 구원하는 일에 가장 먼저 봉사해야 한다고 생각하는 사람들이 우리 교회 성도들이다. 기도를 해도 전도에 초점을 맞추고, 제자훈련을 해도 전도에 초점을 맞추고, 예배를 드려도 전도에 초점을 맞춘다. 전도가 가장 중요한 교회의 사역이 되고 있다.

기능적 조직

우리 교회는 여전도회가 없다. 교회를 기능적으로 바꾼 뒤부터다. 여전도회는 이름 자체가 전도하기 위한 모임인데, 한국 교회는 그동안 회비 걷어서 교회 봉사를 하거나 고춧가루 팔고 김장하고 하는 일 등에 헌신했다. 그것은 전도회가 아니라 봉사회이다. 그래서 기관의 이름을 목적에 맞게 기능적으로 바꾸었다. 전도는 전도만 담당하는 기능으로 '전도위원회'란 이름으로 조직을 했고, 봉사하는 기능은 '권사회'가 주요 사역을 맡고 '셀 리더회'가 그것을 전체적으로 도와주는 역할을 하도록 조정했다.

전도위원회 조직

우리 교회는 앞서 말한 대로 여전도회를 '전도위원회'로 바꾸었다. 전도위원회는 전도사역만 담당한다. 즉 교회의 전도에 관한 전반 활동을 이들이 이끌어 가고 있다. 이것은 여전도사님이 주로 지도하고 있다.

지금 우리 교회는 제1-2전도위원회가 있다. 제1전도위원회는 현재 '화수목 전도대'와 '중보기도대'를 주관하고 있다. 이곳은 교회 공식적인 전체 전도활동을 관장하는 기관이다. 제2전도위원회는 매일 전도 팀으로 구성되어 '새벽 전도팀', '오후 놀이터 전도팀', '오후 차 전도팀', '차 한잔 하고 가세요 전도팀', '저녁 공원 전도팀'으로 나누어 사역을 담당하고 있다. 남성들과 청년부는 주일에, 주일학교와 중고등부는 토요일에 학교 앞 전도를 담당하고 있다.

새신자 초청 축제예배

우리 교회 전도의 또 다른 특징은 매달 첫 주일은 전도주일로 정하고 '새신자 초청 축제예배'를 드리는 것이다. 새신자를 위한 구도자 예배를 드리며 저마다 한 사람씩 전도하도록 영적 분위기를 만들어 가고 있다. 이날은 예배도 새신자를 위해 특별히 기획을 하고, 모든 기관이 전도에 초점을 맞추어 사역한다.

담임목사는 그 주일에 만약 한 명도 등록하지 않으면 금식을 하도록 되어 있다. 이때 전도위원들도 함께 금식한다. 그러나 모두들 열심히 하기 때문에 금식하는 일은 별로 없다. 이렇게 매달 첫 주일은 전도주일로 지키며 성도들의 머리에 전도를 각인시키고 있다. 실제로 제일 많이 등록하는 날도 '새신자 초청 축제예배' 때이다.

점프 운동 전도축제

우리 교회의 상하반기 '점프 전도축제'도 교회 부흥의 큰 축이다. 보통 전도축제는 6주 전부터 준비해서 시작한다. 이것을 준비하는 동안에는 예비신자 카드, 전도 패널 토의, 특별새벽기도회, 유명인사 초청 간증집회, 릴레이 기도회, 매일 전도팀 운영, 경품 선물 등 다양한 행사를 개최한다. 그래서 선택과 집중을 통해 오직 전도에만 매진하게 한다. 더욱이 상하반기에 가능한 전도 목표를 정하고 거기까지 올라가도록 점프하여 꼭 달성하도록 한다.

지금까지 매 회마다 우리 교회는 수적으로 크게 점프하여 교회 부흥을 업그레이드시켜 왔다. 현재 '점프 1200 전도축제'까지 달성한 상태이다.

전도의 축복

전도는 하면 할수록 재미가 있다. 내가 전도한 사람이 돌아오는 경험을 하면 너무 즐겁고 행복해 절대로 놓칠 수 없는 체험이 된다. 하나님이 함께하신다. 성령의 능력을 받는다. 전도할 수 있도록 지혜도 주시고, 말주변도 주시고, 물질도 채워 주신다. 뱀같이 지혜롭고 비둘기같이 순결하게 하신다. 영육간에 놀라운 축복을 체험한다.

내 안에 기쁨이 넘친다. 건강을 주신다. 담력을 주신다. 담대해진다. 하늘의 신령한 복과 땅의 기름진 복으로 함께하신다. 가정이 변화되고 화목하며 형통의 역사가 일어난다. 자녀들 가운데 하나님의 역사가 나타난다. 환경과 여건이 바뀌고, 하나님이 가는 곳마다 축복의 통로로 사용하신다. 기도의 응답이 빠르다. 하나님이 신속히 역사하신다. 전도하는 곳에 하나님이 미리 가서 토양작업을 하신다. 어떤 때는 만나기만 해도 주님께 돌아온다. 성령이 미리 역사하신 것이다. 이처럼 전도는 영적인 축복과 능력의 근원이 되는 것이다.

03
상한 심신을 치유하라

무릇 시온에서 슬퍼하는 자에게 화관을 주어 그 재를 대신하며 기쁨의 기름으로 그 슬픔을 대신하며 찬송의 옷으로 그 근심을 대신하시고 그들이 의의 나무 곧 여호와께서 심으신 그 영광을 나타낼 자라 일컬음을 받게 하려 하심이라 사 61:3

 마음 문 열기(Ice-breaking)

옛날에 우리 한국 경찰들에게 이런 재미있는 이야기가 있었다. 그때만 하더라도 경찰들이 권총을 가졌지만 그 안에 총알이 없었다고 한다. 그냥 과시용으로 사용했다는 것이다. 한번은 경찰이 강도를 추격하다가 "거기 서라! 안 서면 총으로 쏜다!"라고 외쳤다. 그런데 강도가 경찰이 평소에 총알이 없는 것을 알고 그냥 도망갔다. 그랬더니 경찰이 열 받아 쫓아가면서 총을 들고 "빠앙~ 빠앙~" 했다. 그랬더니 앞에 가는 강도가 "으악~ 으악~" 하며 도망을 갔다는 것이다.

이 시간 주제는 "상한 심신을 치유하라"이다. 예수님은 육체뿐만 아니라 심령까지 치유하셨다. 예수님의 영성은 치유하는 사명을 감당하는 것이다. 마찬가지로 성도들도 상처와 쓴 뿌리가 있는 나 자신을 치유할 뿐만 아니라 다른 사람의 상처도 함께 치유해 줄 수 있는 치유자가 되어야 할 것이다.

치유사역에 미친 예수

예수님의 3대 사명은 '가르치는 사명, 전파하는 사명, 치유하는 사명'이다. 그중에서도 예수님의 치유사역(healing ministry)에 대한 열정은 실로 대단하셨다. 그는 공생애 기간 동안 전도사역을 담당하면서 엄청난 병자들을 고쳐 주셨고, 셀 수 없는 기적과 능력을 베푸셨다. 성경에 다 기록할 수 없을 만큼 놀라운 이적과 표적을 보여 주셨다.

그런데 예수님은 사역 기간 동안에 육체적으로 병든 자들에게만 기적을 베푸신 것이 아니라 정신적, 영적인 병자들에게도 기적과 능력과 치유를 베풀어 주셨다. 한마디로 그의 치유사역은 전인적인 행위였다. 그는 누구에게나 긍휼의 마음을 가지셨고 육체적 아픔에 공감하셨으며, 그들의 질병을 사심 없이 고쳐 주셨다. 그리고 그들의 상한 마음을 싸매고 보듬고 위로해 주셨으며, 영적으로 더럽고 부패한 영혼의 죄는 깨끗이 씻어 주며 새롭게 변화되는 계기를 만드셨다. 이러한 예수님의 전인적 치유사역은 아직도 성령을 통해 계속되고 있다.

육체적 치유

21세기처럼 과학이 최첨단으로 발달하고 있는 시대에 영적으로 기도한다고 해서 무슨 육체적인 질병이 치유되겠느냐 하지만 아니다. 지금도 육체적인 질병의 치유는 예수 그리스도의 이름으로 계속해서 나타나고 있다. 하나님은 어제나 오늘이나 영원토록 동일하시기 때문이다. 특별히 오늘날 암과 같은 불치병은 더욱이 인간이 어찌할 수 없는 한계를 느끼기 때문에 하나님의 능력이 아니면 안 되는 기적의 역사가 분명히 있다. 그래서 지금도 기도하는 능력자를 통해 육체적 질병의 치유가 계속해서 일어나고 있다.

여의도순복음교회가 신유사역을 통해 세계적인 교회로 발돋움한 것을 우리는 잘 알고 있다. 나는 오늘날도 한국의 교회들마다 육체적 질병을 위한 치유사역은 계속되어야 한다고 확신한다. 이 사역은 전적으로 주님을 믿고 맡기며 하는 것이다. 그다음은 주님이 책임져 주실 것이다.

나도 신학교 다니기 전 폐병에 걸렸을 때 기도원에서 기도하는 가운데 하나님의 치유를 경험했다. 그때의 체험을 아직도 생생히 기억하고 있다. 그때 나는 뜨겁고 간절하게 기도했고, 솟구치는 성령의 뜨거운 능력을 체험했으며, 말할 수 없는 사명의 열정으로 기도하고 있었다. 그때 주님은 나에게 갈라디아서 2장 20절 말씀을 주셨고 신학교에 가라고 하셨으며, 그것이 계기가 되어 나는 지금 주의 종이 되었다. 그리고 현재까지 목회하는 가운데 나를 통해 주님이 지금도 많은 치유사역들을 일으키시는 것을 목격한다. 강단에서 말씀을 선포하는 가운데 한 권사님이 허리가 고침을 받았다든지, 암 덩어리가 떨어져 나갔다든지, 당뇨 합병

중, 뇌졸중, 중풍, 간, 폐, 장, 십이지장, 콩팥 등 기도할 때 여러 가지의 치유의 역사가 나타났다.

기도자의 믿음

그러면 기도한다고 육체적 질병이 무조건 다 낫는 것인가? 물론 우리는 믿음으로 낫는다고 기도하지만 실제로 다 치유되는 것은 아니다. 그것은 성경적 이유가 있기 때문이다. 육체적 질병의 치유에는 세 가지의 필요충분 요건이 있어야 한다.

첫째는 안수기도 하는 '기도자의 믿음'이다. 기도하는 사람이 어떤 믿음을 가지느냐는 매우 중요하다. 믿음의 기도는 병든 자를 일으킨다. 하나님이 강하게 역사하신다. 강한 믿음의 전이가 병자에게 일어난다. 그러므로 병자를 위해 기도할 때는 강한 믿음으로 기도해 주어야 한다. 그다음은 하나님이 책임져 주신다. 그런데 기도하기도 전에 미리 의심하면서 "낫게 하는 것도 주님의 뜻이요 안 낫게 하는 것도 주님의 뜻이니 주님의 뜻대로 하옵소서" 하며 적당한 선을 그어가며 하는 기도는 하나님이 결코 응답하시지 않는다. 기도하는 사람은 무조건 주님의 뜻에 맡기고 일단 병자를 먼저 생각하고 믿음으로 치유해 달라고 간절히 주님께 매달리며 기도해야 한다. 이것이 기도자의 올바른 자세이다.

병자의 믿음

둘째, '병자의 믿음의 태도'이다. 이것은 기도 대상자의 자세가 얼마나 중요한가를 가르쳐 주는 말이다. 아무리 기도하는 자가 능력 있게 세게 기도한다고 해도 병자의 믿음이 약하면 튕겨져 나간다. 즉 거부하기 때문에 주님의 능력이 스며들지 않는다. 그렇게 되면 기도하는 자의 영적인 파워가 병자에게 전혀 전이되지 않는다. 그럴 때 병자는 마치 구경꾼이 되고 방관자가 되어 버린다. 치유가 절대 일어나지 않는다. 병자의 마음의 문이 닫혀 있는데 어떻게 능력이 나가겠는가?

혈루증을 앓는 여인이 간절한 믿음으로 예수님의 옷자락을 만질 때 예수님의 능력이 역사하였다. 또한 병자들을 고쳐 주실 때도 그들의 믿음을 보고 "네 믿음대로 될지어다!" 하며 고쳐 주셨다. 이것은 그만큼 병자의 믿음이 중요하다는 것을 가르쳐 주는 대목이다. 그러므로 신유 기도를 할 때는 병자의 믿음 또한 매우 중요하다는 것을 알아야 한다. 병자는 간절하고 뜨겁게 소망하며 기도해야 한다. 그래야 치유의 역사가 강하게 일어난다.

하나님의 뜻과 때

셋째, '하나님의 뜻과 때'가 맞아야 한다. 이를테면 기도하는 자의 믿음도 뜨겁고, 병자의 믿음도 간절한데 치유가 안 일어날 때는 때와 기회를 기다릴 줄 알아야 한다. 하나님의 타이밍이 있다는 것이다. 이때는 계속적으로 기도해야 하고, 하나님의 뜻이 무엇인지를 파악해야 한다. 더욱이 수술을 통해서 치료해야 하는지, 아니면 기도를 통해서 나음을 받아야 하는지 하나님의 뜻을 분별할 수 있어야 한다. 만약 수술을 해도 되는데 수술을 안 하는 것은 신비주의적인 발상이다. 그러므로 병원에서 기도하면서 치료를 받는 것도 하나님의 뜻임을 잊지 말아야 할 것이다. 결론적으로 말하면, 병자의 치유는 어떻게 하는 것이 하나님의 뜻인지 분명히 알아야 하고, 하나님의 때를 기다릴 줄 아는 성숙한 믿음을 가져야 성공할 수 있다.

나는 허리 디스크를 수술해서 나왔다. 교회 준공 검사를 받는 과정에서 너무 무리를 해서 디스크가 터졌다. 나는 일주일 동안을 참으며 고쳐 달라고 뜨겁게 기도했다. 그러나 아무런 응답이 없었다. 지금까지 살면서 그렇게 고통스럽게 아파 본 적이 없었다. 일주일 동안 전혀 잠을 자지 못했다. 앉을 수도 누울 수도 없었다. 움직일수록 더 아팠다. 너무 아파 밤새 엉엉 울기도 했다. 기도를 하는데도 허리는 더 아파오는 것이다. 마침내 견딜 수 없어 병원에 갔더니 이미 터져 버려 수술을 하지 않으면 안 된다고 하였다. 그래서 그다음 날 바로 수술을 했다.

수술 전과 수술 후, 그리고 병원에 누워 있는 동안 만감이 교차하였다. 신앙의 만감도 교차하였다. 뭐든지 뛰어들어 할 수 있다고 생각했던 나에게 좀 더 성숙하고 겸손하게 하나님의 뜻과 때를 분별하는 믿음을 주신 것이다. 나는 나를 향한 하나님의 방법이 무엇인지를 깨달았고, 내 기준이 아니라 하나님의 뜻을 따라야 한다는 것을 그때 절실히 느꼈다.

환경적 치유

환경적 치유사역도 중요하다. 이것은 소외된 사람, 가난한 사람, 힘없는 사람, 병든 사람, 노인, 노숙자, 독거노인, 소년소녀가장, 장애우, 생활보호자, 다문화가정 등 사회의 손이 닿지 않는 사람들을 돌아보는 사역이다. 이들은 불공평한 환경과 왜곡된 구조적 한계 속에 고통받는 사람들이다. 따라서 교회는 이런 환경적 고통에 처한 사람들을 돌보는 사역을 반드시 해야 한다. 예수님도 이들을 향하여 항상 손을 뻗으셨던 것을 기억해야 한다.

특수목회 사역

환경적 치유사역을 하는 대표적인 사람이 다일공동체의 밥퍼 최일도 목사이다. 창녀촌과 빈민가에서 매일 거지, 노숙자, 노인들, 소외된 사람들에게 밥을 주며 사랑을 전하고 있다. 다른 일반 교회들이 못하는 것을 다일교회가 한 것이다. 지금은 이런 운동에 영향을 받아 많은 교회들이 동참하며 밥퍼 운동을 벌이고 있다. 게다가 다일공동체는 병원도 지어 무료 진료를 해주며 이웃 사랑 실천을 몸소 보여 주고 있다. 두레마을 김진홍 목사도 이런 사역을 담당해 왔다. 청계천 철거민들과 함께 남양만에 이주하여 공동체 생활을 하며 주님의 사랑을 몸소 전했다. 지금도 소외된 수많은 사람들이 그곳에 가서 변화를 받고 있다.

한국 교회 주변을 둘러보면 이제는 이런 특수목회를 하는 목사님들이 많이 생겨났다. 예를 들어, 다문화 가정을 위해 목회를 하는 목사님들, 판자촌이나 철거민들을 위해 동고동락하는 목사님들, 치매 노인들을 위해 요양원을 운영하며 목회하는 목사님들, 장애인을 위해 복지센터를 짓고 목회하는 목사님들, 독거노인들을 돌보며 사랑을 실천하는 목사님들 등 참으로 많은 목사님들이 동참하고 있다. 아름다운 사역들이다. 교회는 이런 특수목회 사역을 계속해서 활성화시켜 가야 할 것이다.

일반목회 사역

그러나 일반교회에서는 이렇게 한 곳에만 집중하여 사역할 수 없다.

일반교회에는 특수한 사람들만 모인 것이 아니라 남녀노소, 빈부귀천, 지위고하를 막론하고 다양한 사람들이 모여 있기 때문에 그들을 향한 종합적인 목회를 펼쳐야 하는 것이다. 그렇다고 해서 환경적 치유사역이 일반교회에서 중요하지 않다는 것은 아니다. 일반교회들에서도 소외되고 연약한 자들의 환경을 돌아보는 치유사역은 계속되어야 한다. 이것은 교회의 본질 가운데 하나이기 때문이다.

구원은 개인 구원과 사회 구원 두 종류가 있는데, 환경적 치유사역은 사회 구원의 일환이다. 이것은 상호보완의 관계이다. 교회가 구제와 복지, 이웃 사랑, 나눔과 기부를 사회에 많이 베푸는 모범을 보이면 개인 구원의 전도도 은혜롭게 진행될 수 있을 것이다. 그러므로 일반교회도 특수교회처럼 집중적인 사역을 할 수는 없겠지만 가능한 한 많은 투자를 해서 사회의 손이 닿지 않는 사람들을 돌아보는 사역을 계속해 나가야 할 것이다. 그래야 한국 교회와 사회가 보다 더 건강하고 아름다운 공동체로 변화될 것이다.

선교·장학·구제 사역

우리 교회는 선교·장학·구제 사역을 3대 환경적 치유사역으로 실천하고 있다. 이를 위해 성도들이 자발적으로 지정헌금도 하고 있다. 선교헌금도 지금까지 국내외 80여 곳에 해왔고, 장학헌금도 불우 청소년 10여 명에게 매 학기마다 지불하고 있다. 구제헌금도 소년소녀가장, 독거노인, 생활보호자, 노인정, 장애인을 위한 천사의 집 등에 매달 계속해 오고 있다.

교회 내에서는 일주일에 한 번 교회 어른들에게 중보기도 모임 후에

맛있는 점심을 함께하며 따뜻한 사랑을 나누고 있다. 또 어르신들을 위해 교회에서 운영하는 'GMS 문화센터'를 통해 한글교실, 노래교실, 탁구교실 등을 운영하며 행복한 생활을 유도하고 있다. 앞으로는 어르신들과 유약한 사람들을 위해 건강기구, 헬스기구 등을 설치하여 누구든지 와서 이용할 수 있는 편안한 안식처를 제공하려 한다.

노숙자 후원

우리 교회 환경적 치유사역의 또 다른 특징 중의 하나는 '노숙자 후원'이다. 처음에는 이들을 초청해서 구제하고 점심도 성도들과 함께 먹었다. 그런데 술을 먹고 와서 일반 성도들에게 행패를 부리는 일들이 자주 있고, 술 냄새가 너무 나서 식당 전체 분위기를 흐리는 경우도 많아 식사는 특별한 이벤트가 있을 때만 하도록 유도했다. 그리고 이제는 1부 8시 예배를 드리면 약간의 용돈을 주는 시스템을 정착시켰다. 목욕도 하고 점심도 사드시라는 것이다. 구제부에서 이를 관할하고 있는데, 지금도 잘 운영되고 있다.

그런데 놀라운 것은 1부 예배를 드리는 노숙자들이 변화되고 있다는 사실이다. 그중에는 눈물도 흘리고 기도도 하고 헌금도 하고 학습, 세례도 받는 자들이 늘고 있다. 또 노숙을 접고 일을 시작한 사람들도 있다. 그들 중에는 기도 받고 1년 정도 나갔다가 다시 돌아와 교회에 나오고 있는 노숙자들도 있다. 이제는 우리 교회의 한 지체로서 정기적으로 예배생활을 하고 있다.

문화교실 사역

우리 교회의 환경적 치유사역의 또 다른 축은 '문화사역'일 것이다. GMS 문화센터를 운영하며 지역사회를 위해 여러 프로그램을 운영하고 있다. 아이에서부터 노인에 이르기까지 어학, 상담학교, 악기, 댄스, 운동 등 다양한 문화 프로그램으로 지역 주민들이 이용할 수 있도록 했다. 지금 나도 3개의 문화교실을 담당하며 힘을 보태고 있다. 지역 주민들이 많이 애용하기를 기대하며 좋은 문화사역이 이루어지길 기도한다.

정신적 치유

21세기 현 시대를 사는 많은 사람들은 그 마음이 뻥 뚫려 있다. 공허하고 허전하다. 계절이 바뀌면 갑자기 우울해지고 답답해진다. 공부 잘하던 아이가 마음을 잡지 못해 성적이 뚝 떨어지는 경우도 있다. 우울증에 걸린 여자들이 아파트에서 뛰어내려 자살하는 경우도 잦다. 부모가 자녀를 죽여 보험금을 타먹고, 자녀가 반항하여 부모를 죽여 토막을 내 숨기는 사례도 종종 뉴스를 통해 접하게 된다. 회사원이 상사로부터 스트레스를 받고 그것을 이기지 못해 무작정 거리로 나가 묻지마 살인을 저지르는 경우도 있다. 익명의 사람이 세상을 비관해서 지하철에서 홧김에 불을 질러 수많은 사람을 죽게 하는 일도 있다. 오고가는 어린 아이들을 유인해 성폭행하는 범죄도 급증하고 있다.

세상이 험악해졌다. 이제는 육체적인 질병보다 정신적 질병이 훨씬 더 심각한 시대가 되었다. 밀려오는 무력감, 상실감, 패배감, 비교의식, 열등의식, 낙심, 좌절, 염려, 근심, 불안, 초조, 두려움, 피해의식, 자기 망상, 공황장애, 우울증, 트라우마 등 각종 정신적 장애의 감옥에 갇혀 있는 사람들이 한두 사람이 아니다. 한국 사회에 잠재적 정신질환자가 세 명 중에 한 명이 된다는 이야기도 있다. 한국 교회 내에도 성도들의 20%는 잠재적으로 정신적 문제를 안고 살아간다고 진단한다. 그만큼 한국 사회와 교회가 심각한 정신장애와 씨름을 하고 있다는 것이다.

찬양 치유사역

이제 한국 교회는 정신적 치유에 관심을 가져야 한다. 1990년대까지는 "불로, 불로" 하면 무엇이든지 만사형통이 되었다. 그러나 이제는 은사사역만으로 되던 시대는 분명히 지났다. 지금은 통전적인 사역을 해야 하고, 상처 입은 마음을 어떻게 치유할 것인가를 고민하는 사역이 되어야 한다. 그런 의미에서 온누리교회를 중심으로 이루어졌던 '찬양사역'은 정신적 치유를 위한 좋은 대안이었다. 찬양을 하면 마음의 평안을 얻고 눈물이 나오며 회개가 나오고 나도 모르게 주님의 사랑을 느끼게 된다. 그러면서 카타르시스가 되고 상한 나의 심령이 치유되는 경험을 하게 된다. 처음에는 감수성이 예민한 중, 고, 청년들에게 좋았지만 이제는 장년들에게까지도 이 찬양운동이 확신되어 오후예배는 찬양예배로 대중화가 이루어졌다.

말씀 치유사역

한국교회의 '설교 부분'도 달라지고 있다. 옛날에는 응답받고 능력 받고 축복받고 하는 문제를 주로 다루었다면 오늘날에는 지치고 힘든 심령의 치유에 초점을 맞추어 설교하는 목회자들이 늘어나고 있다. 대표적인 목사가 강남 소망교회를 은퇴하신 곽선희 목사님이다. 강남에 사는 인텔리들에게 그들이 직면하는 각종 스트레스와 지친 심령의 문제들을 적절하게 만져 주고 위로해 주고 격려해 주는 사랑의 메시지는 정서적이고 정신적인 치유를 가져다주기에 적절했다. 그의 설교는 철학적이면서도 지성적이며 복음적이어서 부담 없이 들을 수 있는 장점이 있다. 그의 설교를 들은 교인들은 늘 웃으면서 나온다고 한다. 정신적 치유설교의 결과라고 본다. 물론 영적 깊이의 문제는 차후 숙제일 것이다.

상담 치유사역

한국 교회가 '상담과 코칭'에도 관심을 기울이고 있다. 목회자들이 이제는 무조건 기도만 하라고 윽박지르지 않는다. 기도하는 것은 맞지만 그 문제에 초점을 맞추어 자발적으로 느끼게 하고 무엇을 해야 옳은지를 알게 해주는 상담사역을 한다. 더욱이 많은 교회들이 가정상담 치유사역을 담당하고 있다.

오늘날 가정의 갈등 문제를 기독교적으로 상담하는 모임과 세미나가 늘어나고 있다. 부부 갈등, 부자 갈등, 시모 갈등, 형제 갈등, 물질 문제, 자녀 문제, 질병 문제, 직장과 사업장 문제, 인간관계의 문제, 사회성의 문제 등 각종 갈등의 문제를 심층 분석하여 교회가 상담과 코칭으로 적절하게 돕고 있다. 이제는 웬만한 정신병원에 가는 것보다 교회에서 목회자나 셀 리더(구역장)와 상담하는 것이 훨씬 더 도움이 되는 시대가 되었다. 또한 셀 모임이나 소그룹 모임에서 상담과 코칭을 서로 담당하며 나누기 때문에 성도들의 아픔과 상처를 적절히 싸매어 주기에도 좋다.

이런 사역은 앞으로도 계속되어야 할 것이다.

큐티 치유사역

현대 교회의 또 하나의 두드러진 현상이 '독서와 경건한 묵상'이다. 현대인들은 외부의 소음이 너무 잦은 시대에 살고 있기 때문에 사람들은 조용한 안식을 원한다. 그래서 속세를 훌훌 털어버리고 자연으로 나가 마음껏 원초적인 기운을 받는다든지, 조용한 장소에서 독서를 하며 정신적 평안을 얻으려고 한다. 비근한 예로, 일부 가족들이 펜션을 빌려 주말농장을 하거나 자연으로 돌아가 숲과 나무들을 대하며 독서로 심신을 훈련하는 빈도가 늘어나고 있다. 정신 치유의 한 방편이다. 교회들이 전원교회를 디자인해 놓고 성도들로 하여금 자연을 친근하게 접하도록 하는 것도 정신 건강을 염두에 둔 포석일 것이다.

또한 일반교회들에서는 큐티와 독서, 성경읽기와 쓰기, 침묵기도, 감사노트 작성하기 등을 통해 흐트러진 마음들을 다잡고 정신적 평안을 얻으려는 영성훈련을 하고 있다. 어떤 교회는 지역을 위한 열린도서관을 운영하며 아이들과 어른들의 정서적 쉼을 도모하는 사역을 하고 있다. 앞으로도 이런 다양한 사역은 계속되어야 할 것이다.

영적 치유

예수님 치유사역의 뿌리는 영적인 치유에서 비롯된다. 영적으로 먼저 치유받아야 육체도 정신도 치유되고, 진정한 변화도 축복도 능력도 은혜도 경험할 수 있다. 그래서 한국 부흥사들은 이런 말을 자주 했다.

"영통하면 물통하고 인통하고 만사형통이라."

요한3서 2절에도 "사랑하는 자여 네 영혼이 잘됨같이 네가 범사에 잘되고 강건하기를 내가 간구하노라"고 말했다. 이것은 영혼이 먼저 치유를 받아야 마음도 육신도 건강할 수 있다는 것이다.

우리 몸에는 영적인 부분과 정신적인 부분과 육체적인 부분이 있는데, 그중에 가장 중요한 것이 영적인 부분이다. 왜냐하면 영이 모든 몸의 구조를 지배하고 있기 때문이다. 우리가 볼 때 겉으로는 육체적이고 정신적인 문제로만 보이지만 실제로 그 내면을 깊숙이 들여다보면 영적인 문제로 인한 것이 더 많음을 알게 된다. 그만큼 영적인 부분이 중요하다는 것이다. 그러므로 영이 건강하지 않으면 몸의 전체 균형이 깨지고 병적인 존재로 전락해 버린다. 이런 이유에서 교회는 영적인 문제를 가장 먼저 다루어야 성도들이 육체적 질병이나 정신적 장애도 치유받을 수 있는 기회를 얻게 된다. 영적인 치유사역은 교회의 가장 중요한 본질적인 과제이다.

신비주의가 아니다

교회는 영적인 치유사역을 해야 하지만 신비주의적으로 흘러서는 안 된다. 신비주의는 감성적이고, 은사적이고, 개인 체험 위주의 신앙이기 때문에 영적 쾌락주의, 영적 우월주의, 영적 당파주의, 직접 계시주의 등으로 빠진다. 또 자칫 잘못하면 사탄의 노리개로 전락하여 이단에 빠지기 쉽다. 오늘날 많은 신비주의자들이 '영성 치유' 또는 '영성 컨퍼런스'란 타이틀로 교계와 성도들을 혼란하게 만드는 경우도 많이 있다. 예를 들어, 성령의 바람을 일으켜서 손만 들면 넘어진다든지, 신비로운 엑스터시에 들어가게 한다든지, 이상한 예언을 해서 특별한 영적 체험을 하게 하는 집회 등은 조심스럽게 관찰할 필요가 있다. 잘못된 신비주의적 운동에 빠질 우려가 있기 때문이다.

물론 영적인 체험이 절대로 나쁜 것이 아니다. 권장하고 체험해야 하는 유익한 영성이다. 그러나 주관적 체험만을 고집하고 신비적으로만 빠지면 교만한 신비주의자가 되는 것이다. 영성 치유는 지극히 성경 중심적이고 인격적이며, 예수 중심적이고 교회 중심적이다. 이것을 명심해야 한다.

인격적 변화가 되는 것이다

앞서 말한 바와 같이 예수님의 영적인 치유사역은 은사 체험만을 의미하지 않는다. 다시 말해, 영적 치유사역은 물리적 변화가 아니라 인격적 변화이다. 즉 심령의 변화이며 신앙생활의 총체적인 변화이다.

영적 치유는 그 뿌리를 추적하면 성령을 통해 내면의 죄를 깨닫게 되는데서부터 시작한다. 성령은 죄를 깨닫게 하여 은사의 능력을 주기도 하고, 인격의 변화를 일으키게도 하며, 기도의 응답과 축복을 제공하기도 한다. 그러나 여기서 가장 중요한 것이 영적인 치유는 인격적인 변화라는 것이다. 성도가 영적 은사의 능력을 받고 삶의 축복을 받는다 할지라도 인격적인 변화를 일으키지 못하면 그것은 온전한 치유의 역사라 말할 수 없다.

온전한 영적 치유는 인격적인 변화까지 가야 하는 것이다. 역으로 성도가 은사의 능력을 받지 못했다 해도, 기도의 응답과 축복을 받지 못했다 해도 인격적인 변화가 나타났다면 그 사람은 온전히 영적인 치유를 받은 사람이다. 온전한 영적 치유는 인격적 변화이다. 명심해야 한다. 예수님의 영적인 치유사역은 개인의 변화된 인격 속에 묻어나오게 되어 있다. 수가 성 여인이 예수를 만나고 기뻐 뛰며 즉시 성 안으로 들어가 부끄러움을 개의치 아니하고 직접 복음을 전하였던 것처럼 영성 치유는 삶의 변화로 나타나게 되어 있다.

또한 예수님이 중풍 병자에게 "소자야, 네 죄 사함을 받았느니라!" 하며 병을 고쳐 주셨던 것처럼 영적 치유는 죄 용서와 능력의 역사가 동시에 일어날 때도 있다. 이것은 영적 치유사역이 거룩함과 병 고침이 함께 나타날 수도 있음을 말하는 것이다. 그러나 아무리 신비한 능력을 체험한다 해도, 아무리 병 고침의 역사를 체험한다 해도 그 사람이 거룩함과 순결, 죄 사함과 경건을 수반하지 않으면 그것은 짝퉁 영성이고 유사 기독교이며, 이단의 무리들에게 미혹된 영성이 될 수 있다. 이단도 기도해서 병을 고친다는 사실을 알아야 한다.

예수와 연합하는 것이다

영성 치유사역은 영혼 깊은 곳에서부터 '주님과 신비로운 연합'을 이루는 것이다. 내 안에 그리스도께서 사시며 그리스도 중심의 삶을 사는 것이다. "이전 것은 지나갔으니 보라 새것이 되었도다"라고 고백하는 것이다. 주님처럼 생각하고, 주님처럼 말하고, 주님처럼 행동하고, 주님처럼 닮아 가는 것이다. 이 시간 주님이라면 어떻게 선택하실까를 기도하며 성령의 충만함을 받는 것이다.

성령은 성도를 주님께로 인도하는 보혜사이다. 성령이 충만한 사람은 예수로 충만하게 되어 있다. 성령은 죄를 깨닫게 해서 예수 그리스도의 보혈로 씻음 받아 예수로 연합하여 예수의 사람이 되게 하고 예수의 능력을 갖게 한다. 그러므로 온전한 영적 치유사역은 성령의 충만함을 받아 내가 예수 그리스도와 신비로운 연합을 이루게 되고, 그리스도 중심의 삶을 살도록 변화되는 것이다.

말씀의 영성을 갖는 것이다

또 다른 관점에서의 영적인 치유사역은 '말씀'으로 돌아가는 것이다. 성경의 깊이를 이해하고, 성경이 말씀하시는 성령의 조명하심에 귀를 기울이는 것이다. 성경의 깊이가 영성의 깊이이다. 성경은 영적인 등대이다. 성경은 내 마음의 영적 상태를 정확히 진단한다. 성경의 거울 앞에 서는 어느 누구도 비켜갈 수 없다. 성경은 나를 회개하게 한다. 성경은 나를 거룩하게 한다. 성경은 나에게 능력을 불어넣는다. 성경은 나에게 거룩한 꿈을 갖게 한다.

성경과 성령은 불가분의 관계이다. 성도가 성경 말씀을 듣고 읽고 연구하고 묵상할 때 성령이 강력하게 역사하신다. 성령은 성경을 깨닫도록 하신다. 감동하게 하신다. 치유하신다. 변화를 일으키신다. 그러므로 영적인 치유사역은 말씀을 깊이 대할 때 성령이 역사함으로 나타나는 것이다. 성경을 깊이 연구하면 내면의 영성이 깊어지는 것은 당연한 것이다. 성령이 역사하시기 때문이다.

서울 사랑의교회를 은퇴하신 고 옥한흠 목사님은 개인적으로 말씀의 영성 치유 사역자라고 생각한다. 그분은 평생 제자훈련으로 생을 마치셨다. 제자훈련의 광인이었다. 그분은 제자훈련이 성경을 공부하는 지식적인 도구가 아니라 인격적인 변화를 일으키는 접촉점이 되어야 한다는 것을 평생 강조하셨다. 그분은 부활절 연합예배 설교자로 나왔을 때 한국교회와 목회자들의 죄성을 지적하며 철저히 회개할 것을 촉구하셨다. 더욱이 자신의 죄부터 고발하며 회개하는 겸손한 모습을 보여 주셨다. 나는 이것이 참된 말씀의 영성 치유라고 확신한다.

1910년의 평양 대부흥운동도 길선주 목사가 자신이 범죄한 것을 먼저 회개했을 때 전 교회의 회개와 대부흥운동이 일어났다. 그러므로 영적인 치유사역은 성경의 거울로 보며 죄를 회개하는 거룩함과 능력을 회복하는 것이다. 이것이 참된 영적인 치유사역이다.

한국 교회 사역의 방향

한국 교회는 지금 영적으로 중병에 걸려 있다. 신앙생활을 너무 간편하고 편안한 스타일로만 추구하려고 한다. 교회생활도 성경적이기보다는 실용적이고 실리적인 시대적 흐름에 편승하고 있다. 교회에 가기 힘들 때는 인터넷으로 예배드리고, 헌금도 은행 계좌로 이체하며, 개척교회에는 아예 출석도 하지 않으려 한다. 설교도 하나님의 말씀으로 겸허히 받아들이기보다는 개인의 기호에 따라 은혜를 취사선택한다. 기도할 때에 크게 부르짖거나 기도원에 가면 신비적으로 큰 문제가 있는 것처럼 생각한다.

한국 교회 자랑인 새벽기도와 철야기도는 점점 줄어들고 있다. 아예 새벽과 철야예배 시간이 없는 교회도 많다. 모이기가 힘들기 때문이라고 한다. 나는 그럴수록 더 모여야 하고, 더 기도해야 하고, 더 가르쳐야 한다고 확신한다. 자꾸 편안한 스타일로만 바뀌면 편식적인 그리스도인들이 늘어나고, 신앙의 본질과 성숙을 멀리하는 세태가 벌어지게 될 것이다. 지금이 바로 그런 시대가 아닌가 걱정이 된다.

예수로 돌아가자!

한국 교회는 예수 스타일로 가야 한다. 본질로 돌아가야 한다. 초대 교회의 모형으로 돌아가야 한다. 예수님의 3대 사역인 가르치는 사역, 전파하는 사역, 치유하는 사역을 중심으로 돌아가야 한다. 마땅히 성도들에게 가르칠 것은 가르쳐야 한다. 전인적인 교육을 시켜야 한다. 훈련을 싫어하는 그들에게 그래도 가르쳐 놓아야 나중에 보다 더 성숙하고 단단한 성도들로 변화될 것이다.

또한 아무리 전도하기 힘들다고 해도 전도하는 훈련을 계속해야 한다. 요즈음 성도들이 말하길, 신앙생활할 때 새벽기도와 전도만 없으면 할 만하다고 한다. 그만큼 편안한 신앙생활을 하고 싶은 것이다. 그래도 전도훈련을 해야 한다. 그것이 내가 살 길이고, 한국 교회가 살 길이다. 치유하는 사역도 한 영혼에 대해 관심을 갖고 사랑하는 마음으로 꾸준히 감당해야 한다. 21세기에는 상처 받고 소외되고 문제 있는 사람들이 너무 많다. 교회는 이들을 따뜻하게 품고 사랑하며 치유해 주어야 한다.

세상으로 더 뛰어 들어가 나눔과 섬김의 본을 보여야 한다. 이것이 예수 스타일이다. 오늘날 교회와 목회자들마다 사역의 방향이 조금씩 다를 수 있겠지만 큰 틀에서는 이런 예수님의 3대 사역 범주를 벗어나면 안 된다. 이것은 마치 교회 사역의 교과서와도 같은 것이기 때문이다.

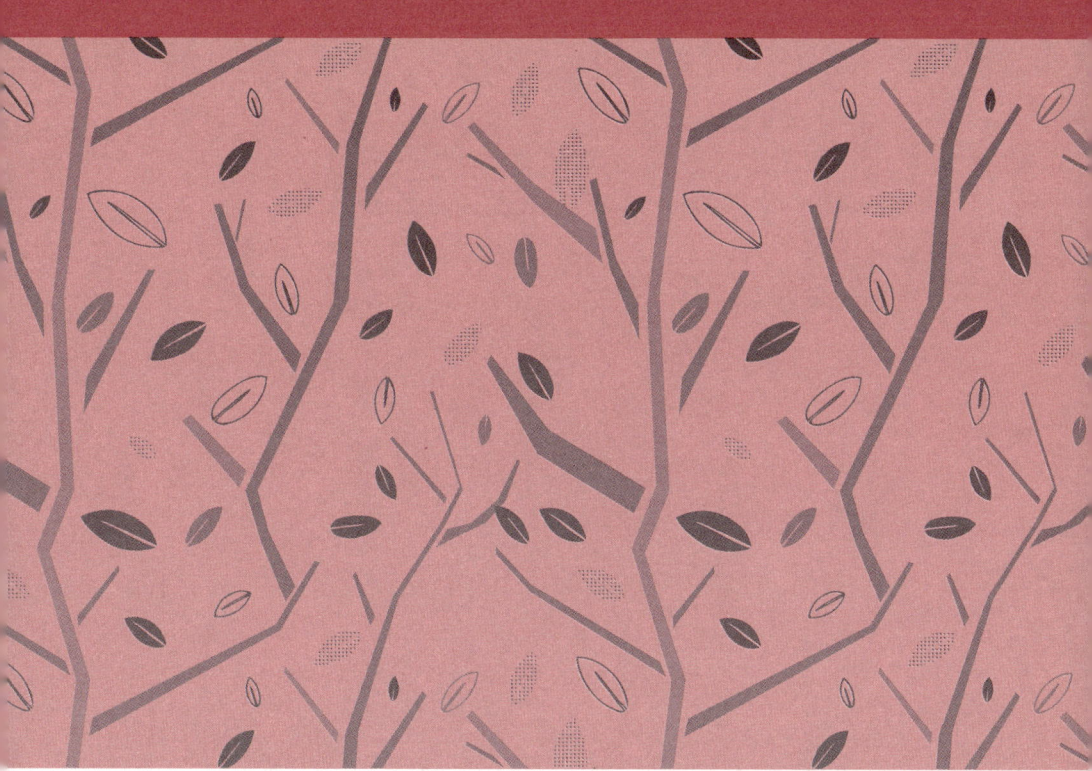

Chapter 5. 믿음(Faith)

"예수께서 즉시 손을 내밀어 그를 붙잡으시며 이르시되 믿음이 작은 자여 왜 의심하였느냐 하시고 배에 함께 오르매 바람이 그치는지라"(마 14:31-32).

오뚝이 인생

오뚝이는 항상 웃습니다.
사람들이 때려도 웃습니다.
넘어져도 일어나 다시 웃습니다.
던져 버려도 일어나 또 웃습니다.

오뚝이는 당당합니다.
무게 중심이 흔들리지 않습니다.
듬직한 자세가 늘 일정합니다.
넘어져도 이내 원위치로 돌아갑니다.

성도는 오뚝이입니다.
무슨 일이 있어도 항상 웃습니다.
일곱 번 넘어져도 다시 일어납니다.
믿음의 중심이 흔들리지 않기 때문입니다.

믿음에 빠져라

> 믿음은 바라는 것들의 실상이요 보이지 않는 것들의 증거니 선진들이 이로써 증거를 얻었느니라 히 11:1-2

 마음 문 열기(Ice-beaking)

휴대폰 문자 미스에 대한 유머이다. 목사님이 한 청년에게 "주말 잘 보내라" 하고 보냈다. 그런데 그 청년도 목사님에게 문자를 보냈는데 그만 오타가 나왔다.

"목사니도 주말 잘 보내세요."

학원에서 딸이 엄마에게 "엄마 나 데리러 와"란 문자를 그만 오타가 나서 "임마 나 데리러 와" 했다. 손자가 할머니에게 문자를 보내는데 "할머니 오래 사세요" 인데 그만 "할머니 오래 사시네요"라고 잘못 보냈다. 문자도 조심해서 잘 보내야 하겠다.

이 시간 주제는 '믿음은 바라는 것들의 실상'이다. 예수님은 하나님을 전적으로 믿는 믿음으로 사역을 감당하셨다. 한 번도 하나님에 대한 믿음 없이 사역을 하신 적이 없다. 성경도 "오직 의인은 믿음으로 말미암아 살리라"고 말하고 있다. 성도도 이 땅을 살아갈 때에 마땅히 믿음을 가지고 사는 자가 되어야 한다.

믿음에 미친 예수

예수님이 병자를 고치실 때 늘 하신 말씀이 있다. 그것은 "네 믿음대로 될지어다!"였다. 이것은 말하는 대로, 기도하는 대로, 생각하는 대로, 꿈꾸는 대로 된다는 것이다. 예수님은 당신의 능력으로 병자들을 고쳐주실 수 있음에도 불구하고 병자들의 믿음을 보고 고쳐 주셨다. 그만큼 병자들의 믿음을 중요하게 생각하신 것이다.

마가복음 9장 23절에서도 "할 수 있거든이 무슨 말이냐 믿는 자에게는 능히 하지 못할 일이 없느니라" 말씀하시며 귀신 들린 아이를 고쳐 주셨다. 또한 예수님께서 "너희에게 믿음이 겨자씨 한 알만큼만 있어도 이 산을 명하여 여기서 저기로 옮겨지라 하면 옮겨질 것이요 또 너희가 못할 것이 없으리라"(마 17:20) 말씀하셨다. 이것은 믿음의 사람이 능력을 일으킨다는 것이다. 실제로 예수님 자신도 믿음으로 나사로를 살려 주셨고, 오병이어의 기적을 베푸셨으며, 물 위를 걷는 역사를 나타내셨다. 그러므로 예수님의 기적과 능력은 믿음의 증거였으며, 제자들에게도 큰 믿음을 가질 것을 권면해 주셨다.

살아 계신 하나님

나는 성경에서 '살아 계신 하나님'(living God)이란 단어를 제일 좋아한다. 하나님은 죽은 하나님이 아니라 지금도 살아 계신 하나님이시다. 하나님은 어제나 오늘이나 영원토록 동일하신 분이다. 지금도 온 우주 만물을 통치하시고 보존하시며 섭리하시는 만왕의 왕이요, 만주의 주가 되신다.

살아 계신 하나님을 믿는 자는 이 땅에서 신비로운 기적을 맛본다. 놀라운 하나님의 능력을 체험한다. 그러나 살아 계신 하나님을 믿지 못하는 사람에게는 기적이 일어나지 않는다. 그들은 합리적이고 이성적으로만 이 세상을 살아간다. 그들이 교회를 다닌다 할지라도 종교적인 사람일 뿐이다. 체험이 없는 신앙이다. 가슴은 없고 머리로만 믿는 신앙이다. 그러나 성도는 오늘날에도 하나님의 역사는 계속 일어나고 있다는 사실을 믿어야 한다.

믿음이란?

믿음은 바라는 것들의 실상이다. 바라는 것은 추상적인 것이다. 그러나 실상은 실제로 만들어진 형상이다. 믿음이란, 바라는 것이 실제로 지금 나의 현실에 실상으로 있다고 확신하는 것이다. 또 믿음은 보지 못하는 것들의 증거이다. 보이지 않는 것은 증거로 채택될 수 없다. 어떻게 보이지 않는데 물증으로 확신할 수 있겠는가? 그러나 믿음은 현재 보이지 않지만 실제로 물증처럼 있다고 확신하는 것이다. 이것이 믿음이다.

보이는 것을 믿는 것은 믿음이 아니다. 그것은 상식이다. 누구나 다 믿을 수 있다. 상식적인 것이기 때문이다. 그러나 보이지 않는 것을 믿는 것은 쉽지 않다. 바라는 것을 바라는 것은 쉽다. 그냥 바라기만 하면 된다. 그러나 바라는 것이 실제로 내 안에 형상으로 있다고 믿는 것은 쉽지 않다. 그것이 믿음인 것이다. 믿음이 없으면 믿을 수 없기 때문이다.

우리에게는 천국이 보이지 않는다. 보이지 않기 때문에 믿지 않는 것은 상식적인 사람이다. 그러나 천국이 보이지 않지만 내 마음 속에 실제로 있음을 확신하는 사람, 그 사람이 믿음이 있는 사람이다. 예수님은 보이지 않는다. 그러나 성령을 통해 내 안에 예수님이 실제로 계시다는 것을 확신하는 사람, 그 사람이 믿음이 있는 사람이다.

우리는 병 낫기를 바란다. 그러나 단지 병 낫기를 바라는 것은 믿음이 아니다. 단지 바라는 것은 상식적인 것이다. 누구나 다 할 수 있다. 그러나 병 낫기를 바라는 마음이 실제로 내 마음속에서 이미 나았다고 믿는 형상을 그린다면 그 사람은 믿음의 사람이다. 믿음은 불가능을 가능케 하고, 무에서 유를 창조하는 능력이 있다. 믿음이 있으면 하나님의 놀라운 능력을 체험할 수 있는 것이다.

믿음이 있는 사람은 산을 명하여 이곳에서 저곳으로 옮길 수 있다. 믿음은 꿈과 비전을 실제로 달성하게 한다. 그것은 최면술이나 잠재력의 초능력을 말하는 것이 아니다. 예수 그리스도를 믿음으로 성령의 역사를 통해 이루시는 초자연적인 하나님의 능력을 말하는 것이다. 믿음의 사람은 영안이 열린 사람이다. 믿음의 눈을 가진 사람이다. 말씀의 능력을 가진 사람이다. 이것은 내 힘으로 하는 것이 아니다. 내 능력으로 하는 것이 아니다. 나는 할 수 없지만 내게 능력 주시는 주님 안에서 내가 모든 것을 할 수 있다는 것이다. 믿음은 하나님이 계신 것과 자기를 찾는 자들에게 상 주시는 이심을 믿는 것이다. 믿음의 대상은 하나님이시다. 하나님을 철저히 믿는 자가 큰 능력을 일으킬 수 있다.

구원의 믿음

믿음은 '구원'에서부터 시작된다. 구원받지 못한 사람이 어떻게 믿음이 있다고 하겠는가? 믿음은 구원받은 사람의 전유물이다. 구원받지 못한 사람은 믿음이 없는 사람이다. 그러므로 구원은 믿음의 뿌리이다. 믿음의 뿌리는 예수 그리스도이시다. 구원도 예수 그리스도이시다. 예수 그리스도 외의 구원은 참 구원이 아니다. 마찬가지로 예수 그리스도 외에 행해지는 믿음은 참 믿음이 아니다. 예수 그리스도 외에는 천하에 구원받을 다른 이름을 주신 일이 없기 때문이다. 그러므로 믿음의 가장 기초적인 역사는 예수 그리스도에서부터 시작된다. 구원도 예수 그리스도를 믿음으로 성취되는 것이다.

예수 충만

어떤 사람에게 능력이 나타나는가? 예수 그리스도를 믿음으로 구원을 받은 사람이다. 이것이 겨자씨 믿음이다. 겨자씨가 자라 큰 나무가 되어 많은 사람의 그늘이 되는 것처럼 조그마한 겨자씨의 믿음이 큰 능력을 발휘하는 것이다. 그러면 성도들이 왜 능력을 발휘하지 못하는가?

구원의 확신이 약하기 때문이다. 구원의 즐거움을 회복하지 못하고 육신에 속해 있기 때문이다. 한쪽엔 세상, 한쪽엔 예수를 생각하며 미지근한 신앙생활을 하기 때문이다.

예수 그리스도로 충만하고 전적으로 예수님의 은혜를 의지하는 사람은 믿음이 충만한 사람이다. 이런 이들에게 하나님의 역사는 아직도 일어나고 있는 것이다. 보통 능력이 기도 많이 하고 영성 수련을 많이 한 사람에게 나타난다고 생각하는데 그런 것이 아니다. 물론 기도를 많이 해야 능력을 받는 것도 사실이지만 이것보다 더 중요한 것은 구원의 확신을 가지고 예수로 충만한 것이다. 내 안에 예수 그리스도로 충만하면 예수님이 행하셨던 기적을 우리도 행할 수 있고, 그보다 더 큰 일도 행할 수 있는 것이다.

그러면 다른 종교인들에게도 능력이 나타나고 있는 것을 어떻게 설명할 수 있는가? 물론 그들에게도 기도하거나 주문을 외우면 능력이 나타나고 있다. 무당들도 신접하면 방언도 하고 예언도 하고 기적을 행하기도 한다. 이단들에게도 신비한 능력이 있다. 요즈음 법당들도 세상으로 내려와 상가에 개척을 하고 복술 행위를 일삼는다. 그러나 이런 것들은 참 믿음이 아니다. 이것은 잘못된 믿음이며, 사탄의 영에 사로잡힌 행위일 뿐이다. 처음에는 기적이 나타나는 것 같지만 나중에는 잘못된 귀신에 사로잡혀 멸망의 길을 걷게 된다. 또 귀신에 한 번 씌면 거기에서 헤어나지 못하고 결국 지옥 불에 떨어지는 결과를 초래한다.

놀라운 것은 이들도 자신들의 종말의 비참함을 알고 있다는 것이다. 어쩔 수 없이 신이 들려 무당이 되었지만 다음 생애에는 하고 싶지 않다는 이야기들을 한다. 그러나 그리스도인의 능력은 다른 것이다. 이것은 영원한 능력이며, 영원한 천국의 삶을 보장받는 것이다. 이 땅에서도 하나님의 자녀로서의 권세와 행복을 누리며 살아간다. 영적인 당당함이 있고 감사함으로 기쁨을 누리며 살게 되는 것이다.

한 건물에 교회와 절이 동시에

내가 개척할 때 우리 상가 건물에 절이 들어왔다. 한 건물에 교회와 절이 같이 있었던 것이다. 그런데 그 절에 들어온 사람들이 우리 교회에 와서 구경하기도 하며 탐색전을 펼쳤다. 그리고 교회 밑에 있던 상가 절에서 몇 주일씩 굿을 하기도 했다. 예수의 영이 침범하지 못하도록 하기 위함이었다. 우리 교회는 그럴수록 더 크게 부르짖고 더 강하게 기도했다. 그런데 몇 달이 지나자 스님이 운영이 안 되었던지 조용히 나가 버렸다.

두 번째 교회를 옮긴 상가 건물에도 무당 점치는 집이 들어왔다. 이 사람들은 노골적으로 점괘가 안 맞는다고 우리에게 나가라고 했다. 나는 우리가 먼저 들어왔으니 나가려면 당신들이 먼저 나가야 도리가 아니냐고 쏘아 주었다. 우린 5층이고 거기는 2층이었다. 금요철야를 하면 우리는 "예수님 찬양"이고 밑에서는 "부처님 찬양" 하며 굿판이 벌어졌다. 한 달 이상 굿을 하더니 결국 그곳도 운영이 안 되었던지 조용히 나가 버렸다. 그때 우리 교인들이 얼마나 뿌듯해했는지 모른다. 엘리야가 승리했던 것처럼 우리 교회도 승리했다고.

구약 출애굽기를 보면 문설주에 어린 양의 피가 발라진 집은 재앙이 넘어갔다. 그러나 어린 양의 피가 안 뿌려진 애굽의 집은 다 멸망했다. 신약시대에 와서는 어린 양의 피가 예수 그리스도의 보혈을 의미했다.

예수 그리스도의 보혈을 의지하는 자는 어떤 사탄의 권세도 이길 수 있는 능력을 갖게 된 것이다. 오늘날도 마찬가지이다. 하나님 자녀로서의 당당하게 살 수 있는 것은 예수 그리스도의 보혈을 믿는 구원의 확신이며, 예수님의 능력을 덧입는 은혜라 할 수 있다. 그러므로 그리스도인의 능력은 구원의 확신에서부터 시작되며, 예수 그리스도 안에서 이루어진다는 사실을 기억해야 한다. 예수로 구원받은 사람은 사탄의 권세도, 세상의 유혹도 그 어떤 것도 감히 대적할 수 없는 것이다.

능력의 믿음

둘째, '능력의 믿음'이 있다. 능력의 믿음은 구원받은 사람들이 믿음의 차이에 따라 능력이 다르게 나타나는 것을 말한다. 믿음은 구원에서 시작되지만 능력은 믿음에 따라 다르다는 것이다. 이것은 그리스도인들이 얼마만큼 믿음의 크기를 가지느냐에 따라 능력이 나타나는 것이다. 능력은 믿음의 크기와 비례한다.

능력의 차이

그렇다. 믿음에도 분량이 있다. 크고 작은 차이가 있다. 믿음이라고 모두 같은 것이 아니다. 성도의 삶은 믿음의 분량에 따라 결과가 다르다. 예수님께서도 "믿음이 작은 자여, 왜 의심하였느냐?" 하면서 베드로를 책망하셨다. 믿음은 큰 믿음과 작은 믿음, 적극적인 믿음과 소극적인 믿음, 미지근한 믿음과 확신하는 믿음, 불평하는 믿음과 감사하는 믿음

등 여러 가지 믿음의 분량이 있다. 믿음의 분량에 따라 역사가 다른 것이다. 그러므로 큰 믿음을 소유하는 성도가 되어야 한다. 예수님은 "너희가 나를 믿으면 내가 하는 일을 너희가 할 것이요 그것보다 더 큰 일도 하리라"고 말씀하셨다(요 14:12). 그리스도 안에서는 능치 못할 일이 없는 것이다.

성령 충만

능력의 믿음은 어떻게 받을 수 있는가? 능력의 믿음은 성령의 역사에 따라 믿음의 크기가 달라지기 때문에 성령 충만함을 받아야 한다. 성령의 인도하심으로 철저히 나를 깨뜨리고 오직 예수 그리스도께로 나아가야 한다. 그러므로 능력의 믿음은 성령 충만을 받지 않으면 안 된다. 성령의 충만함을 받아야 예수로 충만할 수 있고, 예수님의 기적도 행할 수가 있는 것이다. 그래서 성도는 성령 충만함을 받기 위해 영성 훈련을 뜨겁게 실행해야 한다.

예를 들어, 사생 결단의 기도로 성령 충만함을 받아 나를 철저히 깨뜨리고 오직 예수님께로 나아가면 하나님의 놀라운 능력을 받게 된다. 또 영감 있는 예배와 살아 있는 말씀을 통해 나를 완전히 죽이고 예수님을 전적으로 의지하면 크고 놀라운 하나님의 능력을 받게 된다. 그러나 이런 영성 훈련에는 회개와 정결함이 먼저 선행되어야 함을 잊어서는 안 된다. 즉 세속적인 욕심을 버리고 영적인 거룩함과 성결함을 좇을 때 하나님의 능력이 강하게 나타난다.

정리하면 능력의 믿음을 받는 방법은 크게 두 가지이다. 첫째는 성령의 역사하심으로 죄를 깨닫고 철저히 회개하는 것이다. 주님의 능력은 죄 가운데는 역사하지 않는다. 거룩함과 순결함이 있을 때 하나님의 능력도 강하게 나타나는 것이다. 그러므로 능력의 믿음에는 나의 욕심과 정욕을 십자가에 못 박는 회개의 작업이 반드시 선행되어야 한다. 둘째는 뜨거운 기도와 말씀으로 성령의 충만함을 받아 오직 예수 그리스도만을 의지할 때 강력한 하나님의 능력이 나타난다. 다시 말해, 영적인 강력한 신앙 행위를 통해서 성령 충만함을 받아야 놀라운 하나님의 능력이 나타난다는 것이다. 이 두 가지 방법을 통해 능력의 믿음을 소유하면 하나님의 축복과 평강이 넘치는 것이다.

능력봉의 체험

나는 신학교 다닐 때 능력봉에 자주 올라갔다. 거기에서 많은 주의 종들이 능력을 받았다고 해서 나도 동기 전도사님들과 함께 자주 올라가곤 했다. 일주일에 한두 번은 삼각산 정상에 올라 기도한 경험이 있다. 밤새도록 산 정상에서 비닐을 뒤집어쓰고 이슬을 맞으며 눈물 콧물을 쥐어짜며 기도한 경험이 아직도 눈에 선하다.

능력봉에 가면 절벽 바로 앞에서 양반다리하고 언제나 기도하던 기도꾼이 있었다. 몸을 한 번만 잘못 움직여도 그냥 산 밑으로 떨어지는데 그런 곳에서 흔들림 없이 기도하던 분이셨다. 그분을 보면 콧물이 늘 길게 흘러내려 무슨 회개를 저렇게 하나 생각했는데 나라와 민족을 위해서, 교회를 위해서 기도하는 모습이 언제나 감동적이었다. 놀라운 것은 나도 능력을 받으려고 그분 옆에서 기도하는데 회개의 눈물 콧물이 나오며 온몸에 전율이 느껴지는 것이었다. 그분이 옆으로 움직이면 나도 옆으로 움직이고, 그분이 소리를 지르면 나도 소리를 지르고 함께 울며 기도했던 것이 지금도 가슴 벅찬 감동의 추억으로 남아 있다. 나는 그때 체험적인 기도의 능력을 많이 받았다.

언어의 믿음

셋째, '언어의 믿음'이 있다. 신앙인의 언어는 믿음의 척도이다. 즉 믿음은 어떤 언어를 사용하느냐에 따라 믿음의 크기가 달라진다. "말이 씨가 된다"는 속담이 있듯이 믿음도 마찬가지이다. 어떤 말을 내뱉느냐에 따라 믿음의 그릇도 크기가 다르다. 믿음은 언어를 통해 실현되는 것이다. 위에서 말한 '구원의 믿음'도 언어를 통해 확신할 수 있다. 왜냐하면 사람이 마음으로 믿어 의에 이르고 입으로 시인하여 구원에 이르기 때문이다(롬 10:10).

'능력의 믿음'도 어떤 언어를 사용하느냐에 따라 축복과 저주, 응답과 침묵, 행복과 불행, 성공과 실패가 달라진다. 어떤 말을 하느냐에 따라 믿음의 역사가 다르게 나타나기 때문이다. 예를 들어, 구약의 이스라엘 백성들이 광야에서 죽게 되었다고 늘 불평하고 원망하자 하나님께서는 이스라엘 백성들이 말하는 대로, 하나님의 귀에 들린 대로 시행하겠다고 말씀하셨다(민 14:28). 실제로 이스라엘 백성들은 당대의 사람들이 광야에서 모두 죽었고, 그다음 후손들이 가나안에 들어가는 역사가 나타났다. 하나님께서도 말하는 대로 이루어 주시는 것이다.

긍정적인 언어

믿음의 언어는 긍정적인 언어이다. 믿음이 있는 사람은 "할 수 있다! 하면 된다! 해보자!" 하며 긍정적으로 생각하고 긍정적으로 행동한다. 주님을 긍정적으로 바라본다. 전능하신 하나님은 능치 못함이 없다고 믿는다. 내게 능력 주시는 자 안에서 내가 모든 것을 할 수 있다고 확신한다. 그러나 부정적인 사람은 "못해. 안 돼. 할 수 없어! 왜 해야 돼? 안 하면 안 돼? 싫어! 귀찮아!" 등등으로 무슨 일을 하면 처음부터 초를 치며 못한다고 한다. 그러면 그 일들은 안 되게 되어 있다. 안 된다고 하는데 어떻게 되겠는가? 그러므로 믿음의 언어는 긍정적인 언어인 것이다.

사람을 대할 때 부정적인 언어가 긍정적인 언어보다 5배 이상의 파급효과가 있다고 한다. 긍정적인 말은 들으면 곧잘 잊어버리기도 하는데, 부정적인 언어는 한번 들으면 마음에 차곡차곡 쌓여 쉽게 지워지지 않는다는 것이다. 그래서 우리는 부정적인 언어를 한번 들었을 때마다 최소한 긍정적인 언어를 다섯 번 이상 들어야 그것을 상쇄시킬 수 있다. 그러니 부정적인 언어가 얼마나 상대방에게 나쁜 영향력을 미치며 심리적으로 육체적으로 병들게 만드는가를 알아야 할 것이다. 부정적인 언어는 사람을 파괴시키고, 긍정적인 언어는 사람을 세우고 변화시키는 능력이 있다.

감사의 언어

믿음의 언어는 감사의 언어이다. 감사는 감사를 낳고 불평은 불평을 낳는다. 감사하면 더 좋은 일들이 생산되고 불평하면 더 나쁜 일들이 생겨난다. 감사하면 건강도 좋아진다. 얼굴도 밝아지고 예뻐진다. 감사하면 사탄도 물러간다. 귀신도 도망간다. 감사는 사람을 윤택하게 하지만 불평은 삶을 피폐하게 만든다. 감사는 축복의 통로이지만 불평은 저주의 블랙홀이다. 그러므로 축복의 사람은 감사하며 살아가지만 저주의 사람은 불평하며 살아간다. 믿음은 언제나 감사 속에 있다. 감사하는 사람은 믿음이 충만한 사람이고 불평하는 사람은 믿음이 침륜에 빠진 사람이다. 감사는 미래를 발전적으로 만들지만 불평은 미래를 망하게 만든다. 감사하는 사람은 앞으로 잘될 사람이지만 불평하는 사람은 앞으로 잘못될 사람이다. 감사는 미래를 측정할 수 있는 기준이 된다.

믿음의 사람은 고난 속에서도 감사한다. 왜냐하면 고난이 고난으로 끝나지 않고 그 고난을 통해 또 다른 감사의 축복을 주실 줄을 믿기 때문이다. 또한 그것은 하나님을 신뢰하고 끝까지 포기하지 않는 믿음을 소유할 수 있기 때문이다. 고난은 축복의 통로이다. 고난은 나를 성숙하게 만든다. 고난은 나를 더 단단하게 하고 강하게 한다. 고난이 있기에 하나님께 더 가까이 나아갈 수 있게 된다. 고난이 있기에 더 기도하게 되고, 더 찬양하게 되고, 더 예배하게 된다.

고난은 신앙의 깊이를 깨닫게 한다. 또 다른 고난이 와도 그것을 너끈히 이길 수 있는 힘을 길러 준다. 그러므로 고난은 나에게 유익이며 하나님의 놀라운 사랑의 표현이다. 그래서 그리스도인은 고난 속에서도 범사에 감사할 줄 알아야 한다. 기뻐도 슬퍼도 괴로워도 즐거워도 항상 감사하는 법을 배워 나가야 한다. 이것이 믿음의 사람이다.

축복의 언어

믿음의 언어는 축복의 언어이다. 믿음의 사람은 다른 사람을 예수의 이름으로 축복하는 축복권을 가지고 있다. 내가 주님의 이름으로 상대방을 축복하면 그 축복이 그대로 임한다는 사실이다. 만약 상대방에게 임하지 않으면 나에게로 다시 돌아온다고 성경은 말하고 있다. 그러므로 그리스도인이 축복하는 것은 상대에게뿐만 아니라 나에게도 앞으로 놀라운 일이 나타날 것이란 의미이다. 그것은 사람의 능력이 아니라 하나님의 능력인 것이다. 주님의 이름으로 축복하기 때문에 하나님이 폭발적으로 역사하시는 힘이 있다. 예를 들어, 주님의 이름으로 나를 축복하면 내가 축복을 받는다. 주님의 이름으로 남을 축복하면 남이 축복을 받는다. 놀라운 역사이다. 그래서 믿음의 사람은 축복의 언어를 사용한다.

축복의 언어를 사용할 때는 몇 가지 원리가 있다. 이것을 자녀들에게 해보라. 만나는 사람들에게 해보라. 직장과 사업장에서 해보라. 놀라운 변화의 역사가 일어날 것이다.

• 긍정적인 축복

첫째, 긍정적으로 축복해야 한다. 위에서 말한 대로 내가 상대를 축복하면 그 사람이 축복을 받는다. 그러나 그 축복이 그 사람에게 합당하지 않으면 나에게도 임한다는 것이다. 그러므로 축복을 할 때는 나를 위해서라도 항상 긍정적으로 해야 한다.

단점보다는 장점을 보며 축복하고, 약점보다는 강점을 보며 칭찬해야 한다. 그 사람이 미처 보지 못하는 장점을 보고 축복해 주어야 한다. 아무리 어려워도 희망과 꿈을 주는 축복을 해주어야 한다. 그러면 그 사람이 그렇게 발전하게 될 것이다. 그러나 만약 상대를 향하여 부정적으로 저주하면 그 부정적인 것이 내게도 임할 수 있기 때문에 부정적인 말은 항상 조심해야 한다. 축복을 할 때는 사람을 살리고 세우고 재생산할 수 있도록 긍정적으로 해야 한다는 것을 잊지 말자.

•화목적인 축복

둘째, 화목을 이루는 축복을 해야 한다. 아무리 긍정적인 축복을 해도 상호 화목을 이루지 못하면 그 축복은 갈등을 일으키는 도구가 된다. 갈등을 유발하는 축복은 사탄이 역사한 것이다. 결과가 좋지 않다. 그러나 화목을 이루는 축복은 성령이 역사한다. 결과도 좋다. 풍성한 열매를 맺는다.

더욱이 내가 하는 축복이 사람과 사람을 화목하게 하고, 가정을 화목하게 하고, 교회를 화목하게 하고, 셀을 화목하게 하는 등 상호 화목하게 하는 축복이 될 때 나도 덤으로 그 축복을 받게 된다. 그러나 갈등을 일으키고 분열을 꾀하며 서로 잘난 척하게 하고 교만하게 하는 축복은 아첨이나 가식에 불과하다. 사탄은 갈등을 일으키지만 성령은 화목을 만든다. 그러므로 축복권을 행사할 때는 아무리 긍정적인 축복이라 할지라도 상호 덕을 세우며 화목을 만들어 가는 축복을 해야 한다.

•미래적인 축복

셋째, 축복을 할 때는 미래를 바라보고 해야 한다. 축복은 미래지향적인 것이다. 지나온 과거를 돌아보며 원망 불평하는 사람은 결코 발전이 없다. 과거가 아무리 화려해도 과거일 뿐이다. 과거에 실패했을지라도 지나간 과거의 한 부분일 뿐이다. 과거는 이미 지나간 것이다. 다시 돌아오지 않는다. 바뀔 수도 없다. 그런데도 과거를 가지고 자꾸 말하는 사람은 현재가 불만족스럽거나 성격이 우유부단한 사람이다. 그러므로 믿음의 사람은 과거를 거울로 삼아 현재에 발을 딛고 미래를 향해 마음껏 달려가는 사람이다.

미래를 축복하면 미래가 달라진다. 미래를 축복하면 현재도 달라진다. 현재가 점점 발전되고 변화해 나간다. 새로운 역사가 창조된다. 미래는 내가 가야 할 곳이다. 따라서 미리 미래를 축복하면 당신의 미래가 그대로 현실이 된다. 상대를 축복할 때도 미래지향적으로 축복을 해야 한다. 그러면 미래가 현실이 되는 날이 반드시 오게 될 것이다.

• 점진적인 축복

넷째, 점진적으로 축복해야 한다. 축복은 단번에 이루어지는 것도 있지만 대체적으로 발전적인 것이다. 성공하는 사람들도 단번에 성공하는 것같이 보이지만 사실은 작은 성공이 쌓여서 큰 성공을 만드는 것이다. 실패도 단번에 실패한 것이 아니다. 작은 실패가 쌓여서 큰 실패가 된 것이다. 마찬가지로 축복도 점진적인 것이다. 인생도 오늘보다는 내일이 낫고, 내일보다는 모레가 나은 삶이 되어야 한다. 그것이 복된 인생이다.

믿음의 사람이 축복권을 활용할 때도 마찬가지이다. 단계적으로 현실 가능한 축복을 하며 점점 더 발전적인 것으로 나아가야 한다. 그러면 그것이 쌓여서 점점 더 큰 축복을 받게 된다. 그러나 처음부터 너무 과대포장해서 전혀 실현 가능성이 없는 축복을 하면 허황된 꿈이 될 수밖에 없다. 신비적인 환상에 불과할 수밖에 없다. 그것은 이루어지지 않는다. 그러므로 축복은 단계적이고 발전적이며 점진적이어야 한다. 그래야 시작은 미약하나 나중은 창대해지는 것이다.

- **반복적인 축복**

　다섯째, 축복의 말은 반복적으로 해야 한다. 이것이 제일 중요하다. 아무리 축복의 말을 한다 할지라도 그 축복의 말을 한 번 하고 끝내면 그것은 아무 소용이 없다. 그 순간만 사람의 기분을 좋게 할 뿐, 그 축복은 멀리 날아가 버린다. 그러나 축복의 말을 반복해서 하면 그 축복은 생명력을 갖는다. 될 때까지 추진력을 갖게 된다. 고난이 오고 어려움이 와도 이길 수 있는 에너지가 된다. 축복은 날개가 있다. 그 날개는 축복이 말하는 데까지 날아간다. 그리고 목표점에 무사히 착륙한다. 이것이 반복적인 축복의 장점이다.

　그러므로 믿음의 사람은 축복이 이루어질 때까지 계속 반복해서 축복을 해야 한다. 반복하지 않으면 축복의 힘이 떨어져 멈춘다. 주저앉는다. 포기한다. 더 이상 앞을 향해 나아갈 수 없다. 따라서 축복은 한 번으로 끝나는 것이 아니라 반복적으로 될 때까지 끝까지 하는 것이다. 기도도 될 때까지 끝까지 반복적으로 해야 한다. 전도도 될 때까지 끝까지 반복적으로 해야 한다. 그때 비로소 하나님의 역사가 충만하게 나타난다.

사명의 언어

　마지막으로 언어를 통한 믿음의 역사는 '사명의 언어'를 사용하는 것이다. 사명이 있는 자는 믿음이 충만한 자이다. 믿음이 없이는 사명의 길을 걸을 수 없기 때문이다. 사명의 언어는 믿음의 언어이고 비전의 언어이며, 인내의 언어이다. 사명이 있는 자는 결코 망하지 않는다. 하나님이 책임져 주신다. 일곱 번 넘어져도 여덟 번째 다시 일어난다.

이런 말이 있다. 사람은 사명으로 살고, 동물은 음식으로 산다. 성경적인 말이다. 사람은 사명으로 살 때 축복이 있다. 어떤 고난이 와도 이길 수 있다. 그런데 사람이 의식주에만 집착하고 산다면 그 사람은 동물적인 사람이 된다. 그러므로 믿음의 사람은 사명의 언어를 사용한다. 사명을 좇아가고 사명에 따라 살아간다. 사명이 다하는 날 죽음을 맞이하는 것이다. 예수님도 "다 이루었다!" 하고 돌아가셨다. 사명을 다했기 때문이다.

• **사명의 축복**

사명이 있는 사람은 이 세상에서 가장 행복한 사람이요 축복받은 사람이다. 사명이 있는 자는 질병도 깨끗이 고침을 받는다. 슬픔도 기쁨으로 바꾸어 나간다. 게으르고 나태한 생활도 열정적이고 도전적인 삶으로 전환시킨다. 실패를 해도 툴툴 털고 다시 시작할 수 있게 한다. 고난도 헤쳐 나갈 수 있는 힘이 생긴다. 넘어져도 다시 일어날 수 있다. 역전 인생을 걷는다. 칠전팔기의 인생이 사명의 길이다.

사명은 죽음을 불사한다. 사명에는 능력이 있다. 사명 안에는 보이지 않는 무한한 잠재력이 숨어 있다. 사명은 활활 타오르는 불꽃이다. 뜨거운 용광로와 같다. 아무리 시련이 와도 다시 일어나서 환하게 웃는 오뚝이와 같다. 사명자는 죽어도 다음 세대에 그 영향력을 심어 놓기 때문에 그들 마음속에 영원히 사는 것이다. 사명은 이 땅에 가장 큰 능력의 원동력이다. 하나님은 사명이 있는 자를 사용하시고 축복을 주신다. 사명이 없는 자는 하늘로 데려가신다. 사명은 인생에서 가장 중요한 삶의 에너지이다.

• **사명의 신비**

사명은 놀라운 신비적인 힘이 있다. 암에 걸린 사람에게 사명을 고취시키면 치유의 역사가 나타난다. 급속도로 신체적 변화가 나타나 신비로운 치료를 경험하게 된다. 사명이 없는 사람은 암이 빨리 퍼진다. 고침을 받아도 다시 재발한다. 희망이 없기 때문이다. 사명이 있으면 스스로 변화를 만들어 간다. 도전하고 다시 시작한다. 무섭게 일어난다. 자살하려는 사람에게도 사명을 심어 주면 다시 살려고 한다. 삶에 희망을 갖고 재도전하는 생명력을 갖게 된다. 가정이 깨어진 사람에게도 사명을 고취시키면 그 가정이 회복된다. 정상으로 돌아오며 사랑의 관계를 만든다.

사명은 사람을 하나 되게 하는 능력도 있다. 사명은 연합하게 하고 또 다른 시너지 효과를 만든다. 사명으로 기도하면 기도의 응답이 빠르다. 하나님이 사명을 보고 응답해 주시는 것이다. 그러므로 믿음의 사람은 사명의 언어를 사용한다는 사실을 기억해야 할 것이다.

말씀에 미쳐라

예수께서 대답하여 이르시되 기록되었으되 사람이 떡으로만 살 것이 아니요 하나님의 입으로부터 나오는 모든 말씀으로 살 것이라 하였느니라 하시니 마 4:4

 마음 문 열기

장난꾸러기 복만이가 시험 합격을 위해 절에 불공을 드리러 갔다. 한 노승이 절을 하고 있는 모습을 보자 학교에서 친구들과 장난치던 '똥침'이 생각나 충동을 이기지 못해 노승의 엉덩이를 힘껏 찔렀다. 그런데 노승이 꿈쩍도 하지 않는 것이다. 약간 약이 올라 이전보다 더 세게 젖 먹던 힘까지 다해 찔렀다. 그런데도 꿈쩍을 하지 않았다. 복만이는 이것을 보며 불심에 감탄하며 존경해 마지않았다. 불공을 마치고 노승에게 공손히 합장을 했다. 그러자 노승이 점잖게 하는 말, "자! 이제 대시지요. 이제 소승의 차례입니다."

이 시간 주제는 "말씀에 미쳐라"이다. 말씀은 믿음의 뿌리이다. 즉 믿음의 출처는 말씀이다. 성도는 성경 말씀을 대하지 않고는 결코 믿음이 생겨날 수 없다. 예수님도 하나님의 나라를 말씀으로 제자들에게 가르치셨다. 제자들은 그 말씀을 들음으로 믿음을 얻어 주님의 신실한 제자가 되었다. 성령은 말씀을 통해 역사하신다. 구원도 말씀을 통해 역사한다. 믿음도 말씀을 통해 역사한다. 기독교에서 말씀을 떠나면 성도는 아무것도 할 수 없다. 왜냐하면 성경 66권 하나님의 말씀이 기독교의 진리이며 핵심이기 때문이다.

말씀에 미친 예수

예수님은 일생 동안 미친 듯이 말씀을 따라 사셨다. 예수님은 성경대로 태어나셨고, 성경대로 사셨고, 성경대로 죽으셨으며, 성경대로 부활하셨다. 요한복음은 아예 예수님이 말씀이시라고 선언했다.

> "태초에 말씀이 계시니라 이 말씀이 하나님과 함께 계셨으니 이 말씀은 곧 하나님이시니라"(요 1:1).

예수님은 말씀이 되어 천지를 창조하셨고, 말씀이 육신이 되어 우리 가운데 거하셨다(요 1:14). 이것은 예수님이 말씀과 절대로 떼어 놓을 수 없는 불가분의 관계라는 것을 말해 준다.

또한 말씀은 성령과도 불가분의 관계이다. 성령은 말씀의 빛 가운데 있으며 말씀을 통해 역사하신다. 다시 말해 성령은 독단적으로 역사하시지 않고, 항상 말씀 가운데 조명하시며 갈 길의 방향을 밝히 보여 주신다. 그래서 말씀 충만은 예수 충만함이고, 말씀 충만은 성령 충만함이다.

예수님은 금식하실 때도 말씀으로 사탄을 물리치셨고, 말씀으로 성령 충만하셨으며, 말씀으로 신앙의 지표를 삼으셨다. 예수님은 비록 먹을 것이 없다 해도 하나님의 말씀은 지켜져야 한다는 것을 금식하면서 몸소 실천해 보이셨다. 그는 십자가상에서도 말씀대로 순종하며 죽으셨다. 이처럼 예수님의 전 생애는 말씀을 떠난 적이 한 번도 없었다. 그만큼 예수님은 성령과 말씀으로 충만한 인생을 사셨다.

말씀은 영혼의 양식이다

말씀은 마치 사람이 매일 밥을 먹는 것처럼 영혼의 양식이다. 구약의 이스라엘 백성들이 광야에서 매일 만나와 메추라기를 먹었던 것처럼 성도들도 매일 말씀을 먹어야 살 수 있다. 사람이 양식을 먹지 않으면 죽는 것처럼 성도도 영적인 말씀을 먹지 않으면 죽게 되어 있다. 그것은 물고기가 물을 떠나면 죽는 것처럼 그리스도인도 말씀을 떠나면 영혼이 죽게 된다는 것이다. 그러므로 성도는 영적인 양식인 말씀을 매일 먹고 살아야 한다.

말씀은 어린아이들이 자라는 원리와 같다. 어린아이는 매일 밥을 먹고 자란다. 날마다 밥을 먹다 보면 나도 모르게 키도 자라고 몸무게도 늘고 성장하게 되는 것이다. 마치 물에 젖은 콩나물이 하루하루 조금씩 자라는 것처럼 성도들도 말씀을 먹다 보면 점점 신앙이 자라는 것을 볼 수 있다. 성경 말씀에는 수많은 영적 영양분이 있다. 사람이 탄수화물, 비타민, 단백질, 녹말, 철분 등 여러 영양분을 섭취해야 건강해지듯이 성도들도 성경의 영적 양분을 많이 섭취하다 보면 건강하고 튼튼한 신앙 생활을 할 수 있는 것이다. 성도는 말씀을 먹어야 산다. 말씀을 먹어야 신앙이 자란다. 또한 성경을 한쪽만 읽는 것이 아니라 66권을 골고루 먹어야 신앙이 균형 있게 자랄 수 있다.

말씀은 듣는 것이다

성도들의 믿음은 말씀을 통해서 나타난다. 말씀이 있는 곳에 믿음이 있고, 말씀이 없는 곳에는 믿음도 없다. 그러면 어떻게 믿음이 생기는가? 말씀을 귀로 듣고, 눈으로 듣고, 몸짓으로 들을 때에 믿음이 생겨난다. 다른 방법이 없다. 믿음이 생기는 것은 특별계시인 말씀과 예수 그리스도의 복음을 듣는 것 외에는 다른 방법이 없다. 그러므로 말씀을 일단 들어야 믿음이 생기든지 안 생기든지 하지, 말씀을 듣지 않는데 믿음이 하늘에서 뚝 떨어지지 않는다. 그래서 로마서 10장 17절은 "믿음은 들음에서 나며 들음은 그리스도의 말씀으로 말미암았느니라" 했다. 말씀을 듣는 것이 믿음의 시작인 것이다.

남자 성도들이 가끔 "목사님, 교회생활하면서 믿음이 생기지 않아요! 어떻게 하면 될까요?" 하고 묻는다. 답은 뻔한 것이다. 말씀을 자주 들는 것이다. 듣고 또 듣는 것이다. 말씀이 조금씩 가슴판에 박히다 보면 나도 모르게 믿음이 생겨 놀라운 변화의 역사를 일으키게 된다. 듣지 않으면 믿음도 없다. 말씀을 자주 대하지 않는데 어떻게 믿음이 자랄 수 있겠는가? 신앙의 성장은 말씀에 있다. 말씀을 자주 들어라. 예배를 자주 드려라. 성경을 매일 읽어라. 그러면 성령이 역사해서 믿음이 생기고 하나님의 능력을 받게 될 것이다.

말씀은 살아 있다

말씀은 살아 운동력이 있다. 좌우에 날선 어떤 검보다도 예리하여 우리의 영과 혼과 관절과 골수를 찔러 쪼개기까지 하며 마음과 생각을 감찰한다. 하나님은 말씀의 권세로 천지를 창조하셨다. 말씀은 능력이다. 말씀 속에는 위대한 능력이 있다. 말씀을 인용하면 기적이 나타난다. 말씀은 살아 있다. 어떤 장애도 뚫고 나간다. 멈추지 않고 뻗어나간다. 말씀은 변화를 일으킨다. 모난 인격도 다듬는다. 성숙하고 부드럽게 만든다. 말씀은 세상의 일반 강의와는 다르다. 강의는 감동을 줄지 모르지만 영혼을 변화시키지는 못한다. 그러나 말씀은 영혼과 육체를 변화시키는 놀라운 능력이 있다.

말씀을 들을 때 질병이 떠나간다. 사탄이 물러간다. 자아를 깨닫고 회개하며 주님께로 돌아온다. 영육 간에 치유와 회복의 역사가 나타난다. 또한 말씀을 들을 때 성도는 마음의 평화를 얻는다. 죽었던 영혼이 구원을 받는다. 영생을 얻는다. 지혜로 가득해진다. 미래의 꿈과 도전을 심는다. 말씀을 들으면 하나님의 자녀가 되고 성령의 충만함을 받는다. 말씀은 하나님의 숨결이다. 말씀은 깨닫는 자에게 신비로운 역사를 일으킨다. 말씀은 신앙을 성숙하게 한다. 장성한 분량에 이르게 하며, 흔들리지 않는 믿음으로 나아가게 한다. 말씀은 능력인 것이다.

말씀은 생활규범이다

성경 말씀은 성도가 어떻게 생활해야 하는지 그 방법을 가르쳐 준다. 말씀은 생활의 나침반이다. 인생의 길잡이이자 내비게이션이다. 기차도 철길을 따라가야 안전하고, 비행기도 항로를 좇아가야 안전할 수 있다. 마찬가지로 성도는 성경 말씀을 따라가야 평안하고 축복을 받을 수 있다. 성경은 축복의 교본이다. 올바른 생활의 매뉴얼이다. 그래서 성경은 사람을 바르게 한다. 거룩하게 한다. 의롭게 살도록 지침을 준다. 하나님의 사람으로 온전케 한다.

성경은 망가진 사람을 변화시킨다. 깡패도 변화된다. 교수도 변화된다. 비뚤어진 자아가 정상으로 돌아온다. 성경은 의로 교육하기에 유익하다. 때론 사람을 책망하기도 한다. 가슴이 아프도록 책망한다. 회개케 한다. 눈물이 나오게 하며 양심의 가책을 느끼게 한다. 선한 사람이 되게 한다. 예수 스타일로 궤도를 수정하게 한다. 물고기가 물을 떠나면 죽는 것처럼 성도는 성경을 떠나면 죽는다. 성경은 그리스도인에게 생활 규범이다. 이대로 살면 하나님의 복을 받는다.

말씀은 신앙의 척도이다

말씀은 신앙의 정도를 걷게 한다. 말씀 안에 거하면 신앙생활에 문제가 없다. 말씀을 벗어나면 자연히 문제가 발생한다. 성경은 이단을 척결하는 기준이다. 이단은 말씀을 떠나 있다. 유사 기독교인 것처럼 하지만 성경적이지 않다. 그래서 성경은 이단을 구별하는 정확한 기준이 된다.

아무리 기도를 많이 한다 해도 말씀의 기반 위에 세워지지 않으면 그 사람은 신비주의자이고 이단이 될 수 있다. 성경은 신앙의 척도이다. 말씀의 거울에 비춰 보면 신앙이 성숙한지 미성숙한지 알 수 있다. 말씀은 신앙생활의 균형을 잡아 준다. 세속적으로 빠지면 믿음의 길로 돌아오게 한다. 신비주의에 너무 빠지면 조금 절제하게 만들어 준다. 말씀은 나를 좌로나 우로나 치우치지 않게 한다.

말씀은 체험이다

말씀도 이론이 아니다. 말씀은 체험이다. 말씀을 체험해야 살아 계신 하나님을 만날 수 있다. 말씀을 공부하는 것으로만 생각한다면 잘못된 것이다. 말씀은 배운 것을 순종하고 실천할 때 비로소 능력이 있고 은혜가 있고 기쁨이 넘친다. 그러므로 성도는 말씀을 생활 속에서 체험해야 한다. 즉 말씀의 내용들을 순종해 보고 말씀이 보여 주는 능력을 체험해 보아야 한다. 때론 물질이 없어도 말씀으로 살아가는 고난의 경험을 해보아야 한다. 성도는 떡으로만 사는 존재가 아니라는 것을 보여주어야 한다. 다시 말해, 비록 떡이 없어도 말씀만 있으면 충분하다고 고백하는 생활의 체험이 있어야 신앙이 성장하는 것이다.

말씀을 적용하는 방법은 다양하다. 말씀을 생활 속에서 체험하기 위해서는 먼저 말씀을 잘 듣는 훈련을 해야 한다. 예배 시간에 설교 말씀을 자주 듣는 훈련을 잘해야 한다.

둘째, 성경을 매일 읽어야 한다. 하루에 3장, 주일에 5장을 읽으면 1년에 일독할 수 있다. 성경은 똑같은 본문을 읽어도 읽을 때마다 깨달음이 다른 것을 느끼게 될 것이다.

셋째, 성경을 공부해야 한다. 나 혼자 성경을 이해하기가 힘들 때가 많다. 그래서 교회에서 운영하는 성경공부 모임에 참석해서 성경을 구체적이고 체계적으로 공부할 필요가 있다. 성경을 단계적으로 공부해야 신앙이 바르게 성장할 수 있다.

넷째, 성경을 암송해야 한다. 성경을 가슴에 새기는 것이다. 어떤 상황에도 말씀이 툭툭 튀어나오도록 해야 한다. 기도할 때 말씀을 인용하면 응답이 빠르다. 어려운 일이 생길 때 말씀을 암송하면 극복하기가 쉽다.

다섯째, 성경을 묵상해야 한다. 성경을 되새김질하는 것이다. 성경을 읽고 또 읽으며 묵상해 보면 놀라운 깨달음과 감동이 밀려온다. 성경 묵상은 신앙을 깊이 있게 하고 성숙하게 한다.

마지막 여섯째는 그 말씀을 적용하며 실천하는 것이다. 아무리 성경을 읽고 암송한다 해도 순종하고 실천하지 않는다면 무슨 소용이 있겠는가? 말씀은 적용하고 순종할 때 능력을 발휘하는 것이다.

03
기도에 미쳐라

제자들이 조용히 묻자오되 우리는 어찌하여 능히 그 귀신을 쫓아내지 못하였나이까 이르시되 기도 외에 다른 것으로는 이런 종류가 나갈 수 없느니라 하시니라 막 9:28-29

 마음 문 열기(Ice-breaking)

　　중년 부부가 마술 쇼를 보게 되었다. 그때 마술사가 부인을 불러놓고 "이 부인을 사라지게 해보겠습니다" 했다. 그러자 잠시 후에 놀랍게도 정말 부인이 사라지는 것이었다. 관객들 모두 "와~" 감탄하며 소리쳤다. 마술사가 "이번에는 다시 나타나게 하겠습니다" 했다. 그러자 남편이 갑자기 큰 소리로 이렇게 외쳤다.
　"아니~, 됐어요! 그 정도로 충분해요!"

이 시간에는 "기도에 미쳐라"란 주제를 갖고 함께 나누고자 한다. 믿음의 능력은 기도하는 사람에게 나타난다. 예수님도 밤낮 주야로 기도하셨기에 가는 곳마다 능력을 발휘하실 수 있었다. 성도도 마찬가지이다. 하나님은 기도하는 자를 통해 기적과 능력을 일으키신다.

기도에 미친 예수

예수님은 항상 기도하는 분이셨다. 그분은 공생애를 시작하면서 먼저 40일 동안 금식기도 하셨다. 또한 평소에 습관을 좇아 기도하셨다. 아침에 일어나 산에 올라가서 기도하셨다. 밤에는 이슬을 맞으며 철야기도를 하셨다. 그는 성전을 가리키며 만민이 기도하는 집이라고 말씀하셨다. 하나님의 백성은 성전에 나오면 모두가 기도해야 한다는 말이다. 기도는 예수님의 일상이었으며 최고의 영성 훈련이었다. 예수님은 십자가에 잡히시기 전날 밤에도 겟세마네 동산에서 눈물이 피가 되도록 철야기도 하셨다. 그래서 결국 십자가에서도 승리하실 수 있었다. 더욱이 그는 모진 고통의 십자가상에서도 기도하며 구원을 이루셨다.

한번은 제자들이 간질병 아이를 고치지 못했다. 그때 예수님이 변화산에서 내려오시자마자 그를 고쳐 주셨다. 제자들이 "왜 우리는 못 고쳤습니까?" 물었을 때 "기도 외에는 이런 종류가 나갈 수 없느니라" 말씀하셨다. 기도는 믿는 자의 능력이 된다는 말이다. 예수님의 능력도 기도에서 나왔다는 것을 가르쳐 주신 것이다. 이처럼 예수님 공생애의 모든 활동은 기도에서부터 시작되었고, 기도로 기적과 능력을 일으키셨다. 예수님은 기도의 능력자이셨다. 그는 무시로 기도하셨고, 작정해서 기도하셨고, 금식하며 기도하셨으며, 규칙적으로 기도하셨다. 그러므로 예수 스타일은 기도하는 것이었다.

기도는 체험이다

기도는 이론이 아니다. 기도는 아는 것이 아니라 하는 것이다. 기도는 체험이다. 기도는 직접 체험해야 그것이 어떤 것인지 비로소 알게 된다. 예를 들어, 사람들이 기도하는 이론을 배운다고 해서 기도의 능력을 받는 것이 아니다. 기도는 훈련을 해야 한다. 마치 수영하는 법을 배운다고 해서 수영이 가능한 것이 아니라 물 속에 들어가 수영하는 훈련을 해야 수영을 잘할 수 있는 것과 같다. 운전도 이론으로만 배운다고 할 수 있는 것이 아니다. 도로로 차를 직접 몰고 가 운전 훈련을 자꾸 해봐야 베스트 드라이버가 되는 것이다.

마찬가지로 기도도 이론이나 방법이 아니라 체험과 훈련이 필요하다. 무수히 기도하면서 기도의 체험을 많이 한 사람이 기도의 능력자가 될 수 있다. 물론 이론이 필요없다는 것이 아니다. 이론을 배웠으면 이제 직접 뛰어들어가 훈련을 해야 좋은 선수가 될 수 있다는 것이다.

기도하는 사람은 기도의 맛을 안다. 기도가 얼마나 좋고 중요한지를 체험했기 때문이다. 기도하면서 실패도 해보고 성공도 해보면서 온갖 시행착오를 다 겪어나간다. 때로는 응답이 안 와서 실망할 때도 있다. 어떤 때는 몸부림치며 응답을 기다릴 때도 있다. 어떤 때는 생각지도 않은 응답의 빠름에 감탄할 때도 있다. 이렇게 기도의 체험을 해나가면서 기도 응답의 노하우를 축적해 나간다.

믿음의 사람은 기도하지 않으면 금방 표시가 난다. 영적인 불편함과 부족함을 느낀다. 또한 자신과 주변 환경들에서 기도하지 않은 데 따른 누수현상들이 나타난다. 기도하는 사람은 영적인 예민함이 있기 때문에 이것을 바로 느낀다. 그래서 다시 기도하지 않을 수 없는 결단을 하게 한다.

기도는 체험이며 능력이다. 기도는 보이지 않는 하나님의 강력한 힘의 원천이다.

기도는 영혼의 호흡이다

신앙인에게 기도는 영혼의 호흡이다. 사람이 호흡하지 않으면 죽는 것처럼 그리스도인이 기도하지 않으면 영혼이 죽게 되어 있다. 기도는 항상 하는 것이다. 쉼 없이 하는 것이다. 무시로 하는 것이다. 기도는 신앙 행위의 선택이 아니라 필수이다. 성도는 사무엘처럼 기도 쉬는 죄를 범치 말아야 한다. 성도는 기도하면 살고 기도 안 하면 죽는다. 기도하면 축복이요 기도 안 하면 저주이다. 기도하면 길이 열리고 기도하지 않으면 길이 막힌다. 기도하면 치유가 일어나고 기도하지 않으면 치유가 없다. 빌리 그레이엄 목사는 하루의 시작을 기도의 열쇠로 열고 마지막을 기도의 열쇠로 잠근다고 했다. 기도는 영혼의 호흡이다. 매순간 주님을 의지하는 것이다.

기도는 신앙의 마스터키와 같다. 기도의 열쇠를 가지고 다니는 그리스도인은 당당하고 담대하다. 자신감이 넘친다. 어떤 시련이 와도 너끈히 이겨 나갈 수 있다. 물질 문제가 있어도 기도하면 된다는 확신을 갖는다. 자녀들이 빗나가도 기도하면 돌아온다는 믿음을 갖는다. 질병으로 고통받아도 기도하면 치유와 승리를 보장받는다. 신앙생활 중에 시험을 만나도 기도하면 인내와 성숙을 배워 나간다. 그러므로 기도는 강력한 진을 파하는 영적인 무기이다. 놀라운 힘이 나온다. 기도는 성도의 영적 생명을 살린다.

기도하면 영육이 건강해진다. 기도하면 말씀의 은혜를 받는다. 기도하면 하나님과 소통하기 때문에 언제나 은혜가 충만하다. 기도하면 능력이 나타난다. 기도하면 질병이 치유된다. 기도하면 축복이 임하게 된다. 기도는 천국 가는 날까지 쉬지 않고 해야 하는 신앙의 마스터키이다.

기도는 축복의 열쇠이다

기도는 하나님이 성도들에게 복을 주시기 위해서 만드신 신앙 행위이다. 예수님께서도 "구하라 그러면 주실 것이요 찾으라 그러면 찾을 것이요 문을 두드리라 그러면 열릴 것이라" 말씀하셨다. 성도는 기도하면 축복을 받는다. 막혔던 것이 뚫리고, 절망이 희망으로 바뀌며, 갈등이 화평으로 바뀐다. 기도는 축복의 단비이다.

왜 성도들이 생활 속에 축복을 받지 못하는가? 기도하지 않기 때문이다. 기도하는 시간을 늘리지 않기 때문이다. 기도는 보이지 않는 축복의 손이다. 우리가 기도할 때 주님은 축복의 손으로 뒤에서 계속적으로 작업하고 계신다. 그러나 기도하지 않으면 "네 힘으로 한번 잘해 봐라" 하며 뒷짐 지고 계신다. 예수님은 축복의 손이다. 기도하면 예수님의 손이 안수해 주시며 축복해 주신다. 예수님은 기도하는 자의 든든한 후원자이신 것이다.

하나님은 우리의 기도에 5가지 방법으로 응답해 주신다.

첫째, '즉시 응답'(immediate answer)이 있다. 많은 믿음의 선진들이 즉시 응답을 받았다.

둘째, '늦은 응답'(late answer)이 있다. 아브라함은 25년 뒤에 이삭의 응답을 받았고, 이삭은 기도한 후 20년 뒤에 쌍둥이 응답을 받았다.

셋째, '다른 응답'(different answer)이 있다. 바울은 아시아에 복음을 전하고자 했지만 유럽으로 가라는 다른 응답을 받았다.

넷째, '안된다 응답'(no answer)도 있다. 바울이 몸의 가시를 없애 달라고 기도했지만 자고하지 않도록 하기 위해 안 된다는 응답을 주셨다.

다섯째, '보너스 응답'(bonus answer)이 있다. 솔로몬이 일천번제를 드린 후에 그가 구하지 아니한 부와 영화를 덤으로 받았다.

이렇게 기도 응답은 다양하게 나타난다. 중요한 것은 하나님이 기도하는 자에게 놀라운 축복을 주신다는 사실이다. 기도는 축복의 넓은 통로이다.

기도는 나를 죽이는 것이다

　기도는 축복의 열쇠이다. 맞는 말이다. 그러나 기도를 기복적인 측면에서만 접근하면 기복신앙이 된다. 어린아이 신앙이 되고 미성숙한 신앙이 된다. 그래서 기도의 양면성을 볼 줄 알아야 한다. 그것이 바로 기도는 영적인 성숙의 의미도 포함하고 있다는 것이다.

　사람의 욕심은 한도 끝도 없다. 이것을 가지면 또 다른 것을 가지고 싶은 것이 인간의 본능이다. 기도는 그 본능을 죽이는 도구이다. 내 욕심과 이기심을 죽이는 것이다. 기도하면 성령의 능력으로 내 본능을 죽일 수 있다. 이것은 성령의 역사를 통해 욕심과 정욕을 십자가에 못 박는 것이다. 따라서 이기심과 욕심과 교만과 혈기를 죽이는 데에는 기도보다 더 좋은 것이 없다. 기도하면 인간적인 욕망을 십자가에 못 박을 수 있다. 기도하면 나를 죽이고 예수를 살리는 전환점이 된다. 기도는 나를 성숙하게 만든다. 시험이 와도 참고 인내하게 한다. 세속적인 것을 끊고 주님께 가까이 나아가게 한다.

　또한 기도를 오래 하면 나의 죄악이 보인다. 나의 부족함이 보인다. 나의 연약함과 무능력이 보인다. 내 양심이 오염된 것이 보인다. 그동안 내가 세상에서 얼마나 방탕했는가를 알게 되고, 얼마나 나를 위해서만 살아왔는지를 깨닫게 된다. 그래서 나를 반성하고 회개의 자리로 돌아가게 한다.

　더욱이 기도를 더 깊이 하면 주님의 십자가가 보인다. 나의 죄를 사하기 위해 대신 달리신 예수 그리스도의 모습이 떠올려진다. 주님이 나를 위해 십자가에 죽으셨듯이 나도 죽어야 주님의 제자가 될 수 있다는 것을 깨닫게 된다. 회개하게 된다. 눈물을 흘리며 주님께 가까이 나아가게 된다. 통회하며 자복하고 겸손한 마음을 갖게 된다. 이렇게 기도는 성도를 겸손하게 한다.

기도는 내 육신의 본능을 죽이며 영혼을 살린다. 기도는 영적인 성숙의 지팡이다.

기도는 사탄을 물리치는 것이다

기도는 사탄을 물리치는 강력한 영적인 무기이다. 세상은 영적으로 어둡고 혼탁하다. 지금은 사탄이 이 세상의 공중 권세를 잡고 있다. 그래서 이 땅은 사탄의 세상이라 해도 과언이 아니다. 사탄은 성도들을 언제 어떻게 공격할지 모른다. 호시탐탐 노리며 악의 포탄을 장전하고 있다. 지금은 잘 믿는 자들조차 넘어뜨리려고 작업을 하고 있다. 이제는 긴장하고 정신을 차리지 않으면 넘어지게 되어 있다. 그래서 기도밖에 없다. 기도는 사탄의 공격을 막는 최고의 방패이다.

이 험난한 세상을 어떻게 믿음으로 승리할 수 있겠는가? 기도이다. 기도가 해답이다. 기도해야 사탄의 권세를 파쇄할 수 있다. 기도해야 귀신이 한 길로 왔다가 일곱 길로 도망가는 역사가 있다. 기도는 사탄을 물리치는 강력한 무기이다.

사탄은 기도하는 자를 제일 무서워한다. 성도가 기도하면 사탄이 공격을 못한다. 사탄은 기도할수록 움츠러들게 되어 있다. 왜냐하면 기도하는 자에게는 예수의 능력이 있기 때문이다. 그러나 성도가 기도하지 않으면 사탄이 언제 침투했는지 모를 정도로 재빨리 들어와 신앙을 갉아먹는다. 어떤 한 사람이 귀신 들렸다가 기도로 쫓아냈다. 그런데 그 사람이 기도하지 않으니까 일곱 귀신을 데리고 다시 들어왔다. 이전보다 더 피폐해졌다. 귀신은 기도하지 않는 자를 공략한다.

베드로를 보라. 베드로가 기도하지 않으니까 사탄이 틈타 예수님을 세 번이나 부인했다. 가룟 유다가 기도하지 않으니까 은 30에 예수님을 팔아먹어 버렸다. 모두가 기도하지 않았을 때 사탄이 침투한 예이다. 그러므로 성도는 항상 기도해야 사탄의 권세를 물리칠 수 있다.

기도 자세의 방정식

기도는 자세가 중요하다. 어떤 자세로 기도하느냐에 따라 응답의 역사가 달라진다. 무엇을 하든지 기본기가 잘되어 있어야 성공한다. 기본기가 잘못되면 아무리 잘하려고 해도 이미 기초가 비뚤어져 있기 때문에 좋은 성적을 거둘 수 없다. 기본기는 스포츠든 공부든 사업이든 직장생활이든 가장 중요한 성공의 과제이다. 기도도 마찬가지이다. 기도의 자세를 잘 갖추어야 하나님이 응답하시고 치유하시며 축복의 소나기를 내려주시는 것이다.

간절한 기도

첫째, 간절히 기도해야 한다. 기도는 사모함이 있어야 한다. 뜨거움이 있어야 한다. 적극적으로 기도해야 한다. 기도의 진정성은 간절함과 적극성이다. '주면 좋고 안 주면 말고' 식의 기도는 성경적인 기도 방법이 아니다. 예를 들어, 집에 불이 났을 때 조용히 나오는 사람이 몇 명이나 있겠는가? 대부분 흥분해서 "불이야!" 하고 소리치며 급하게 나올 것이다.

성경을 보라. 기도 응답을 받은 대부분의 사람들은 모두 적극적으로 간절히 기도했다. 소경 바디매오도 "다윗의 자손 예수여! 나를 불쌍히 여기소서!" 하고 적극적으로 기도했기 때문에 눈을 떴고, 주님의 제자가 될 수 있었다. 수로보니게 여인도 간절한 마음으로 적극적으로 기도했기 때문에 딸의 병이 낫고 예수님께 큰 칭찬을 들었다. 백부장의 믿음도 마찬가지이다. 적극적인 믿음을 가졌기에 하인의 병이 나을 수 있었다. 이렇게 기도는 적극적으로 해야 응답이 앞당겨지는 것이다.

구체적인 기도

둘째, 구체적으로 기도해야 한다. 하나님은 구체적인 분이시다. 세상을 창조하실 때도 구체적으로 하셨다. 구체적으로 "빛이 있으라!" 하시매 빛이 만들어졌다. 사람도 구체적으로 하나님의 형상에 따라 만드셨다. 이스라엘을 세우실 때도 아브라함을 통해서 구체적으로 지시하며 건설하셨다. 하나님의 구속사역도 예수님을 통해서 구체적으로 예정하고 완성하셨다. 하나님의 예정은 일점일획도 변함 없이 구체적으로 실현되었다. 이와 같이 하나님은 구체적인 분이며 구체적으로 일하시는 분이다.

성도들도 기도할 때 횡설수설하거나 추상적으로 기도를 하면 하나님이 응답하시지 않는다. 무엇을 기도하는지 구체적으로 해야 응답의 유무도 확실히 알 수 있다. 그렇지 않으면 기도 흉내만 내고 응답을 받았는지 안 받았는지 감지하지 못할 것이다.

규칙적인 기도

셋째, 규칙적으로 기도해야 한다. 기도할 때 감정의 기복에 따라 왔다 갔다 하면 응답이 더뎌진다. 또 기도제목이 수시로 바뀔 수도 있다. 나도 헷갈리지만 하나님도 어지러워하신다. 그러므로 눈이 오나 비가 오나 바람이 부나 폭풍이 치나 한결같이 기도해야 한다. 꾸준히 기도해야 확실히 응답을 받는다. 그렇지 않고 기도하고 싶다고 하고, 하기 싫다고 안 하면 응답도 못 받지만 경건한 영성 훈련에 도움이 되지 않는다.

감정적 기도는 어린아이 신앙이고 미성숙한 신앙이다. 규칙적인 기도는 장성한 신앙이고 성숙한 신앙이다. 예수님도 습관을 좇아 규칙적으로 산에 올라가 기도하셨다. 기도는 습관적이며 규칙적으로 해야 요동치 아니하는 장성한 분량의 믿음으로 성장할 수 있다. 베드로와 요한도 규칙적으로 성전에 올라가 기도하다가 미문의 앉은뱅이를 일으키며 전도의 폭발적인 역사가 나타났다. 규칙적으로 기도할 때 능력도 기적도 응답도 따라올 수 있는 것이다.

될 때까지 기도

넷째, 기도는 이루어질 때까지 해야 한다. 비록 기도 응답이 더디다 할지라도 포기하거나 멈추면 안 된다. 또 기도제목을 이거 했다 저거 했다 하면 안 된다. 한번 정하면 될 때까지 끝까지 기도해야 한다. 그것이 하나님의 뜻이다. 성경적인 기도 방법이다. 성경적인 기도 방법은 제목을 정하고 확실한 응답이 올 때까지 끝까지 기도하는 것이다. 그래야 살아 계신 하나님의 능력을 깊이 체험할 수 있다.

예수님도 말씀하시기를 "구하라 그러면 주실 것이요 찾으라 그러면 찾을 것이요 문을 두드리라 그러면 열릴 것이니" 하셨다. 이것은 주실 때까지 구하라는 것이다. 찾을 때까지 찾으라는 것이다. 문이 열릴 때까지 두드리라는 것이다. 단 한 번으로 끝내지 말라는 것이다. 기도는 포기하면 응답도 없고 능력도 기적도 일어나지 않는다. 될 때까지 끝까지 기도하고 믿음으로 나아가야 축복이 임한다. 기도는 응답이 올 때까지 하는 것이다. 기도 자국만 내고 포기하는 것은 믿음 있는 사람의 기도 자세가 아니다.

주님의 뜻대로 기도

다섯째, 주님의 뜻대로 기도해야 한다. 이것은 기도의 자세 중에 가장 중요한 덕목이다. 주님의 뜻에 맞는 기도는 100% 응답을 받는다. 거침없이 하나님의 능력이 나타난다. 폭발적인 부흥과 치료가 있다. 그러나 주님의 뜻대로 하지 않는 기도는 아무리 열심히 해도 막힌다. 난관을 만난다. 가시밭길이다. 첩첩산중이다. 지치고 탈진한다.

야고보 사도는 성도들이 기도 응답을 받지 못하는 이유가 첫째는 구하지 아니함이고, 둘째는 정욕으로 잘못 구함이라고 했다. 기도 방법보다 기도 내용이 더 중요하다는 것이다. 아무리 열심히 기도해도 내 욕심으로 기도하면 하나님과 불통하게 되고 응답도 없게 된다. 왜냐하면 하나님의 뜻이 아니기 때문이다. 라디오도 주파수를 잘 맞추어야 음악이 나오는 것처럼 기도도 하나님의 뜻에 정확히 맞추어야 놀라운 능력을 발휘할 수 있다. 예수님도 십자가를 지기 전에 아버지의 뜻을 구하셨고,

그 뜻대로 십자가에서 승리하셨으며 부활의 영광을 맛보셨다.

　기도는 하나님의 나라와 그의 의를 따라 하면 그 외에도 더해 주시는 보너스(bonus)의 축복을 누릴 수 있는 것이다.

Chapter 6. 비전(Vision)

"하나님이 말씀하시기를 말세에 내가 내 영을 모든 육체에 부어 주리니 너희의 자녀들은 예언할 것이요 너희의 젊은이들은 환상을 보고 너희의 늙은이들은 꿈을 꾸리라"(행 2:17).

전진

고지가 바로 저기인데
여기서 멈출 수는 없다.
조급해하지도 말고
모나지도 않게 달려가야 한다.

조직이 마음에 들지 않는다 해도
가쁜 숨이 턱까지 차오르다 해도
극심한 갈등과 무력감이 밀려와도
참고 견디며 계속 달려가야 한다.

때로는 부지런한 개미처럼
묵묵히 밀고 나가야 하고
때로는 민첩한 독수리처럼
날렵하게 앞으로 나아가야 한다.

사명에 미쳐라

내가 달려갈 길과 주 예수께 받은 사명 곧 하나님의 은혜의 복음을 증언하는 일을 마치려 함에는 나의 생명조차 조금도 귀한 것으로 여기지 아니하노라 행 20:24

 마음 문 열기

주일 아침에 엄마가 보니 아들이 자고 있었다. 엄마가 아들을 깨우며 "빨리 일어나, 지각하겠어!" 했다. 아들이 "교회 가기 싫어요!" 하자 엄마가 이유를 물었다. 아들은 "아침 일찍 일어나는 것이 너무 싫어요. 성가대원들이 음이 자주 틀리기도 해서 싫어요. 교회 장로님 기도가 너무 길어 싫어요"라고 불평했다. 그러자 엄마는 "그래도 너는 가야 해!" 했다. 아들이 "왜요?" 물으니까 엄마 왈, "너는 그 교회 담임목사니까" 했다.

이 시간 주제는 "사명에 미쳐라"이다. 예수님은 사명에 미치셨던 분이다. 그분은 평생을 사명으로 일하셨고 사명으로 공생애를 완성하셨다. 마찬가지로 성도들도 어디로 가든지 무엇을 하든지 사명으로 살고 사명으로 죽는 사람들이 되어야 한다.

사명에 미친 예수

예수님의 인생 비전은 사명대로 사는 것이었다. 실제로 그는 평생을 사명으로 사셨다. 사명을 위해 이 땅에 오셨고 사명으로 공생애 사역을 하셨고 사명으로 죽으셨다. 그분은 항상 말씀하시기를 "내가 온 것은 아버지의 뜻을 행하기 위함이다"라고 하셨다. 새도 집이 있고 여우도 굴이 있지만 인자는 머리 둘 곳이 없다고 하셨다. 그는 먹고 사는 문제보다 언제나 하늘의 사명을 먼저 생각하셨다. 그는 사명을 향해 달려가셨고 사명을 위해 인생을 마무리하셨다. 십자가에서 하신 마지막 말씀도 "다 이루었다"는 사명 완수의 말씀이었다. 부활하여 승천하실 때까지도 하나님 나라의 사명을 위해 사셨다. 그는 일평생을 사명자로 사셨던 분이다.

예수님은 제자들을 가르치실 때도 사명을 심어 주셨다. 무엇을 먹을까 무엇을 마실까 염려하지 말고 그의 나라와 그의 의를 구하는 사명자가 되어야 한다고 말씀하셨다. 사명을 다하는 자는 이 모든 것을 더하여 주시는 축복도 받게 된다는 것을 가르쳐 주셨다. 또 성령이 임하시면 권능을 받고 예루살렘과 온 유대와 사마리아와 땅 끝까지 이르러 복음의 증인이 되라는 사명도 주셨다. 그때에 세상 끝 날까지 항상 함께 하실 것을 약속해 주셨다. 이처럼 예수님은 전 생애를 걸쳐 사명을 위해 사셨고, 다음 세대를 위해 사명자를 키우셨다.

사명자를 사용하신다!

하나님은 돈 많은 자를 쓰시지 않는다. 똑똑한 사람을 쓰시지도 않는다. 능력 있는 자를 쓰시지도 않는다. 하나님은 사명 있는 자를 쓰신다. 즉 그 사람의 사명이 얼마나 뜨겁고 확고한가를 보고 크게 사용하신다. 하나님은 외모를 보시는 분이 아니고 중심을 보시는 분이기 때문이다.

사명이 있는 자는 중심으로 하나님을 바라본다. 곁눈질하지 않는다. 주님의 뜻대로만 순종하고 그 사명을 끝까지 감당한다. 그래서 사명은 성도의 가장 중요한 신앙생활의 척도이다. 세상 사람들은 돈을 보고 좇아가지만 성도는 사명을 보고 좇아간다. 사명은 그리스도인의 비전이며 꿈이며 등대이다.

사명자는 망하지 않는다!

사명이 있는 자는 죽지도 않는다. 사명을 다하기까지 죽음도 들어올 틈이 없기 때문이다. 사명이 있는 자는 실패를 해도 실패가 아니다. 거룩한 실패이다. 성공을 해도 더러운 성공이 아니다. 영광스러운 성공이다. 사명이 있는 개인, 가정, 직장, 사업장, 교회, 나라와 민족은 결코 망하지 않는다. 하나님이 책임져 주신다. 시련이 있어도 시작은 미약하나 나중은 창대하게 될 것이다.

그러나 사명이 없는 자는 망한다. 즉 삶의 목표가 없고 자기 마음대로 사는 사람은 망한다. 돈과 명예와 권세를 좇아가는 사람은 망한다. 사명을 팽개치고 정욕적으로 사는 사람은 처음엔 잘될지 모르나 결국은 망하게 되어 있다. 더욱이 사명을 알면서도 그것을 무시하고 탈선하는 사람은 망할 수밖에 없다. 사람은 각자 자기의 길이 있는데 그 길을 걸어갈 때 희망이 있고 축복이 있고 삶의 의욕이 있다. 그 길을 무시하면 망하게 되어 있다.

사명자, 바울

사도 바울을 보라. 그는 사명을 바라보며 주님만 온전히 좇아감으로 하나님께 크게 쓰임을 받았다. 그는 예수 믿기 전에 철저한 바리새파였다. 로마 시민권을 가진 부잣집 아들이었다. 가말리엘 문하의 최고 학부를 공부한 수재였다. 이렇게 바울은 전도유망한 청년으로서 처음엔 돈과 명예와 권세를 좇아갔다.

그러나 다메섹 도상에서 예수 그리스도를 인격적으로 만난 후에는 그의 인생이 180도 달라졌다. 삶의 목표와 방향이 완전히 바뀌었다. 이제는 세상적인 사람이 아니라 주님이 주신 사명으로만 살아가는 복음 전도자가 되었다. 이전 것은 다 지워 버리고 사명만을 바라보며 달려갔다. 목숨을 조금도 아까워하지 않고 묵묵히 외길을 걸어갔다. 그로부터 30년 뒤에 그는 기독교 역사에서 가장 영향력을 미친 위대한 사도가 될 수 있었다. 신약성경 27권 중에 13권을 쓰는 위대한 성경 저자가 되었다. 하나님께 크게 쓰임을 받은 것이다. 나와 여러분도 마찬가지이다. 사명을 따라 살아가면 하나님이 반드시 길을 열어 주시고 합당한 은혜를 넘치도록 부어 주실 것이다.

사명자에게 축복을 주신다

하나님은 사명자에게 큰 축복을 주신다. 일단 사명을 발견하면 하나님은 그 사람에게 사명을 감당하도록 지혜도 주시고 능력도 주시고 물질도 주시고 은혜도 부어 주신다. 그러나 사명을 알고도 회피할 때는 징계가 있다. 환경이 막힌다. 뻗어나가지 못한다. 무엇을 해도 잘되지 않는다. 반대로 사명을 따라 살아가면 고난이 있어도 믿음의 성장이 있다. 일보 후퇴해도 이보 전진한다. 장애가 있어도 뻗어나간다. 결국 합력하여 선을 이루시는 하나님의 놀라운 축복이 기다리고 있다. 하나님은 사명자를 사랑하시고 사명자를 책임져 주시기 때문이다.

사명을 감당하면 막혔던 것도 뚫린다. 질병도 신기하게 치유된다. 하늘 문이 열리고 신비롭고 놀라운 기적이 일어난다. 영권도 물권도 인권도 언권도 환경도 자녀문제도 자연스럽게 해결된다. 왜냐하면 하나님은 외모보다 사명을 보고 역사하시기 때문이다.

사명자, 옥수영

나는 신학을 하면서부터 신기하게도 나의 인생의 문제들이 술술 풀렸다. 건강도 결혼도 유학도 교회 개척도 하나님이 예비하셔서 최선의 길로 선하게 인도해 주셨다. 지금까지 인생을 돌아보면 사명을 좇아갈 때는 큰 문제가 없었다. 합력해서 선을 이루었다.

청년 때에 주의 종이 되지 않으려고 발버둥칠 때는 모든 것이 막혔다. 건강도 잃고 결혼도 막히고 인생도 큰 벽에 부딪혀 갈팡질팡했다. 신학을 하기 전에 나는 황달, 간염, 폐병을 앓았다. 학교 문제도, 인생의 진로도 열리지 않았다. 그러나 주님의 사명을 깨닫고 돌아왔을 때는 폐병도 고쳐 주셨다. 신학의 길도 열어 주셨고 결혼 문제도 하나님의 은혜로 열어 주셨다. 유학도 그 과정마다 은혜롭게 마치게 해주셨고, 교회 개척도 최선의 길로 열어 주셨다. 뒤를 돌아보면 모든 것이 참으로 하나님의 은혜요, 사명의 길을 걸어온 결과라 확신한다.

사명을 발견하는 방법

사명은 누구에게나 있다. 사명 없이 태어나는 사람은 없다. 바다의 조약돌도 다 사명이 있다. 사명은 이 땅의 모든 피조물에게 주신 하나님의 목적이다. 사람은 하나님의 목적을 따라 살면 축복을 받는다. 인생에서 가장 중요한 문제는 사명을 발견하는 것이다. 내가 무슨 사명을 가지고 있는지를 알면 그 사람은 분명 하나님의 쓰임을 받는다.

사명을 발견한 자와 그렇지 못한 자는 천지 차이이다. 사명을 발견한 자는 열정이 있다. 보람이 있다. 인생의 가치를 느낀다. 그러나 사명을 발견하지 못한 자는 방황한다. 열정이 사라진다. 실패와 좌절을 맛본다. 그러므로 성도가 사명을 발견하는 것은 매우 중요한 문제이다.

주님의 부르심

첫째, 사명은 '주님의 부르심'을 통해 발견할 수 있다. 즉 주님이 나를 어디서 어떻게 무엇으로 부르시느냐에 따라 사명의 방향이 달라질 수 있다.

사도 바울은 다메섹 도상에서 주님의 현현을 통해 이방인의 사도로 부르심을 받았다. 베드로도 갈릴리 바닷가에서 부활하신 예수님으로부터 젊을 때는 마음대로 복음을 전하는 순례 부흥사가 되겠지만, 늙어서는 두 팔을 벌리고 순교하게 될 것이라는 순교의 사명을 받았다. 모세도 광야 40년 동안 양치기로 초야에 묻혀 살았지만 때가 되매 호렙 산 떨기나무 아래에서 이스라엘을 가나안으로 인도할 지도자로 부르심을 받았다. 다윗도 양치기 소년일 때에 고향 베들레헴에서 하나님의 나라를 세우는 왕으로 부르심을 받았다. 예수님의 열두 제자들도 사람 낚는 어부가 되는 주님의 부르심으로 훌륭한 전도자가 될 수 있었다. 이렇게 사명은 주님의 부르심을 통해 구체적으로 발견할 수 있다.

우리도 마찬가지이다. 나를 집사로 부르시면 그것이 사명이다. 장로로 부르시면 그것이 사명이다. 성가대로 부르시면 그것이 사명이다. 교사로 부르시면 그것이 사명이다. 전도자로 부르시면 그것이 사명인 것이다.

때로는 직장생활을 하고 있는데 갑자기 목회자로 부르시는 경우도 있다. 그러면 그것이 당신의 사명인 것이다. 또 어떤 사람은 사업을 하면서 전도하는 것이 매우 즐거웠다. 그러면 그 사람은 비즈니스 전도자가 사명인 것이다. 또 어떤 사람은 직장을 다니면서 찬양하는 것이 매우 즐겁다. 그러면 그 사람은 직장 찬양사역자가 사명이다. 또 어떤 사람은 목사가 되었지만 체질에 안 맞아 그만두고 기독교 사업가로 변신하여 성공했다. 그러면 그 사람은 그것을 통해 복음을 전하라는 사명을 받은 것이다. 이렇게 사명은 주님의 부르심에 순종하는 것이다.

성령의 은사

둘째, 사명은 '성령의 은사'를 통해 발견할 수 있다. 성령의 은사는 주의 일을 감당하도록 주시는 성령의 선물이다. 그러므로 성령이 나에게 어떤 은사를 주셨는가를 살펴보면 내 사명이 무엇인지 알게 된다. 방언과 통변의 은사를 주셨으면 기도의 사명이 있는 것이다. 가르치는 은사를 주셨으면 교사의 사명이 있다. 찬양의 은사를 주셨으면 성가대와 찬양의 사명이 있다. 전도하는 은사를 주셨으면 전도의 사명이 있다. 설교 잘하는 은사를 주셨으면 목회자의 사명이 있다. 긍휼의 은사를 주셨으면 구제가 사명이다. 이처럼 성령이 어떤 은사를 주셨는가를 생각해 보면 내 사명이 무엇인지 구체적으로 알 수 있다.

성경에는 최소한 27가지의 성령의 은사가 있다. 고린도전서 12장, 로마서 12장, 에베소서 4장을 보면 성령의 다양한 은사에 대해서 설명하고 있다. 물론 이것 외에도 성령의 은사는 훨씬 더 많은 것을 포함하고 있다. 그러나 중요한 것은 이런 다양한 은사들을 보면서 내 은사가 무엇인지를 발견하고, 그 은사를 통해서 내가 어떤 사명을 감당해야 하는지를 깨닫는 것이다. 따라서 우리는 하나님이 성령의 은사를 주신 목적이 무엇인지를 먼저 알아야 한다. 그리고 그것을 가지고 주님의 사명을 어떻게 감당할지를 생각해야 한다.

가르치는 은사를 받은 사람은 교사의 사명을, 긍휼의 은사를 받은 사람은 구제의 사명을, 위로하는 은사를 받은 사람은 상담의 사명을, 섬기는 은사를 받은 사람은 봉사의 사명을, 다스리는 은사를 받은 사람은 리더십의 사명을, 찬양의 은사를 받은 사람은 찬양의 사명을, 사랑의 은사를 받은 사람은 사랑의 사명을, 심지어 독신의 은사를 받은 사람은 독신으로 봉사하는 사명을, 모두 다 각자 받은 은사에 따라 그 사명을 감당하면 하나님의 축복이 기다리고 있는 것이다.

거룩한 부담감

셋째, 사명은 '거룩한 부담감'을 통해서도 발견될 수 있다. 일단 부담감은 싫을 수 있다. 자원하는 것이 아니라 억지로 해야 하기 때문이다. 그러나 마음의 부담감을 사명으로 승화시키면 놀라운 하나님의 은혜가 함께한다. 때로는 전혀 생각지도 못한 일에 대해 "그것은 바로 네가 해야 한다!"라는 하나님의 음성을 들을 수 있다. 그때 성도는 이런 부담감을 마음의 시험으로 받는 것이 아니라 사명감으로 승화시킬 수 있는 신앙을 가져야 한다. 그러면 생각지 못한 또 다른 하나님의 은혜를 체험하게 될 것이다.

인생은 내가 하고 싶은 일만 하는 것이 아니다. 때로는 하고 싶지 않아도 내가 해야 할 일이라면 즐겁게 하는 사람이 성공하고 축복을 받는다. 사명은 내가 잘하고 있고, 또 내가 하고 싶은 일만 하는 것이 아니다. 때로는 거룩한 부담감이 밀려와 내가 하지 않으면 안 될 일이라는 것을 깨닫고 순종하며 충성하는 것도 사명이 되는 것이다. 이런 거룩한 부담감이 있을 때는 순종하는 것이 좋다. 그러면 하나님이 길을 열어 주시고 감당할 수 있는 지혜와 능력과 환경을 제공해 주실 것이다.

느헤미야를 보라. 그는 조국의 성전 예루살렘이 불탔다는 소식을 듣고 심한 부담감을 느꼈다. 그는 당시 최고의 나라 페르시아에서 술 맡은 관원장으로 높은 지위와 안녕을 꾀하고 있었다. 또 멀리 타국에서 살고 있었기 때문에 구태여 부담감을 느낄 필요가 없었다. 그러나 그는 하나님이 주시는 부담감을 떨칠 수 없었다. 조국을 위해 눈물을 흘리며 기도하고 금식하면 할수록 더 큰 부담감이 엄습해 왔다. 그는 그것이 자신의 사명이라는 것을 깨달았다. 그래서 페르시아의 높은 지위를 포기하고 예루살렘으로 가기 위해 최소한 6개월을 기도하며 준비했다. 그리고 페르시아 아닥사스다 왕의 허락을 받아 마침내 예루살렘 총독으로 부임하여 모진 박해와 비난에도 불구하고 52일 만에 성벽을 재건하는 위대한 업적을 남겼다.

베다니 마리아도 거룩한 부담감으로 사명을 잘 감당한 여인이다. 그는 예수님의 설교 듣는 것을 즐겨했다. 늘 앞자리에 앉아 설교를 듣는 예수님의 왕 팬이었다. 그러나 예수님이 십자가에 죽으신다는 비참한 설교를 듣고는 심한 부담감을 느꼈다. 예수님을 그대로 보내면 안 된다는 안타까운 마음이 들었다. 일종의 강한 사명감이었다. 그래서 그는 평생 모아두었던 값비싼 향유를 깨뜨려 며칠 있으면 죽게 될 예수님의 십자가상의 시신의 영광스러움을 기념했다. 가룟 유다는 이것을 비난했지만 예수님은 복음이 전해지는 곳마다 그녀의 행동을 기억하고 기념할 것이라고 칭찬하셨다. 마리아의 거룩한 사명감을 보셨기 때문이다.

우리도 마찬가지다. 교회봉사를 할 때 화장실 청소든, 전도든, 식당봉사든, 교회 커튼을 빠는 것이든, 본당에 떨어진 휴지를 줍는 것이든 무엇이든, 유독 내게만 보이는 것이 있다면 그것은 거룩한 부담감이다. 바로 내가 해야 하는 사명인 것이다. 그것을 하면 하나님의 놀라운 축복이 있다. 또 설교 말씀을 들을 때 꼭 내가 해야 할 마음의 도전이 생긴다면 부담감이 있더라도 순종해야 한다. 그것이 나에게 주신 하나님의 사명이기 때문이다. 그것이 헌금이든, 전도든, 봉사든 감당해야 한다. 그냥 넘어가면 평생 후회할 것이다.

거룩한 부담감은 바로 내가 해야 하는 사명이기 때문에 감당하면 훗날 더 큰 축복이 있다. 하나님은 사명을 감당하는 자에게 은혜를 주시기 때문이다.

필요 중심적 개발

넷째, 사명은 '필요 중심적 개발'을 통해서도 발견될 수 있다. 재능은 선천적인 것이 있고 후천적인 것이 있다. 선천적인 것은 유전인자를 잘 받아 내가 잘하는 것이고, 후천적인 것은 내가 잘하지는 못하지만 좋아하게 된 것이고, 또 내가 꼭 해야 할 필요성을 느낄 때 끊임없이 노력하여 개발한 것이다. 어느 쪽이 더 사명감이 넘치느냐 묻는다면 후자라고 말할 수 있다. 왜냐하면 선천적인 재능은 자기 재능을 믿고 노력을 안 하기 때문이고, 후천적인 재능은 자기 부족함을 알기 때문에 열심히 노력하기 때문이다. 그러나 만약 선천적인 재능을 가진 사람이 열심히 노력한다면 당해낼 재간이 없을 것이다. 하나님이 크게 사용하실 것이다. 사도 바울이 바로 그런 사람이었다.

발명왕 에디슨은 99%의 노력과 1%의 영감이 사람의 성공을 가져다 준다고 말했다. 이것은 선천적이든 후천적이든 끊임없이 노력하고 필요 중심적 자기 개발을 해나가는 사람만이 성취감을 맛볼 수 있다는 것이다. 사명감도 마찬가지다. 비록 내가 부족하지만, 실력도 없고 능력도 없고 환경도 안 좋지만, 내가 꼭 해야 하고 나를 꼭 필요로 하기에 어떤 손해를 감수하고라도 나를 쳐 복종시키며 열정적으로 그 일을 해나가려는 추진력을 가진다면 그것이 당신의 사명이 된다. 사명이 있는 사람은 내가 반드시 해야 할 일이라면 끊임없는 자기 개발을 통해서 그것을 감당하게 되는 것이다.

사명감적인 관점에서 보면 선천적인 재능보다 후천적인 재능이 훨씬 더 놀라운 능력을 발휘할 때가 많다. 더 노력하기 때문이다. 머리 좋은 사람보다 열심히 공부하는 사람이 훨씬 더 잘하는 경우가 바로 필요 중심적 자기 개발이 얼마나 중요한지를 보여 주는 좋은 예이다.

또한 사람은 누구나 한 가지씩 좋아하는 것이 있다. 노래를 못하지만 노래를 좋아하는 사람이 있다. 가르치는 것을 못하지만 가르치는 것을 좋아하는 사람이 있다. 말을 못하지만 앞에 나서다 보니 말하는 것을 좋아하게 되는 사람도 있다. 그런데 좋아하는 것을 하다 보면 그것이 발전이 되어 잘하는 것이 되기도 한다. 이것도 양쪽 측면에서 설명할 수 있다. 선천적으로 잘하지만 자기 개발을 더 잘해 나가는 사람은 하나님께서 정말 크게 사용하실 것이다. 또 후천적이지만 내가 좋아하는 것을 하다 보면 점점 더 자기 개발을 하게 되고 그것이 나의 사명이 되는 경우도 있다. 더욱이 재능은 없지만 꼭 필요한 일을 하기 위해 즐겁게 자기 개발을 하다 보니 어느새 베테랑이 된 사람도 있다. 이것도 사명이라 할 수 있다.

중요한 것은 사명자에게는 자기 개발의 동기유발이 있다는 것이다. 실패해도 다시 일어나고, 비난받아도 다시 시작하는 동기유발이 있다면 그것은 분명 당신의 사명이 되는 것이다. 그러나 조금 힘들다고 포기하고 멈추고 계속하지 못한다면 그것은 아무리 잘하는 것이라 해도 당신의 사명이 될 수 없다. 사명은 끊임없이 자기를 개발시키고자 하는 동기유발이 있기 때문이다.

유익한 일

다섯째, 사명은 '유익한 일'을 할 때 발견된다. 사명은 내가 하는 일이 유익을 끼치고 있다는 것을 깨달을 때 그것이 바로 내 사명이라는 것을 발견하게 된다. 사명은 항상 덕을 끼치게 되어 있다. 다른 사람을 살리고 세우고 변화시키는 동력이 된다. 그러나 어떤 사람은 일은 잘하지만 항상 문제를 일으키고 갈등을 유발한다. 자기만 잘하면 된다고 생각한다. 그것은 사명이 아니다. 아무리 잘하는 일이라고 해도 유익을 끼치지 못하면 사명이 아니다. 사명의 목표는 성공이나 일의 성취가 아니다. 나의 이기적인 만족이 아니다. 나를 드러내기 위한 것이 아니다. 사명의 목표는 내가 하는 일을 통해 많은 사람에게 유익을 끼치고 덕을 세우는 것이다. 교회에 덕을 끼치고, 성도들에게 덕을 끼치고, 가정에 덕을 끼치며, 삶의 주변에 덕을 끼치는 것이다.

사명은 결과를 통해서도 잘 알 수 있다. 내가 하는 일이 유익한 일이라면 그것은 사명이다. 그러나 내가 하는 일이 해악을 끼치는 일이라면 그것은 결코 사명이 아니다. 사심이고 이기심이고 욕심이고 교만이다. 교회의 사명은 그리스도인을 유익한 자가 되도록 변화시키는 것이다. 성도의 사명은 나를 통해 남에게 유익을 끼치도록 힘쓰는 것이다. 그런 삶을 살 때 사명을 다하는 것이다. 그러므로 내가 하는 일이 사명인지 이기심인지 알 수 있는 바로미터는 덕을 끼치고 있는가, 유익을 주고 있는가 하는 점이다. 사명은 그 결과를 보면 확연히 드러나기 때문이다.

사명에 10년만 미쳐 보라

성도는 사명을 발견했으면 사명에 미쳐야 한다. 자기 자신의 사명을 아는 것으로 끝나는 사람은 하나님의 쓰임을 받을 수 없다. 사명을 완수해야 진정한 사명자로 축복을 받는 것이다.

대부분의 사람들은 인생을 살다 보면 누구나 자연스럽게 사명을 알게 된다. 그러나 많은 사람들이 사명을 알지만 실천하지는 않는다. 열정적으로 올인(all-in)하지 않는다. 왜 그런가? 너무 힘들기 때문에, 한계를 느끼기 때문에, 먹고 사는 문제에 부딪히기 때문에, 나만 그렇게 힘들게 살 필요가 없다고 생각하기 때문에 그렇다. 그러나 그런 사람들에게는 거룩한 미래가 없다. 항상 배고픈 돼지로만 살 것이다. 이기적이고 현실적인 사람이 될 것이다.

사명자로 살아라. 사명에 미쳐라. 10년만 열정적으로 미쳐 보라. 그러면 하나님의 큰 은혜가 있을 것이다.

영향력이 따라온다!

사명은 열정을 가지고 미쳐야 감당할 수 있다. 하나님도 이런 자를 크게 사용하신다. 사명에 10년만 미치면 분명히 영향력 있는 사람이 될 것이다. 성공도 축복도 뒤따라 올 것이다. 직업도 마찬가지이다. 예를 들어 10년을 한 분야에 미치면 세상에서도 전문가가 된다고 하지 않는가?

한국의 문화대통령이라 했던 서태지 씨도 한 곡을 만들기 위해서 6개월을 집에서 나오지 않았다고 한다. 처음 1년은 집에 처박혀 기타만 쳤다고 한다. 음악에 미쳤던 것이다. 그는 10년이 못 되어 최고 영향력 있는 가수가 되었다. 음악 기획사 JYP의 박진영 씨도 실력을 갖추었다 해도 열정이 없는 사람은 성공할 수 없다고 단언했다. 자기 분야에 열정적으로 미쳐야 뭔가 영향력 있는 업적을 내놓을 수 있다는 것이다.

성경의 사람들을 보라!

사도 바울을 보라. 그는 사명에 미친 사람이었다. 사명에 목숨을 걸고 앞만 보며 달려갔다. 다메섹 도상에서 회심을 체험한 후 30년을 열정적으로 복음에 미쳐서 돌아다녔다. 천막 수선공으로 일하며 복음 전도를 위해 3차에 걸친 세계 전도여행에 온 진액을 다 쏟았다. 그는 살아도 주를 위해 살고 죽어도 주를 위해 죽는 각오를 했다. 그러자 하나님께서 그에게 놀라운 능력과 기적을 베풀어 주셨다. 그가 가는 곳마다 복음의 큰 역사가 나타났다. 그를 통해 세계가 복음으로 초토화되었다. 바울 한 사람을 통해 세상이 변화된 것이다. 하나님께서는 그를 사도 중에 사도, 위대한 사도로 만들어 주셨다. 열정적으로 사명에 미친 결과였다.

거지 소경 바디매오를 보라. 그도 사명에 미친 사람이었다. 예수를 만나면 자신이 변화될 것을 확신했다. 여리고에서 많은 사람의 방해에도 불구하고 열정적으로 주님께 나아가 결국 치료를 받았다. 그 후 즉시 예수님을 좇아 평생을 사명에 목숨 걸었다. 예수 위해 살고 예수 위해 죽었다. 그도 마침내 예수님 제자 70문도 안에 들어 크게 쓰임을 받았다.

수로보니게 여인을 보라. 이방 여인임에도 불구하고 예수님을 만나면 딸이 치료받을 것을 확신했다. 그녀도 딸을 고쳐야 한다는 사명감에 미쳐서 자존심과 체면도 다 버리고 오직 주님만 바라보는 열정을 가졌다. 때문에 딸이 고침을 받았고 주님의 극찬을 받았던 것이다.

그렇다. 사명이 있는 사람은 내가 왜 그 일을 해야 하는지 분명히 알고 있기 때문에 열정을 쏟지 않을 수 없다. 결국 축복을 받는 것이다. 여러분도 10년만이라도 온전히 사명에 목숨을 걸어 보라. 오직 한 우물을 파며 내게 주어진 사명에 미치듯이 올인해 보라. 반드시 파격적인 역사와 변화가 나타날 것이다. 그 이후에는 사명의 덤으로 자연스럽게 발전이 되어 더 큰 축복으로 이어지게 될 것이다. 그러므로 분명한 사명이 있는 사람은 열정을 쏟지 않을 수 없다. 그 열정을 포기하지 않고 10년만 지속할 수 있다면 당신은 분명히 영적으로 환경적으로 하나님의 큰 은혜와 능력을 체험하는 사람이 될 것이다.

교회에 10년만 미쳐 보라

교회는 예수님의 핏값으로 세워진 성전이다. 이 세상에서 가장 영광스러운 곳이다. 더욱이 교회는 성도들이 은혜를 받는 통로이며 축복을 받는 신앙의 터전이다. 성도들은 교회에서 흘러나오는 축복을 받아 누리는 사람들이다. 성도는 교회를 떠나면 죽는다. 구원도 믿음도 축복도 능력도 교회를 통해서 이루어지는 것이다. 교회는 성도들에게 영적인 가정이다. 쉴 수 있는 안식처이고 기쁨의 장소이며 축복의 창고이다.

그러므로 성도는 교회에서 맡은 일에 충성할 때 하나님의 복을 받을 수 있는 것이다.

선데이 크리스천

교회에는 3종류의 성도가 있다. 첫째, 주일만 지키는 성도가 있다. 일명 선데이 크리스천이다. 이들은 주일예배만 참석하는 사람들이다. 일주일에 한 번 예배를 통해 은혜를 받고 한 주간을 살아가는 사람들이다. 사실 일주일에 한 번 예배를 드리고 험난한 세상을 살아가기에는 벅차다. 영적으로 넘어지고 쓰러지기 쉽다. 그래서 일주일에 한 번 예배를 드리더라도 정말 흡족히 은혜를 받아야 한다. 흡족히 찬양의 은혜를 받아야 하고, 흡족히 말씀의 은혜를 받아야 하고, 흡족히 기도의 은혜를 받아야 한다. 그래야 한 주간을 그나마 승리할 수 있는 원동력이 된다.

그러나 주일예배에 말씀을 들을 때마다 꾸벅꾸벅 졸기만 한다면 그 사람은 영적으로 무기력해지고 종교적이고 형식적인 신앙인이 될 것이다. 그렇다고 해서 주일을 빠지면 안 된다. 졸아도 교회 와서 졸면 60점은 된다고 했다. 안 나오는 것보다는 낫다. 꾸준히 나오다 보면 언젠가는 은혜 받을 때가 있는 것이다. 선데이 크리스천은 이왕 주일에 나온다고 하면 주일만이라도 정말로 흡족히 은혜를 받을 수 있는 영적 준비를 해야 할 것이다.

결론적으로 말하면 선데이 크리스천은 일주일에 한 번 예배드리기 때문에 여러 가지로 영적인 부족함을 느낄 수밖에 없다. 신앙도 아직은 어리기 때문에 영적인 축복에 대해 민감하게 느낄 수 있는 차원은 아니다. 좀더 신앙이 자라야 하는 이들이다. 이런 사람들은 주일예배에 좀 더 은혜를 받아야 하고, 성령의 체험이 필요한 사람들이다. 하지만 나중에 은혜를 받게 되면 자연히 봉사의 자리에도 들어올 수 있는 사람들이다. 따라서 이런 사람들은 은혜의 시간이 필요한 사람들이다.

편식적인 크리스천

둘째는 자기가 좋아하는 봉사만 열심히 하는 편식적인 성도가 있다. 이것은 선데이 크리스천의 단계를 뛰어넘은 것이다. 그들이 주일에 은혜를 충만히 받다 보니 나도 이제 좀 봉사해야겠다는 생각을 한다. 그래서 일단 자기가 좋아하는 사역에 봉사한다. 교회학교 교사, 성가대, 안내위원, 주방 봉사, 화장실 청소, 차량 봉사 등 원하는 교회 기관에서 봉사한다. 이들은 그래도 믿음이 좋은 사람들이다. 교회에 대해 봉사하는 마음이 열려 있고 시간을 투자하며 희생할 줄 아는 사람들이다. 자기가 좋아하는 봉사에 관해서는 최선을 다하며 충성하려고 하는 사람들이다. 또한 10년 이상 좋아하는 사역을 하다 보면 그 속에서 별일을 다 겪기 때문에 그 사역에 관해서는 전문적인 봉사자가 될 수 있다. 교회도 이런 사람들이 많을 때 부흥의 초석이 될 수 있다. 따라서 이런 사람들이 좀 더 은혜를 받아서 다음 단계로 올라갈 수 있어야 한다.

하지만 편식적인 봉사의 약점도 있다. 편식적인 봉사는 자기가 좋아하는 일만 하기 때문에 신앙생활도 자기에게 편리하고 실용적인 필요만을 위해서 나아가려고 하는 약점이 있다. 더욱이 이들의 신앙 성장에는 한계가 있다. 더 이상 신앙이 높이 올라가지 못한다. 그만큼만 신앙이 자라는 것이다.

사실 성도의 신앙생활은 때론 그 일이 싫지만 교회를 위해서 감당해야 하는 때도 있다. 그때는 서로 하나가 되어 연합을 이루며 순종해야 한다. 그런데 만약 내가 싫다고, 하고 싶지 않다고 그 일을 회피한다면 교회 전체 사역에 차질이 생긴다. 심지어 어떤 편식적인 성도는 교회가 강요한다고 비판하며 부정적인 대열에 서기도 한다. 교회 갈등의 중심에 서서 교회를 분열시키기도 한다. 신앙적으로 이미 침륜에 빠진 것이다. 이렇게 편식적인 성도들의 봉사는 여차하면 부정적인 면에서 약점을 노출할 수 있다. 그러므로 교회는 이런 단계에 있는 사람들을 지혜롭게 양육함으로써 그들이 보다 더 큰 신앙인으로 성장할 수 있도록 도와주어야 한다.

멀티 크리스천

셋째는 좋든 싫든 맡겨진 일에는 무조건 충성하는 성도가 있다. 이런 자들이 교회의 진정한 일꾼이다. 눈이 오나 비가 오나 바람이 부나 폭풍이 치나 한결같고 변함없이 충성하는 사람들이다. 한번 마음 주면 변치 않는 사람들이다. 이들은 자기가 좋아하는 일만 하는 사람들이 아니다. 싫어하는 일이라도 그 일이 주어지고 맡겨지면 즐겁게 지혜를 짜내고 대안을 만들어 효과적으로 충성하는 사람들이다.

이들은 변명하지 않는다. 토를 달지 않는다. 반항하거나 비판하지 않는다. 주의 일이라고 하면 아무리 어려운 일이라 해도 주님을 바라보고 하늘의 상급을 바라보며 충성한다. 교회에 유익을 끼친다. 사람을 바라보지 않고 묵묵히 충성한다. 보상을 바라지 않는다. 칭찬을 바라지 않는다. 이름도 없이 빛도 없이 일한 것에 대해 자부심을 느낀다. 그것이 더 큰 영적인 축복이라는 것을 안다. 그래서 더욱이 교회와 주의 종에게 충성한다. 그리고 그 일에 대해 보람을 느낀다. 감사한다. 앞으로 더 잘해야지 결심한다. 참으로 좋은 신앙이다.

성도들의 신앙은 세 번째 단계까지 올라가야 한다. 오직 하나님께만 영광을 돌리는 사람들이 되어야 한다. 하나님께서도 이들에게 복을 주시고 크게 들어 쓰실 것이다. 이들의 가정을 책임져 주시고, 인생 위에 큰 복을 더해 주실 것이다. 이들이 못 다한 가정의 시간들은 하나님이 대신 은혜로 채워 주시며 자녀들 위에도 하나님의 형통함이 있을 것이다. 기도하는 가정, 기도하는 자녀는 망하지 않기 때문이다. 실제로 맡은 일에 오직 충성하는 성도들의 인생과 가정을 보면 하나님의 놀라운 축복을 받는 것을 볼 수 있다. 하나님의 은혜가 머물기 때문이다.

충성된 봉사자의 특징

특별히 교회에서 충성스럽게 봉사하는 사람들을 보면 세 종류의 모습이 있는 것을 발견한다. 모두가 교회의 유익을 위해서 몸과 마음을 바치는 아름다운 헌신자들의 모습이다. 우리도 이런 모습을 본받아야 할 것이다.

• 모델이 되는 봉사자

첫째는 '모델이 되는 봉사자'가 있다. 이런 사람들은 앞에 나서서 봉사하는 충성된 자들이다. 주로 장로들, 권사들, 셀 리더들이 이에 해당된다. 이들은 예배의 모델, 헌금의 모델, 기도의 모델, 섬김의 모델이 된다. 그래서 평신도들은 이들을 보고 도전을 받으며 나도 저렇게 신앙생활을 해야겠다는 도전을 받는다. 이런 봉사자들이 있어야 교회가 부흥한다.

구약성경에 나오는 유다 지파를 보라. 그들도 항상 앞장서서 열한 지파를 이끌었다. 희생과 수고도 아끼지 않았다. 그랬더니 하나님께서 왕족 지파로 복을 주셨고, 물질도 자손도 다른 지파보다 더 큰 축복을 주셨다. 마찬가지이다. 모델이 되는 봉사자들은 지도자의 축복을 받는다. 그 직분을 감당하도록 물질의 축복도 받는다. 자손도 그 계보를 잇는 명문 가문의 축복을 받는 것을 볼 수 있다.

• 은밀한 봉사자

둘째는 '은밀한 봉사자'도 있다. 이들은 이름도 없이 빛도 없이 은밀히 봉사하는 기쁨을 소유하고 있다. 소위 돕는 헬퍼의 역할을 하는 사람들이다. 그렇다고 이들이 모델이 되는 봉사자들보다 못한 신앙을 가진 것은 아니다. 이들도 깊은 영성의 소유자들로서 마음과 뜻을 다해 충성한다.

엘리야는 모델이 되는 봉사자이다. 그가 지쳤을 때 하나님께서는 바알에게 무릎을 꿇지 않은 7천 명의 사람들이 있다고 말씀하셨다. 이들이 바로 은밀한 봉사자들이다. 예수님께서도 마태복음 10장에서 의인을 돕는 자는 의인이 받을 축복을 받고, 선지자를 돕는 자는 선지자가 받을 축복을 받고, 소자에게 냉수 한 그릇이라도 주는 봉사를 하면 결단코 그 상이 없어지지 아니하리라고 말씀해 주셨다. 은밀한 봉사자도 모델이 되는 봉사자와 동일하게 축복을 주신다는 것이다.

또한 예수님께서는 사람들 앞에서 하는 드러난 봉사는 이미 그 상을 받았지만 은밀한 봉사는 하늘에 더 큰 상이 쌓인다고 강조하셨다. 그렇다면 모델이 되는 봉사자가 이들보다 못하다는 말인가? 아니다. 이것은 바리새인처럼 외식적으로 인정받으려고 하는 봉사를 책망하신 것이지 진심으로 주님을 위해 드러난 봉사는 더욱 축복하시고 칭찬하셨다.

예를 들어 옥합을 깨뜨린 마리아, 가나안 입성의 선두에 섰던 여호수아, 하나님의 나라를 위해 앞장섰던 다윗, 한결같이 앞서 갔던 바울과 같은 사람들은 오히려 예수님의 칭찬을 듣지 않았던가? 또한 모든 봉사자가 은밀히만 봉사한다고 하면, 초신자들과 평신도들에게 누가 도전을 주겠으며 누가 동기유발을 주겠는가? 교회생활에는 반드시 모델이 되는 봉사자도 필요한 것이다. 다만 겸손하게 진심으로 주님을 따르는 믿음으로 충성해야 할 것이다.

• 생명을 내놓은 봉사자

셋째는 '생명을 내놓고 하는 봉사자'가 있다. 죽음도 불사하겠다는 봉사이다. 룻이 대표적인 사람이다. 모압 여인 룻은 시어머니 나오미가 고향 베들레헴으로 돌아갈 때에 생명을 내놓고 끝까지 좇겠다고 맹세했다. "어머니께서 가시는 곳에 나도 가고, 어머니께서 머무는 곳에 나도 머물고, 어머니의 백성이 나의 백성이며, 어머니의 하나님이 나의 하나님이 되십니다"라고 고백했다. 또 "어머니가 죽는 곳에 나도 거기 묻힐 것이고, 죽는 일 외에는 어머니를 떠나는 일이 절대 없을 것입니다. 그러면 하나님이 나에게 저주를 내리시기를 원합니다"라고 서약했다. 결국 하나님께서 그 여인을 불쌍히 여겨 베들레헴의 유지 보아스와 결혼을 하게 해주셨고, 그 자손을 통해 다윗이 나오고 예수 그리스도가 탄생되는 놀라운 축복의 가문이 되게 하셨다.

신약의 브리스길라와 아굴라 부부도 이런 봉사자들이다. 그들 부부는 바울의 동역자로서 바울을 위해 목숨도 내놓고 끝까지 충성했다. 그들도 믿음의 명문 가문으로 바울의 칭찬과 존경을 받았고 초대교회의 위대한 일꾼이 되었다. 우리도 이런 봉사자들이 되어야 할 것이다.

하늘의 상급

고린도전서 3장은 하늘의 상급에 대해서 말하고 있다. 여기에서 성도들은 이 땅의 삶을 통해 각자 신앙의 공적을 쌓는다고 말한다. 어떤 이들은 금과 은과 보석과 같은 공적을, 어떤 이들은 나무와 지푸라기 같은 공적을 쌓는다. 그런데 예수님이 재림하실 때 불 심판이 임하는데 그때는 그 불에 의해서 공적이 시험을 받는다는 것이다. 금이나 은이나 보석으로 쌓은 공적은 불이 내려도 타지 않아 영광스런 구원을 이루지만, 나무나 지푸라기는 불에 타기 때문에 구원을 받되 불 가운데 받는 구원, 부끄러운 구원이 된다고 말하고 있다(고전 3:11-15). 이것은 이 땅에서 어떤 사명을 갖고 교회 봉사를 하느냐에 따라 하늘의 상급이 여실히 다름을 보여 주는 것이다.

성도는 신령한 복을 기대하는 사람들이다. 이 땅에서가 아니면 저 하늘에서도 신령한 복이 있음을 믿는 사람들이다. 금 같은 성도는 찬란한 영광의 반열에 설 수 있는 충성된 일꾼들이다. 바로 세 번째 단계에 있는 성숙한 멀티 성도들이 이런 복을 받을 사람들이다. 이들은 하늘의 상급이 무엇인지 안다. 하늘의 가치를 아는 사람들이다. 봉사를 해도 하늘을 품고 충성하는 사람들이다. 썩어질 것을 위해 봉사하는 사람들이 아니라 영원한 것을 위해 충성 봉사하는 사람들이다. 참으로 멋진 사람들이며, 인생에 가장 큰 축복을 받은 사람들이다.

  사랑하는 성도들이여, 10년만 이렇게 순종하며 봉사해 보라. 분명 무슨 특별한 일이 나타날 것이다. 하나님이 친히 역사해 주실 것이다. 또 10년 동안 하나님의 특별한 은혜를 경험한 성도들은 앞으로의 인생도 계속해서 영적인 봉사를 하지 않을 수 없게 될 것이다. 예수를 믿는 모든 성도들이 이렇게 되기를 기원한다.

02
준비된 자를 쓰신다

선지자 이사야의 글에 보라 내가 내 사자를 네 앞에 보내노니 그가 네 길을 준비하리라 광야에 외치는 자의 소리가 있어 이르되 너희는 주의 길을 준비하라 그의 오실 길을 곧게 하라 막 1:2-3

 마음 문 열기 (Ice-breaking)

백수 남자가 동물원에 취직을 했다. 기분 좋게 출근을 했더니 상사가 쉬운 일이 있다 하며 원숭이탈을 씌워 주었다. 그리고 우리 안에서 원숭이 흉내를 내면 된다고 했다. 이 남자는 그 안에서 나무도 타고 재주도 부리고 열심히 흉내를 냈다. 사람들도 좋아했다. 그런데 어느 날 나무를 타고 재주를 부리다 그만 옆 담으로 떨어졌다. 그런데 사자가 으르렁대며 가까이 오는 것이 아닌가? 그래서 눈을 감았다가 살짝 떴는데 사자 왈, "너는 얼마 받니?"

이 시간 주제는 "준비된 자를 쓰신다"이다. 예수님은 공생애 사역을 철저히 준비하셨던 분이다. 그분은 모든 사역에 유비무환(有備無患) 하셨기 때문에 구속사역을 완성하실 수 있었다. 그리고 제자들에게도 권면하기를 모든 일에 준비하는 자가 되라고 말씀하셨다. 성도도 마찬가지다. 교회 일이든, 가정 일이든, 직장 일이든, 무엇을 하든지 준비하는 자가 되어야 한다. 왜냐하면 하나님은 준비된 자를 쓰시기 때문이다.

매사에 준비하시는 예수

예수님도 철저히 준비하셨던 분이다. 그분의 사역은 나면서부터 승천하시기까지 모든 과정이 준비된 가운데 이루어졌다. 하나님이신 그분은 하늘에서부터 이미 준비하셔서 이 땅에 성육신하셨다. 공생애 사역을 위해서도 어릴 때부터 비전과 영성을 준비하셨다. 공생애 사역 시작도 40일 금식기도와 세례 요한에게 세례를 받으면서 철저히 준비하셨다. 광야에서 사탄에게 시험을 받을 때에도 준비된 말씀으로 승리하실 수 있었다. 요단 강에서 세례 요한에게 세례를 받으실 때도 준비된 자세로 겸손하게 하나님의 의를 이루셨다.

그는 공생애 사역 기간 동안에도 새벽마다 기도로 준비하셨고, 말씀도 산에 올라 미리 준비하셨으며, 전도여행도 미리 준비하셨다. 십자가의 구속사역도 미리 준비된 대로 행해졌다. 그분은 제자들을 가르치실 때도 준비된 계획 가운데 행하셨으며 마침내 그들을 훌륭한 제자로 키워내셨다. 이렇게 그는 사역의 청사진과 구속사역의 계획을 미리 준비함으로써 확실하게 사역을 성공적으로 마칠 수 있었다.

주님은 준비된 자를 쓰신다

영화배우 김수로 씨가 이런 이야기를 했다고 한다.
"분명히 나에게 한 방이 터질 때가 있을 것이다. 그때는 인생이 대박 날 것이다."
그런데 진짜로 현실 가운데 한 방이 터졌다는 것이다. 그때 뒤늦게 깨달은 것이 있는데, 그 한 방도 무수한 잽을 날릴 때 가능했다는 것이다. 그냥 한 방은 없었다는 것이다. 그렇다. 맞는 말이다. 수많은 시행착오와 끈질긴 준비가 없다면 그 한 방도 절대로 없다. 인생도 무수히 준비해야 역전인생이 될 수 있고, 성공의 열매를 맺을 수 있다. 신앙도 시행착오를 겪으면서 준비해야 더 단단해지고 장성한 신앙의 모습을 갖게 된다.

하나님은 준비된 것만큼 쓰신다. 만약 사람이 그릇이 잘 준비되지 않은 상태에서 축복을 받으면 그 그릇에 금이 가서 누수가 일어난다. 깨져 버린다. 축복을 주어도 감당치 못한다. 다 새어 나가 이전보다 못한 상태가 된다. 그러므로 축복은 축복을 받을 만한 그릇을 준비해야 하고, 행복은 행복을 받을 만한 그릇을 준비해야 하며, 성공은 성공을 받을 만한 그릇을 준비해야 받을 수 있다.

예수님을 보라. 어떻게 구속사역을 성공하실 수 있었는가? 그분은 모든 일에 철저히 준비한 분으로서, 심지어 십자가에 죽기까지 준비하셨다. 예를 들어, 예루살렘 입성, 고난주간, 세족식, 성만찬, 겟세마네 동산의 기도 등 철저히 준비를 하셨고 마침내 십자가에서도 인내하며 승리하셨다. 이렇게 그의 모든 사역이 잘 준비되었기 때문에 부활의 영광에 이르렀고, 하늘과 땅의 권세를 회복하신 것이다. 결국 하나님의 아들로 당당히 서게 된 것이다.

결과보다 과정이 중요하다

세상 사람들은 무조건 결과만 좋으면 된다고 생각한다. '꿩 잡는 것이 매다' 하는 식으로 결과만 좋으면 만사가 다 오케이라는 생각이다. 다시 말해, 잘못된 수단과 방법도 결과만 좋고 성공만 한다면 문제가 되지 않고 다 묻혀 버리는 식이다. 오늘날 현대사회에 이런 생각이 만연하다는 것이 참으로 안타깝기 그지없다.

성경적 관점에서 보면 결과보다 과정이 더 중요하다. 실제로도 과정이 좋아야 결과도 튼튼하고 흔들리지 않는 성과를 이루게 된다. 만약 진행 과정이 나쁘면 시작은 창대할지 몰라도 나중에는 결과도 물거품처럼 사라진다. 그만큼 과정을 튼튼히 준비해야 결과도 바람직하게 성공적으로 이루어지는 것이다.

오늘날 한국사회는 터지고 나면 봉하는 땜질 식의 행정을 너무 많이 자행해 왔다. 무조건 실적만 올리면 된다고 생각하고 편법과 불법과 탈법이 난무했다. 성수대교, 삼풍백화점의 붕괴는 실적만 중시하는 현대사회에 큰 경종을 울렸다. 조금만 더 좋은 자재를 잘 준비하여 건물을 튼튼히 지었다면 그렇게까지 대형참사로 이어지지는 않았을 것이다. 요즈음 정치도 경제도 교육체계도 과정보다 결과를 중시하다가 나중에 터지고 나면 또다시 봉하는 땜질 식의 행정이 되풀이되는 듯하다. 이제 한국사회도 백년대계를 생각하며 무엇을 하든지 철저히 준비하는 태도가 중요하다.

이것은 신앙생활도 마찬가지이다. 성도가 만약 신앙생활을 제대로 준비하지 않았는데도 하나님 앞에서 일이 술술 잘 풀리면 조심해야 한다. 그러다가 나중에 '빵' 하고 터져서 얻어맞고 '천부여 손 들고 옵니다!' 하면 이미 늦어 버리는 것이다. 어쩌면 그렇게 얻어맞는 것이 당연한 결과일지 모른다. 그러므로 성도는 그전에 유비무환의 신앙을 가져 미리 예방하고 잘 준비해서 신실한 일꾼으로 우뚝 서야 할 것이다.

성도도 준비해야 한다

동서고금을 막론하고 꿈과 비전을 이루는 사람은 여러 면에서 잘 준비된 사람이다. 성도도 마찬가지이다. 믿음이 잘 준비되지 않으면 하나님께 쓰임 받을 수 없다는 것을 명심해야 한다. 하나님은 연단 과정을 통해 철저히 준비된 자를 쓰신다. 아브라함도 25년을 준비했고, 이삭도 20년을 준비했으며, 야곱도 20년, 모세도 40년, 여호수아도 40년, 다윗도 10년 이상, 예수님의 제자들도 3년 이상을 준비한 사람들이었다. 사도 바울도 아라비아 광야에서 최소 3년을 준비했다. 이렇게 하나님은 준비된 사람을 쓰신다는 것이다.

실력을 준비하라

그렇다면 성도는 무엇을 준비해야 하는가? 첫째, '실력'을 준비해야 한다. 이것은 스펙(specification)도 포함한다. 즉 전문적 지식도 필요하면 준비하고 자격증도 필요하면 준비해야 한다. 그러나 그것이 단지 스펙을 쌓기에만 급급하다면 무의미하다. 거기다가 제대로 된 실력을 쌓아야 비로소 인정을 받는다. 현대사회에서 실력이 없는 사람은 영향력이 없다. 사람들에게 설득력이 없고 인정받지도 못한다. 때론 무시당한다. 그 사람이 아무리 말을 해도 따라오지 않는다. 이미 실력에서 한수 밑이기 때문이다. 그러므로 억울해도 소용없다. 사회를 불평하고 비판해도 소용없다. 실력을 키워야 한다. 그것이 일차적인 해법이다.

영향력 있는 사람

사람들은 상대의 드러난 배경을 보고 마음이 좌지우지될 때가 많다. 즉 그 사람의 학벌, 지식, 배경, 능력 등 드러난 스펙을 보고 상대의 말을 들을지 말지에 대해서 영향을 받는다. 성도들의 사회생활도 마찬가지다. 만약 여러분이 세상적으로도 확실한 스펙과 실력이 있어 보라. 다른 사람이 무시하지 않을 것이다. 전도하는 데도 효과적일 것이다. 사람들에게도 강한 영향력을 미칠 것이다.

그래서 성도는 전도를 위해서라도 복을 받아야 한다. 실력도 있고 봐야 한다. 만약 늘 축 늘어져 있고 자신감이 없으며 패배의식에 사로잡혀 실패한 인생을 산다면 누가 당신을 쳐다보겠는가? 아무도 쳐다봐 주지 않는다. 그러므로 성도는 사회에서도 실력을 쌓아야 한다. 능력도 인정받아야 한다. 그래야 하나님께 영광을 돌리며 전도의 역사도 일으킬 수 있는 것이다.

실력 있는 사람들

세계적인 부흥사 무디는 초등학교도 제대로 나오지 못했지만 주님께 훌륭히 쓰임을 받았다. 물론 거기에는 그의 뜨거운 소명감과 열정이 숨어 있었다. 또한 무디가 자신의 모자라는 실력을 커버하기 위해서 피나는 노력과 수고를 아끼지 않았다는 것을 기억해야 한다. 그는 수많은 독서와 신문 읽기를 밤새도록 했으며, 늘 정보를 수집하고 기록하며 암기했다고 한다. 끊임없이 공부했다는 것이다. 자신의 모자라는 부분을 끝까지 준비하고 보충했기 때문에 훌륭한 주의 종으로 쓰임 받을 수 있었던 것이다.

미국의 농구 천재 마이클 조던도 끊임없이 실력을 키웠던 사람이다. 그는 고등학교 시절 농구부에 입단할 때 단번에 거절당한 상처가 있었다. 프로에 입단할 때도 우선순위에서 탈락해 사람들 앞에서 수모를 당하기도 했다. 그러나 그는 그럴 때마다 눈물을 머금고 공을 던지고 또 던졌다. 피가 나도록 공을 던졌고 결국 미국의 전설적인 농구 스타로 우뚝 서게 되었다. 한국의 홈런왕 이승엽 선수도 투수에서 타자로 바뀌며 재기를 위해서 하루에 2천 번이 넘는 타격 연습을 하며 피나는 노력을 한 결과 전설적인 홈런왕이 될 수 있었다. 모두가 미래를 위해 실력을 키웠던 것이다.

신앙의 실력

성도도 신앙의 실력을 키워야 한다. 신앙의 스펙도 쌓아야 한다. 기도의 스펙, 말씀의 스펙, 찬양의 스펙, 전도의 스펙 등 신앙의 실력을 잘 쌓아야 세상을 거뜬히 승리할 수 있다. 즉 자신감을 가지고 담대하게 사탄을 대적할 수 있다. 그러나 만약 내가 이런 신앙적 스펙을 쌓지 못하면 영적으로 금방 무너진다. 신앙적 내공이 없기 때문에 사탄이 우습게 보고 성도들의 마음을 후벼낼 것이다. 이런 성도는 늘 영적인 침체와 번민이 있기 때문에 자기를 지키지 못하고 와르르 무너지게 되는 것이다. 그러므로 성도는 내가 준비된 그리스도인이라는 것을 신앙적인 스펙과 삶을 통해 증명해 보이는 자들이 되어야 한다.

다시 말해, 신앙적인 실력을 가지고 사람들에게 보여 줄 줄 아는 성도가 영향력 있는 성도이다. 만약 경건의 모양은 있지만 경건의 능력이 없다면 그 사람은 교회에서도 사회에서도 인정받지 못할 것이다. 성도는 사회적 실력도 높여야 하고, 신앙적 실력도 길러야 이 험난한 세상을 이길 수 있다. 그러할 때 하나님께 영광을 돌리고 전도에도 놀라운 능력이 나타날 것이다.

스토리가 더 중요하다

둘째, '인생의 스토리'도 잘 준비해서 만들어야 한다. 사람은 스펙도 중요하지만 무조건 실력만 키우면 교만하게 된다. 자기가 제일인 줄 안다. 지식은 교만을 낳지만 사랑은 덕을 세운다. 교만은 멸망의 선봉이지만 겸손은 존귀의 앞잡이다. 아무리 실력이 있어도 교만하면 멸망한다. 하나님은 교만한 자를 물리치시고 겸손한 자에게 은혜를 베푸신다. 그러므로 스펙도 중요하지만 어떻게 성공하고 어떻게 실력을 쌓았는지 그 과정의 스토리가 더 중요하다. 인생의 스토리를 잘 만드는 사람이 감동이 있고 도전이 되며 성공의 모델이 될 수 있다.

요셉의 감동적인 스토리

성경에 나오는 감동적 인물의 대표적인 사람이 요셉이다. 요셉은 스토리가 있다. 그래서 그는 겸손하다. 하나님을 사랑하고 사람을 사랑하는 인격을 갖추었다. 그는 아버지의 사랑을 독차지하는 아들로 형들의 시기를 받아 뜻하지 않게 애굽의 노예로 팔려갔다. 그는 그곳에서 아름다운 스토리를 만든다. 보디발의 집에서 11년 동안 총무로 인정을 받았지만 보디발 아내의 유혹을 받았다. 그러나 그는 그것을 양심적으로 뿌리쳤다. 그래서 보디발 아내의 모함으로 감옥에 들어갔다. 그러나 그곳에서도 원망하지 않고 성실하게 2년을 참고 인내했다. 그 후 바로 왕의 꿈을 풀어줄 사람이 애굽 전역에 아무도 없자 예전에 꿈을 해몽해 주었던 술 맡은 관원장을 통해 요셉이 호출되었다.

마침내 바로 왕의 꿈을 해몽해 줌으로 일약 애굽의 총리로 발탁되었다. 대박이 난 것이다. 대 인생역전이 이루어진 것이다. 그는 애굽으로 끌려가 모진 세파의 시련에도 굴하지 않고 신앙의 준비, 인격의 준비, 행정의 준비, 인내의 준비, 기도의 준비, 섬김의 준비 등을 잘해 결국 애굽의 총리가 되어 가족도 구원하고 애굽도 살리는 훌륭한 총리로 업적을 남기게 되었다. 아름다운 스토리가 사람들에게 감동과 감화를 주며 나도 그렇게 살아야겠다는 도전을 준다. 아름다운 스토리는 사람들을 변화시키는 원동력이 된다.

선한 스토리를 만들라

아름다운 스토리가 있는 사람은 겸손하다. 그 스토리를 통해서 인격적으로 잘 갖춰지게 된다. 하나님과 사람 앞에 존귀한 사람이 된다. 그러나 나름의 스토리가 없이 성공만 한 사람은 교만해진다. 하늘 높은 줄 모른다. 멸망한다. 성공도 출세도 일순간이다. 금방 피다가 지는 꽃과 같이 된다. 위기관리 능력이 없다. 고난이 오면 금방 무너진다. 인생의 내공이 없다. 조금만 위험이 닥쳐도 리스크(risk)에 맥을 못 춘다. 넘어지고 쓰러져 헤매며 방황한다. 결국 실패한다. 그래서 우리는 선한 스토리를 만들어야 한다. 고난지수를 높여야 한다. 어떤 시련에도 굴하지 않는 열정과 신앙의 역경 속에서도 승리한 경험의 스토리가 있어야 한다. 그것이 위대한 사람을 만드는 것이다.

성경을 보라. 믿음의 선배들은 모두가 선한 스토리를 만든 사람들이다. 그들은 한 방에 성공한 사람들이 아니고 단번에 쓰임을 받은 사람들도 아니다. 모두가 다 엄청난 고난과 연단을 통해 선한 스토리를 만든 사람들이다. 야곱도 그렇고, 모세도 그렇고, 다윗도 그렇고, 다니엘도 그렇고, 에스더도 그렇고, 바울도 그렇고, 베드로도 그렇다. 그들은 선한 스토리를 통해 하나님의 위대한 사람들이 되었다.

여러분도 선한 스토리를 만들라. 한 방에 성공하려고 하지 말고 좋은 스토리를 만드는 것이 더 중요하다. 선한 스토리가 없으면 감동이 없다. 인격적으로 다듬어지지 않는다. 선한 스토리가 있다는 것은 그만큼 인격적 연단을 많이 받았다는 증거이다. 좋은 스토리는 사람을 변화시킨다. 역동적이다. 생명력이 있다. 그들의 이야기를 들으면 설득력이 있다. 성공의 모델이 될 수 있다. 그런 사람이 되기를 기원한다.

대인관계보다 중요한 것은 없다

셋째, '좋은 대인관계'를 잘 준비해야 한다. 거룩한 꿈과 비전을 이루기 위해서는 준비된 사람이 되는 것이 중요하다. 무엇을 준비해야 하는가? 스펙과 실력도 준비해야 한다. 선한 스토리도 잘 만들 줄 알아야 한다. 마지막으로 좋은 대인관계를 형성하는 기술을 배워야 한다. 인화력을 키우지 않으면 아무리 실력이 있고 선한 스토리를 만들어도 성숙한 하나님의 사람으로 거듭날 수 없다. 현대 지도자의 덕목 중에서 가장 중요한 것이 인성(personal nature)이요, 관계지수(relationship quotient)이며 사회성지수(social quotient)라 말할 수 있다. 21세기에는 좋은 관계를 맺는 리더십이 가장 중요한 덕목이다.

미국의 한 설문조사를 보니 성공한 사람의 85%가 인격적으로 성숙하게 잘 갖춰진 사람이라고 한다. 하버드 대학 출신들에게 "당신이 성공한 이유가 무엇이라고 생각하느냐?"라고 물었더니 80%가 대인관계가 가장 중요했다고 대답했다고 한다. 대인관계가 좋아야 비즈니스도 잘되고, 학업도 능률이 오르고, 회사도 잘 굴러간다는 것이다. 요즈음 한국 대기업에서도 스펙만 보는 것이 아니라 그 사람의 인성과 사회성을 보는 평가가 중시된다고 한다. 그만큼 현대사회에서도 인간관계가 성공의 대

세임을 증명해 주고 있는 것이다.

한국 교회의 겸손지수

한국 교회도 관계지수가 얼마나 중요한가를 인식하는 시대가 되었다. 성도가 아무리 기도를 많이 하고 성경을 많이 알고 능력을 행한다고 해도 교회 안에서 화목지수(peaceful quotient)가 낮으면 갈등을 일으키는 장본인이 된다. 목회자와 갈등을 일으키고 성도와 다툼을 일으키는 소위 'trouble maker' 문제아가 되는 것이다.

돈이 많은 사람은 교만하기 쉽다. 그런데 돈이 많아도 겸손하면 화목한 관계를 만들며 살아간다. 지식이 많으면 교만하기 쉽다. 그런데 지식이 많아도 겸손하면 화목을 만들어 간다. 능력이 많으면 교만하기 쉽다. 그러나 능력이 많아도 겸손하면 나보다 못한 사람과 화목을 이룬다. 그러므로 대인관계가 좋은 사람은 겸손한 사람이다. 겸손한 사람은 자기를 내려놓고 다른 사람과 더불어 살아갈 줄 아는 화목한 사람이다.

예수님의 겸손지수

예수님은 생전에 겸손하고 화목한 분이셨다. 빌립보서 2장을 보면 사도 바울은 성도들에게 예수님의 마음을 품으라고 권면했다. 이것은 예수님이 하나님과 동등됨을 취할 것으로 여기지 아니하시고 자기를 비워 사람들과 같이 되어 성육신(incarnation)의 모습을 보여 주셨기 때문이다. 예수님은 겸손하게 사람과 화목하기 위해서 이 땅에 오셨다. 이것이 바로 예수님의 구속사역을 완성하신 비결이다.

성도들도 나를 낮추며 상대와 화목하는 훈련을 쌓아야 한다. 이것을 준비하지 않으면 아무리 기도를 많이 하고 능력을 크게 받는다 해도 미성숙한 그리스도인으로 남게 될 것이다. 왜냐하면 인격이 덜 된 사람은 자기주장만 내세운다. 자기가 똑똑한 것만 과시한다. 다른 사람을 수용할 만한 능력을 갖추고 있지 않다. 결국 공동체를 깨뜨리고 사람들에게 상처를 주고 문제를 만드는 주범이 되는 것이다. 우리는 예수님의 겸손을 배워야 한다.

교회 직분자의 기준

교회 직분자를 뽑을 때도 신앙보다 그 사람의 인격 됨됨이와 대인관계를 필히 보라는 말이 있다. 왜냐하면 신앙은 상황에 따라 때때로 변할 수 있다. 다시 말해, 신앙은 환경과 여건에 따라 올라갈 때도 있고 내려갈 때도 있다. 때론 용광로처럼 뜨겁게 불타오르다가도 때론 식은 냄비처럼 냉랭하게 될 때가 있다. 그러나 인격훈련과 대인관계를 잘해 온 사람은 그렇지 않다. 기본적으로 인격이 갖추어진 사람은 교회에서 어려운 문제나 갈등관계가 발생해도 순리대로 풀어간다. 서서히 타오르고 서서히 식는다. 성화의 과정을 점진적으로 이루어 간다. 교회 문제를 크게 일으키지 않는다.

물론 신앙이 좋은 사람은 성령의 충만으로 인격이 좋을 수밖에 없다. 그러나 신앙이 떨어질 때는 기본적인 인격이 드러나기 때문에 문제가 생기는 것이다. 그래서 교회 직분자를 임명할 때는 신앙도 보아야 하지만 그 사람의 기본적인 인격과 대인관계를 필히 살펴야 한다. 그래야 문제가 안 생기고, 또 문제가 생겨도 어렵지 않게 해결할 수 있다. 그러므로 인격적인 성숙과 대인관계는 성도가 준비해야 할 매우 중요한 신앙의 덕목인 것이다.

영력을 준비하라

넷째, 성도는 '영력'(spiritual power)을 잘 준비해야 이 험난한 세상을 이길 수 있다. 가정에서나 교회에서나 사회에서나 무엇보다 영성이 가장 중요하다. 성도들에게 영성이 무너지면 다 무너지는 것이다. 영혼이 먼저 잘되어야 범사도 잘되고 강건해지는 것이다. 영혼이 잘되지 못하면 범사도 건강도 뒤틀리게 되어 있다. 그리스도인에게 영성보다 중요한 것은 아무것도 없다. 성도는 주님을 떠나서는 아무것도 할 수 없다고 고백하는 자들이 되어야 진정한 하나님의 축복을 받을 수 있다.

성도들에게 영성이 확고하게 준비되지 않으면 모래 위에 쌓은 집과 같다. 아무리 봉사를 많이 하고 실력과 인격이 갖추어졌다고 해도 영성의 기초 위에 세워지지 않으면 아무 소용이 없다. 이 모든 것들이 영성의 기반 위에 세워져야 든든하게 신앙의 열매를 맺을 수 있다. 영성은 나무로 말하면 뿌리이고, 인격은 가지이며, 실력과 은사는 열매라 할 수 있다. 뿌리가 튼튼해야 가지도 열매도 잘 자라듯 영성의 뿌리가 튼튼해야 인격의 가지도 실력과 은사의 열매도 풍성히 맺혀지는 것이다.

영성이 잘 준비되면 사람이 변화된다. 성숙해진다. 능력의 종이 된다. 사역을 지속적으로 할 수 있는 힘을 받는다. 기쁨과 행복감으로 봉사한다. 하늘의 진정한 상급을 차곡차곡 쌓아놓는다.

금력을 의지하지 마라

사람이 의지하는 힘에는 여러 가지가 있다. 첫째는 '금력'(金力)이다. 황금만능주의 시대에 돈은 신에 버금간다. 예수님도 돈신을 섬기든지 하나님을 섬기든지 둘 중에 하나를 선택하라 하실 정도였다. 오늘날에도 돈이 있으면 무엇이든지 다 된다고 말하지 않는가? 학위도 돈으로 살 수 있다. 집도 여자도 돈으로 살 수 있다. 정치도 돈이 있어야 가능하다. 세상 사람들은 돈 있으면 못할 것이 없다고 생각한다.

그러나 돈이 아무리 많아도 죽음은 마음대로 할 수 없다. 행복도 돈으로 되는 것이 아니다. 천국도 돈으로 살 수 없다. 사랑도 돈으로 살 수 없다. 믿음도 돈으로 살 수 없다. 가정도 돈만 있다고 행복하지 않다. 오히려 돈이 가정의 갈등과 불화를 일으키는 요소가 될 때도 많다. 그럼에도 대부분의 사람들은 금력에 의지하는 경우가 많다.

지력을 의지하지 마라

둘째는 '지력'(知力)이다. 아는 것이 힘이다. 사람들은 많이 알수록 힘이 된다고 생각한다. 공부를 많이 하면 좋은 직장을 얻는다. 신분 상승이 된다. 능력을 갖추게 된다. 삶의 지식과 지혜를 얻게 된다. 사람들에게 무시당하지 않는다. 품격과 권위를 유지할 수 있다. 그래서 사람들은 학벌을 높이고 많이 배우려고 몸부림친다. 더욱이 대한민국은 부모들의 교육열이 너무 뜨거워 자녀들의 학벌이 전체적으로 높다. 이제 대학을 나오지 않은 사람이 거의 없을 정도이다.

그런데 지금 어떻게 되고 있는가? 실업률이 2백만 명이 된다고 하지 않는가? 3D 업종은 아예 안 하려고 하고 좋은 직장만 가려고 교만하다

보니 일의 가치와 노동의 소중함을 알지 못한다. 지력이 사람들을 교만하게 만들었다. 이기적이고 고집불통이 되게 했다. 의지력은 약하고 허황된 꿈만 꾼다. 지력을 통해 더 큰 죄를 짓는다. 고급 범죄가 성행한다. 사람을 속이고 편법과 거짓이 난무하게 한다. 결국 지력이 사람을 망치는 요소가 될 때도 많다는 것을 기억해야 할 것이다.

권력을 의지하지 마라

셋째는 '권력'(權力)이다. 세상에서 권력만 있으면 무엇이든지 조정할 수 있다. 권력은 돈도 사람도 정치도 다 조정할 수 있다. 권력 앞에서는 무서울 것이 없다. 그래서 사람들은 일단 권력을 잡으면 안 놓으려 한다. 끝까지 붙들고 천하를 호령하려 한다.

그러나 문제는 그 권력이 영원하지 않다는 것이다. 일순간이고 물거품처럼 사라질 때가 있다는 것이다. 사람들은 권력이 지나가고 나면 인생의 허무함과 무상함을 느끼게 된다. 대부분의 사람들이 권력이 움직인다는 것을 알면서도 그 순간에는 착각하며 살아간다. 이것이 멸망의 원인이 되는 것이다.

체력을 의지하지 마라

넷째는 '체력'(體力)이다. 건강도 힘이다. 건강만 하면 무엇이든지 할 수 있다. 돈을 잃어버려도 건강만 하면 다시 시작할 수 있다. 명예를 잃어버려도 건강하기만 하면 재기할 수 있다.

그러나 건강을 잃어버리면 아무것도 할 수 없다. 사업도 가정도 물질도 꿈도 비전도 다 무너진다. 사람들이 건강할 때는 건강의 중요성을 모른다. 건강을 잃어버린 뒤에야 건강이 참으로 소중하다는 것을 알게 된다. 목회자도 건강관리를 잘못해서 무너지는 경우가 얼마나 많은가? 건강은 평소에 잘 챙겨야 하는 필수덕목이다. 그러나 건강도 내 마음대로 안 되는 때가 있다는 것을 인생을 살다 보면 알게 된다. 아무리 건강하려고 음식도 좋은 것 먹고 운동을 많이 해도 죽는 사람은 죽더라는 것이다. 모두가 다 하나님의 손에 달려 있는 것이다.

정신력을 의지하지 마라

다섯째, '정신력'(精神力)이다. 정신력도 살아가는 데에 큰 힘이다. '정신일도 하사불성'(精神一道 何事不成)이란 말이 있지 않은가? 정신을 차리면 안 되는 일이 없다는 말이다. "호랑이 굴에 들어가도 정신만 바짝 차리면 살 수 있다"는 속담도 있다. 하나님은 우리 인간에게 만물의 영장으로서 강한 정신력을 주셨다. 만물을 지배할 수 있는 정신력이 우리 인간에게 있다는 것이다. 그러므로 강한 정신력은 세상을 성공적으로 살아가는 데 필수적인 덕목이다. 안 된다고 하는 사람은 안 되게 되어 있다. 그러나 '된다, 할 수 있다, 하면 된다' 하는 강한 정신력으로 살아가는 사람은 성공적인 사람이 된다. 이런 사람을 신념의 사람이라고 한다. 현대건설의 회장 고 정주영 씨 같은 사람이다.

그러나 강한 신념을 가진 사람도 실패한다. 인생은 정신력만 갖고 살아갈 수 없기 때문이다. 또 자기를 너무 과신하기 때문에 교만하고 자기기만에 빠질 우려가 있다. 더욱이 하나님을 인정하지 않는다. 모든 것을 자기 기준에서 생각하고 결정하는 우를 범한다.

영력을 준비하라

여섯째는 '영력'(靈力)이다. 모든 힘 가운데 가장 강력한 힘이 영력이다. 영력은 다른 것들과는 달리 세상에서 나오는 것이 아니고 하나님으로부터 나오는 것이다. 초자연적인 힘이며 초과학적인 힘이다. 이것은 내 힘이나 강한 정신력으로 갖는 신념이 아니라 하나님의 능력으로 감당하는 신앙의 힘으로 얻는 것이다. 성령 충만함으로 이루어지는 것이다. 성도는 이 세상을 살아가면서 무엇보다 영력이 강해야 이 어두움의 세상을 이길 수 있고 복된 삶을 살아갈 수 있다.

•그리스도와 연합

영력은 무엇보다 '그리스도와의 연합'을 통해 만들어진다. 성도가 그리스도와 신비로운 연합을 이룰 때 폭발적인 영력이 나타난다. 질병이 사라지고 문제가 해결되며 귀신이 떠나간다. 기쁨이 회복되고 사랑이 충만하게 일어난다. 하늘의 신비로운 능력이 내려온다. 이것은 기도와 말씀과 예배를 통해 내가 철저히 죽고 그리스도가 진정으로 살 때 내 안에 강력한 그리스도의 임재와 능력이 나타나는 것이다. 그때는 세상의 어떤 힘도 감당할 수 없는 놀라운 힘이 솟구치며, 용광로와 같이 뜨거워지고 새로운 변화의 삶이 시작된다.

•나를 죽여야 한다

영력은 나를 죽여야 강해진다. 나를 십자가에 못 박아야 강해지는 것이다. 다시 말해, 금력도 지력도 권력도 체력도 정신력도 죽여야 영력이 강해진다. 세상 것들이 살아나면 영력은 힘이 없다. 제기능을 발휘하지 못한다. 철저히 나를 배격하고 전능하신 하나님을 의지할 때 폭발적인 능력이 나타나는 것이다. 요한복음 15장 5절의 말씀처럼 "나는 포도나무요 너희는 가지라 그가 내 안에, 내가 그 안에 거하면 사람이 열매를 많이 맺나니 나를 떠나서는 너희가 아무것도 할 수 없음이라"고 고백해야 하는 것이다.

영력의 최고 단계는 나의 생각과 인격과 신앙이 완전히 주님과 하나 되는 것이다. 온전히 주님과 신비로운 연합을 이루며 주님이 내 안에, 내가 주님 안에 있는 것이다. 욕심도 더러움도 추함도 정욕도 오염된 세속적인 것도 다 녹이며, 십자가를 통해 철저히 깨어지고 낮아져 오직 주님만 높이는 부활의 영광을 경험하는 것이다. 그때 최고의 능력이 나타난다.

03
그의 나라와 그의 의를 구하라

그런즉 너희는 먼저 그의 나라와 그의 의를 구하라 그리하면 이 모든 것을
너희에게 더하시리라 마 6:33

 마음 문 열기(Ice-breaking)

두 친구가 강변을 걷다가 표지판을 보게 되었다. "물에 빠진 자를 구하는 자는 5천 달러를 줌"이라고 쓰여 있었다. 한 친구가 "한 명이 물에 빠지고 한 명이 구하자"고 제안했다. 그래서 옆 친구가 물에 빠졌다. 그런데 다른 친구가 구해 주지를 않자 겨우 허우적거리며 나왔다. "왜 구해 주지 않는 거야?" 소리쳤다. 그랬더니 친구가 퉁명스럽게 하는 말, "표지판 밑에 작은 글씨를 봐!" 했다. 보니 "죽는 자를 구하면 1만 달러 줌"이라고 쓰여 있었다.

이 시간 주제는 "그의 나라와 그의 의를 구하라"이다. 예수님은 일평생을 항상 그의 나라와 그의 의를 구하며 사셨다. 그는 아버지의 뜻대로 사셨고, 아버지의 영광을 위해 십자가에 죽기까지 순종하셨다. 우리 성도들도 이 주제를 통해서 하나님의 나라와 의를 추구하는 신앙을 가져야 하겠다.

하나님 나라에 미친 예수

예수님의 비전은 하나님의 나라이다. 마태는 '하늘나라' 천국이라고 했다. 예수님은 하나님의 나라를 컨설팅하기 위해서 이 땅에 오셨다. 그분의 공생애 첫 메시지도 "회개하라 천국이 가까이 왔느니라!"였다. 열두 제자들을 부르고 그들에게 가르쳐 주신 것도 하나님 나라에 관한 것이었다. 무리들에게 비유로 가르쳐 주신 것도 하나님의 나라에 대한 것이었다. 예수님이 십자가에 죽으신 것도 하나님의 나라를 이루시기 위한 과정이었다. 부활하시고 이 땅에 40일 동안 계시며 제자들에게 가르치신 것도 하나님의 나라였다. 승천하면서 교회를 세우신 것도 하나님의 나라를 건설하기 위한 것이었다. 그러므로 예수님의 인생과 사역은 온통 하나님의 나라를 위한 것임을 알게 된다.

하나님의 나라

하나님의 나라는 어디에 있는가? 먼저 하나님의 나라는 '영토'(realm)와 '통치'(reign)의 두 가지 개념을 가지고 있다. 영토는 하나님의 백성들이 사는 실제적인 장소이고, 통치는 하나님이 다스리시는 왕권을 말한다. 천국은 이 두 가지 개념을 동시에 가지고 있다. 그리스도인이 가야 할 천국은 실존하는 영토의 장소이며, 하나님이 왕권을 가지고 통치하시는 나라이다.

둘째, 하나님의 나라는 성도들의 마음속에 있는 내면적인 장소로도 불린다. 예수님께서 "하나님의 나라는 볼 수 있게 임하는 것이 아니요 또 여기 있다 저기 있다고도 못하리니 하나님의 나라는 너희 안에 있느니라"(눅 17:20-21)고 말씀하셨다. 이것은 천국이 예수를 믿는 성도들 마음 안에 있다는 것이다. 영어성경에서는 "in your midst"로 표현한다. 천국이 '성도들 가운데' '성도들 사이에' 있다는 것이다. 이것은 성도들이 가는 곳이 어디든지 천국이 그들을 통해 세워진다는 뜻이기도 하다. 즉 그들이 직장에 가면 그곳이 하나님의 나라요, 가정에 가면 그곳이 하나님의 나라가 된다는 것이다. 천국은 성도들 가운데 있기 때문이다.

셋째, 하나님의 나라는 미래적 의미와 현재적 의미를 동시에 가지고 있다. 천국은 그리스도인이 가야 할 장소이지만 동시에 현재 이곳이 천국을 경험해야 할 장소이기도 하다. 예수님께서 "회개하라, 천국이 가까이 왔느니라" 하며 천국이 여기에 가까이 왔다는 것을 암시하셨다. 주기도문에서도 "하나님의 나라가 임하옵소서"라고 기도하며 천국이 이 땅에 임하기를 간절히 소망하셨다. 예수님이 승천하시면서 성령을 보내주사 교회를 통해 하나님 나라를 이루어 가시는 것을 보면 현재적 천국에도 지대한 관심이 있다는 것을 알 수 있다.

그러므로 성도들은 이 땅에서 천국을 경험하지 못하면 저 영원한 곳에서도 천국을 경험할 수 없다. 천국은 현재 여기에서도(here and now) 경험되어야 하는 것이다. 하나님의 나라는 이미(already) 와 있다. 그러나 아직 불완전한 곳이기에 완전히 완성된 것은 아니다(not yet). 주님이 재림하셔서 새 에덴을 창조하실 때 그때에는 완전한 천국이 도래할 것이다.

성도의 비전

성도들의 신앙의 목표가 무엇인가? 이 땅에서 무엇을 먹을까, 무엇을 마실까, 무엇을 입을까 하는 기복적인 신앙에 관심을 가져야 하겠는가? 아니면 하나님의 나라와 그의 의에 대해 관심을 가져야 하겠는가? 물론 예수님이 오신 것은 '생명을 얻게 하고 이 땅에서도 더 풍성한 삶을 주기 위해서'라고 말씀하셨다(요 10:10). 이 땅에서 예수를 믿으면 기복적인 요소가 분명히 나타난다. 평안이 있고 기쁨이 있고 축복이 있다. 그러나 그렇다고 해서 그런 축복의 생활이 성도들 신앙생활의 주류가 되어서는 안 된다. 그것은 믿는 사람에게 따라오는 부수적인 하나님의 혜택이지 우선순위의 신앙목표는 아니다.

성도들의 가장 중요한 신앙의 목표는 어디로 가든지 무엇을 하든지, 그곳이 가정이든 직장이든 학교든 군대든, 이 땅에서 하나님의 나라를 이루며 하나님의 의를 실천하는 것이다. 그것이 성도들의 진정한 축복이며 은혜의 삶이다.

　하나님 나라는 성도들의 신앙생활의 방향이며, 살아가야 할 목표이고, 비전이고, 꿈이다. 성도들은 이 땅에서도 하나님의 나라를 체험하며 살아야 하고, 죽어서 저 영원한 천국에서도 하나님의 나라를 소유하는 축복의 사람들인 것이다. 왜냐하면 성도들은 하나님이 구원하시고 은혜를 베풀어 주신 하나님의 백성들이기 때문이다. 우리의 시민권은 하늘나라에 있고 이 땅에서도 천국시민으로 살아가야 하기 때문이다. 성도는 하나님의 나라와 그의 의를 실천하는 분명한 가치를 가지고 살아가야 하는 사람이다. 이것이 무너지면 세상 사람들과 똑같은 사람이 되고, 우리도 결국 지옥에 떨어질 수밖에 없는 존재로 결과가 나타날 수밖에 없다.

교회의 비전

　교회의 비전도 하나님의 나라와 그의 의를 실천하는 것이다. 교회는 실제적인 하나님 나라의 모형이다. 교회에서 하나님의 나라와 의를 발견하지 못하면 그것은 교회로서의 존재가치가 없는 것이다. 변질된 교회요 사탄의 교회요 멸망의 교회가 되는 것이다. 교회가 교회답지 못하다는데 무슨 할 말이 있겠는가? 이것은 오늘날 변질된 교회에 대하여 심각한 도전과 경각심을 주는 말이다.

한국 교회의 현실

오늘날 한국 교회는 방향 감각을 상실했다. 신앙의 원칙들이 변질되어 가고 있다. 성도들의 신앙생활이 무너지고 있다. 성도들이 교회에서 무엇을 해야 할지 갈팡질팡한다. 자기중심적인 신앙생활만 주장하지 진정한 하나님의 나라와 의를 실천하는 성도는 그리 많지 않다. 대다수가 기복적이고 현세적이며 개인적인 신앙 습관을 좇아가고 있다. 낮은 수준의 신앙 행위로 대부분 전락해 버렸다. 참으로 심각한 수준이라 아니 할 수 없다. 가슴을 치고 통탄할 일이다.

한국 교회 초대 시기에는 그렇지 않았다. 교회 비전이 흔들리지 않았고, 하나님의 나라와 그의 의를 실천하는 사람들이 많았다. 목회자들이 그랬고 성도들이 그랬다. 그들은 하나님의 나라를 위해서 목숨도 아끼지 않고 지킬 줄 아는 신앙의 지조가 있었다. 일제 때 일본군의 신사참배에도 굴하지 않았고, 온갖 협박과 회유에도 흔들리지 않았다. 우리의 위대한 믿음의 선진들은 주님을 위해, 복음을 위해, 교회를 위해 그 어떤 것에도 두려워하지 않았다. 주기철 목사님, 손양원 목사님, 김익두 목사님, 이기풍 목사님 등은 위대한 순교자들이었다. 오직 하나님의 나라와 그의 의를 실천했던 굳건한 사람들이었다.

어떻게 해야 하겠는가?

오늘날 한국 교회는 신앙의 부작용이 계속되고 있다. 물질만능 신앙, 행복만능 신앙, 기복주의 신앙, 이기주의 신앙, 인본주의 신앙, 실용주의 신앙, 편리주의 신앙 등 신앙의 양념들이 너무 많이 가미되어서 복음의 본질이 흐려지는 신앙이 되었다. 하나님의 나라와 의에 대한 목마름은 줄어들고 세속문화에 대한 축복의 욕구는 늘어나는 신앙이 되어 버렸다. 교회가 사회적 축복의 '액세서리'로 전락해 버렸다. 1990년대 이전까지는 한국 교회가 사회를 주도하며 빛과 소금이 되었는데, 이제는 교회가 사회의 풍조를 따라가는 세속적 신앙으로 변질되었다.

이제 한국 교회는 다시 하나님의 나라와 의를 실천하는 목표에 집중하며 교회다운 교회로 사회를 주도하는 사명을 회복해야 한다. 더욱이 한국 교회와 성도들은 하나님 나라의 백성답게 정체성을 확보하며 세상을 개혁하는 모습을 진정성 있게 보여 주어야 한다.

천국헌장

하나님 나라와 의를 실천하는 최고의 방법은 예수님이 가르쳐 주신 산상수훈인 팔복을 지키는 것이다. 이것을 소위 천국헌장이라 한다. 천국 백성이 지켜야 할 가장 중요한 법이기에 그렇게 부른다. 또한 이것은 팔복의 산상수훈이 성도들에게 얼마나 중요한 하늘나라의 규범인가를 가르쳐 주는 것이다.

심령이 가난한 자

첫째, 하나님의 나라와 의를 실천하는 자는 '심령이 가난한 자'이다. 예수님이 팔복에서 천국헌장을 말씀하실 때 첫 번째 조건이 심령이 가난한 자였다. 심령이 가난하지 않으면 믿음도, 구원도, 천국도, 영생도, 성령도, 은혜도 소유할 수 없다. 이 땅에서 심령이 가난해야 하나님의 나라를 건설할 수 있고 교회다운 교회를 세울 수 있다.

무욕하라!

심령이 가난한 자는 3가지 특징이 있다. 첫 번째는 세속적인 욕심이 없다. 나를 위해서 돈을 많이 벌고, 스펙을 높이 쌓고, 출세를 하고, 권세를 잡는 따위의 욕심이 없다. 다만 하나님의 나라를 위해서는 거룩한 욕심이 있다. 물질도, 명예도, 권세도, 자녀도, 출세도 하나님의 나라와 영광을 위한 것이라면 열정을 쏟고 최선을 다해 거룩한 사명을 감당하는 사람이다.

겸손하라!

두 번째는 겸손한 생활을 한다. 하나님을 왕으로 섬기고 모든 일에 겸손히 그의 뜻을 따른다. 사람들에게 비굴하지 않다. 아첨하지 않는다. 교만하지 않는다. 늘 하나님 앞에서(Coram Deo) 신앙생활을 겸손하게 한다. 수단과 방법을 가리지 않고 잘살려고 하기보다 하나님 앞에서 양심에 따라 바르게 살려고 노력하는 사람이 된다. 심령이 가난한 사람이다.

거룩함을 지켜라!

세 번째는 영원한 세계를 갈망한다. 썩어질 세상을 위해서 살지 않는다. 찬란한 영원한 세계를 위해 살아간다. 겉사람은 후패하나 속사람은 날마다 새로워진다. 그렇다고 이 땅의 삶을 부정하는 염세주의자나 허무주의자가 아니다. 하나님이 창조하신 이 땅의 삶도 아름답지만 하나님이 없는 물질과 명예와 권세는 허무하다는 것이다. 그래서 영원한 세계의 가치를 위해서 이 땅에서도 거룩한 삶을 살아가는 사람들이다. 그러므로 심령이 가난한 자는 영원한 상급을 위해서 이 땅을 가치 있게 살아가는 존귀한 사람들이다.

애통하는 자

둘째, 하나님의 나라와 의를 실천하는 자는 '애통하는 자'이다. 애통하는 자는 나와 다른 사람을 향하여 눈물을 흘리는 자, 슬퍼할 줄 아는 자, 회개하는 자, 참회하고 반성하며 자신을 성찰할 줄 아는 자이다.

내 눈의 들보를 먼저 보는 자

애통하는 사람은 먼저 심령이 가난하지 않으면 안 된다. 즉 성도는 심령이 가난할 때 애통할 수 있게 된다. 애통은 겸손한 자에게 나타나는 열매이다. 교만하면 애통할 수 없다. 애통하는 자는 남의 눈의 티보다 내 눈의 들보를 먼저 보는 사람이다. 남을 비판하고 정죄하고 무시하는 자는 결코 애통할 수가 없다. 그러므로 내가 먼저 겸손하게 변화되어야 가정도, 자녀도, 교회도 살 수 있다고 생각하는 사람이 바로 애통하는 자이다.

상대의 아픔을 먼저 느끼는 자

애통하는 사람은 상대의 아픔을 먼저 느끼는 자이다. 나보다 남을 먼저 생각하고 공동체의 아픔을 먼저 공감하는 자가 애통의 마음을 가질 수 있다. 그렇지 않고 자기중심적이고 이기적이며 자기만 생각하는 사람은 결코 애통할 수 없다. 남의 아픔이 느껴지지 않는데 어떻게 그 마음이 애통할 수 있겠는가? 안 된다. 남의 아픔이 내 아픔으로, 공동체의 고통이 내 고통으로 다가오는 자가 애통할 수 있다. 예수님이 타락한 조국을 향해 애통하며 안타까워하셨던 것은 자신보다 조국의 미래를 먼저 바라보셨기 때문이다. 애통하는 자는 이렇게 나보다 남의 아픔을 먼저 생각하는 자이다. 또한 나보다 공동체의 아픔을 먼저 공감하는 자가 애통하는 자가 될 수 있다.

온유한 자

셋째, 하나님의 나라와 의를 실천하는 자는 '온유한 자'이다. 온유한 자는 땅을 기업으로 받을 자이다. 그 시대에는 땅이 기업이었고 축복의 상징이었다. 그러므로 온유한 자는 이 땅에서도 물질적으로도 풍성한 축복을 받는다는 것이다.

성내지 아니하는 자

온유한 자는 먼저 다른 사람에게 성내지 아니하며 부드러운 사람이다. 매너가 좋고 신사적인 사람이다. 화를 잘 내지 않는 사람이다. 혈기를 부리지 않는 사람이다. 늘 평온한 상태를 유지한다. 웬만한 것에는 휘둘리지 않는다. 성품이 부드럽고 신사적이어서 남들이 보아도 편안한 모습을 느끼게 한다.

친절한 자

온유한 자는 친절한 사람이다. 성질이 급하지 않고 침착하며 여유가 있을 뿐만 아니라 친절하고 밝고 명랑하다. 그래서 사람을 대할 때 잘 웃고 서비스를 잘하며 예의를 지키는 자이다. 온유한 자는 나보다 남을 낮게 여기며 봉사와 섬김이 습관적으로 몸에 배어 있는 자이다. 남에게 후덕하고 사랑이 충만한 자이다. 예수님은 이런 자가 땅을 기업으로 받으며 부자가 된다고 축복해 주셨다.

의에 주리고 목마른 자

넷째, 하나님의 나라와 의를 실천하는 자는 '의에 주리고 목마른 자'이다. 이들은 의를 통해서 결국 보람과 성취와 만족을 느끼게 될 것이라고 예수님은 말씀하셨다.

영적인 의를 사모하는 자

하나님의 의는 복음이다. 예수 그리스도이다. 영적인 목표이다. 의에 주리고 목마른 자는 먼저 영적인 갈망이 있다. 예배, 기도, 말씀, 전도 등 영적인 훈련에 관심을 갖고 질적인 영성을 높이려는 태도를 갖는다.

이 땅의 가치보다 하늘의 가치를 높이 두고 영적인 공적을 많이 쌓는 사람이 된다.

사회적 의를 사모하는 자

의에 주리고 목마른 자는 사회정의에도 불타는 자이다. 정직한 자이다. 거짓말을 하지 않는 사람이다. 부정부패가 만연한 사회에서 사회적 공의를 바르게 실천하는 사람이다. 세상의 빛과 소금의 직분을 감당하는 자이다. 진정한 의(義)가 되시는 예수 그리스도의 삶과 성경적 삶을 사회에서도 충실히 감당하는 사람이다. 세상에서도 복음의 가치를 추구하며 세속적인 풍조를 좇지 않는 자이다.

긍휼히 여기는 자

다섯째, 하나님의 나라와 의를 실천하는 자는 '긍휼히 여기는 자'이다. 이런 자들은 내가 어려울 때 긍휼히 여김을 도로 받을 것이라고 예수님은 말씀하셨다.

다른 사람을 불쌍히 여기는 자

긍휼히 여기는 자는 먼저 다른 사람의 안 좋은 상태를 불쌍히 여기는 마음이 있는 자이다. 상대의 아픔에 연민을 느끼고 공감하고 같이 아파해 주는 사람이다. 그들을 위해 눈물을 흘리며 진심으로 기도해 주는 사람이다. 사실 긍휼을 베풀려면 먼저 마음이 긍휼해져야 한다. 마음이 긍휼해지지 않는데 어떻게 몸으로 긍휼을 보여 줄 수 있겠는가? 행동은 항상 마음에서부터 선한 동기가 일어날 때에 좋은 결과를 낳게 되는 것이다.

다른 사람을 구제하는 자

긍휼히 여기는 자는 가난한 자, 소외된 자, 연약한 자들을 마음으로뿐만 아니라 실제적으로 그들을 돌아보며 구제하는 자이다. 자비와 선행을 아낌없이 베푸는 자이다. 이웃과 함께 섬기고 나누며 더불어 살아가는 사람이다. 다른 사람의 아픔을 공감하며 최선을 다해 도와줄 줄 아는 사람이다. 마음도, 물질도, 기도도 병행하며 물심양면으로 필요를 채워 주는 사람이다. 교회가 바로 이런 곳이 되어야 한다.

마음이 청결한 자

여섯째, 하나님의 나라와 의를 실천하는 자는 '마음이 청결한 자'이다. 마음이 청결한 자는 하나님을 볼 것이라고 예수님은 말씀하셨다. 성경은 하나님을 보지 못하는 이유가 마음이 오염되었기 때문이라고 말씀한다. 그러므로 마음이 청결하면 하나님을 마음으로 보며 소통할 수 있게 되는 것이다.

순수한 양심을 지키는 자

마음이 청결한 자는 순수한 양심을 지키는 사람이다. 이런 사람은 세상을 살아갈 때 편법을 쓰지 않는다. 이기적 목적에 따라 이랬다저랬다 하며 변덕을 부리지 않는다. 세상에서 범죄했을 때 예수 그리스도의 피를 통해 빨리 회개하고 그 마음을 깨끗하고 순수하게 만들어 간다. 겉과 속이 투명하다. 양심이 순수해서 죄로 인해 오염되고 더럽혀지지 않으려고 기도하는 사람이다. 이런 사람은 하나님과 늘 소통하게 되어 있다.

거룩함을 좇는 자

마음이 청결한 자는 하나님의 형상을 따라 거룩함을 좇는 사람이다. 위선과 가식을 벗고 겸손하게 하나님만을 바라보는 자이다. 세상에서도 순수한 양심을 지키기 위해 적극적으로 거룩함과 순결함을 좇는다. 비록 손해를 본다 할지라도 하나님 앞에 바로 서려고 몸부림치며 성화와 성도의 견인을 지키려고 노력하는 사람이다. 이런 사람이 하나님을 만나고 하나님과 소통하며 기쁨을 누리는 사람이 된다.

화평하게 하는 자

일곱째, 하나님의 나라와 의를 실천하는 자는 '화평하게 하는 자'이다. 예수님은 화평하게 하는 자가 하나님의 아들이라 일컬음을 받을 것이라고 말씀하셨다. 화평은 하나님의 아들임을 알리는 표지이다. 성도가 새로운 피조물이 된 이후 처음 받는 직분이 화평의 직분이다.

기득권을 내려놓는 자

화평하게 하는 자는 분열주의자가 아니다. 가는 곳마다 문제를 일으키고 갈등을 조장하는 자가 아니다. 화목하고 화평하며 평화를 만드는 자이다. 그러기 위해서는 내가 가진 기득권을 먼저 내려놓아야 한다. 그것을 내려놓지 않으면 화평을 이룰 수 없다. 예수님도 하나님의 아들의 기득권을 내려놓고 성육신하여 십자가를 지심으로 화평을 이루셨다. 그러므로 화평하고자 하는 자는 학벌, 지식, 배경, 능력 등의 자기 기득권을 내려놓는 자가 되어야 한다.

공동체 유익을 먼저 생각하는 자

화평하게 하는 자는 공동체의 유익을 먼저 생각하는 자이다. 교회와 사회에는 다양한 사람들이 존재한다. 거기에는 지역 감정, 세대 차이, 빈부 차이, 학벌 차이, 남녀 차이, 가치관의 차이, 의견 차이 등이 공존한다. 이런 상호 차이가 있는 분위기 속에 사는 사람들이 자기 욕심과 이기심만 조장하면 결코 화평을 만들 수 없다. 오히려 미움과 다툼과 시기와 질투가 팽배하게 될 것이다. 그러므로 화평을 이루기 위해서는 나보다 가정의 유익을 먼저 생각하고, 나보다 교회의 덕을 먼저 생각하며, 나보다 국가의 중흥을 먼저 생각하는 자가 되어야 한다. 그럴 때 화평은 자연스럽게 나타나며 더불어 사는 아름다운 공동체가 될 것이다.

의를 위하여 박해를 받는 자

여덟째, 하나님의 나라와 의를 실천하는 자는 '의를 위하여 박해를 받는 자'이다. 예수님은 이들이 천국을 소유할 뿐만 아니라 하늘의 상급도 크다고 말씀하시며 크게 기뻐하라고 권면하셨다. 의를 위해 박해를 받는 자는 팔복 중에서도 가장 큰 축복을 받은 사람일 것이다.

믿음이 흔들리지 않는 자

의를 위하여 박해를 받는 자는 믿음이 굳건한 사람이다. 왜냐하면 믿음이 약한 사람은 조금만 시험이 와도 쉽게 넘어지기 때문이다. 사실 성도가 박해를 받는 것은 당연한 일이다. 왜냐하면 사탄은 우는 사자가 먹이를 찾는 것처럼 어떻게 해서든지 믿는 자를 넘어뜨리려고 하기 때문이다. 그래서 성도는 세상 속에서 수많은 유혹과 핍박과 시험을 주는 사탄의 세력과 무수히 싸워야 한다.

우리는 그것과 싸워 담대히 이겨야 한다. 그렇지 않으면 천국의 백성이 될 수 없다. 또한 이렇게 담대히 싸워 이기는 자에게 하늘의 상급이 크다고 말씀하시는 것이다. 성경을 보면 사도 바울이 그렇게 승리했고, 베드로도 승리했고, 요한이 그렇게 승리했다. 초대교회는 그들을 통해 든든히 세워졌던 것이다.

거룩한 사명을 가진 자

의를 위하여 박해를 받는 자는 거룩한 사명을 가진 자이다. 성도는 거룩한 사명을 위해 일할 때 많은 핍박과 박해가 있다. 시기와 질투가 있다. 반대와 저항을 만나게 된다. 고난과 시련을 겪지 않을 수 없다. 산이 높을수록 골도 깊기 때문이다. 사명은 멋진 것이지만 그만큼 고난도 따른다. 그러나 그 사명을 끝까지 감당했을 때의 보람과 축복은 이루 말할 수 없다. 참으로 귀한 것이며, 하늘의 상급도 무진장 크다고 할 것이다.

한국 교회와 성도들도 이런 거룩한 사명을 위해 어떤 고난이 와도 세상의 빛과 소금의 역할을 잘 감당해야 할 것이다. 성도는 고난과 핍박과 박해를 두려워하면 안 된다. 환난은 인내를, 인내는 연단을, 연단은 소망을 이루는 과정이기 때문에 끝까지 감당하면 더 큰 축복과 찬란한 영광이 기다리고 있다. 우리는 의를 위해 어떤 핍박도 영광스럽게 감당할 담대한 용기를 가져야 한다.

Chapter 7. 사랑(Love)

"새 계명을 너희에게 주노니 서로 사랑하라 내가 너희를 사랑한 것 같이 너희도 서로 사랑하라 너희가 서로 사랑하면 이로써 모든 사람이 너희가 내 제자인 줄 알리라"(요 13:34-35).

사랑의 축복

사랑은 사람을 설레게 한다.
헤어지면 또 만나고 싶다.
보고 또 보고 싶다.
항상 함께하고 싶다.

사랑은 사람을 행복하게 한다.
가난해도 외롭지 않다.
아파도 슬프지 않다.
고난이 와도 이길 수 있다.

사랑은 마음을 통하게 한다.
기쁨은 배로 늘어난다.
슬픔은 반으로 줄어든다.
함께 웃고 우는 공감이 있다.

01 자신을 사랑하라

너의 하나님 여호와가 너의 가운데에 계시니 그는 구원을 베푸실 전능자이시라 그가 너로 말미암아 기쁨을 이기지 못하시며 너를 잠잠히 사랑하시며 너로 말미암아 즐거이 부르며 기뻐하시리라 하리라 습 3:17

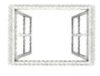 마음 문 열기(Ice-breaking)

　한 아이가 주일학교에서 '하나님이 내 안에 계시다'는 설교를 들었다. 그러자 그 아이가 집에 가서 엄마에게 묻기를 "엄마, 정말 하나님이 내 안에 계셔요?" 했다. 그때 엄마가 "그럼, 하나님은 너 안에도 엄마 안에도 계신단다" 하며 흐뭇하게 대답했다. 그러자 그 아이 왈, "그런데 엄마, 내 안에 계신 하나님이 아이스크림 먹고 싶대!"

이 시간 주제는 "자신을 사랑하라"이다. 예수님은 이 세상에서 가장 자존감이 넘치는 분이었다. 그는 하나님 아버지의 사랑에 충만했고, 감사했으며, 기쁨이 넘치는 분이었다. 그는 아버지와 자기가 완전 하나라고 말씀하셨다. 그만큼 그는 하나님 앞에 자존감이 충만한 분이었다.

우리 성도들도 마찬가지이다. 우리도 예수 그리스도 안에서 새로운 피조물이 된 이후부터는 하나님의 형상을 닮은 나 자신을 더욱 사랑하는 자들이 되어야 한다. 주님이 그렇게 나를 사랑하도록 만들어 주셨고, 나도 그의 사랑 안에서 나를 사랑하는 영적 에너지가 충만하게 생겼기 때문이다.

사랑에 미친 예수

예수님은 사랑의 그리스도이시다. 예수님은 먼저 자신을 뜨겁게 사랑하셨고, 이웃을 사랑하셨으며, 교회를 사랑하신 분이었다. 사랑으로 이 땅에 오셨고, 사랑으로 사셨고, 사랑으로 죽으셨다. 사랑으로 승천하셨고, 앞으로도 사랑을 가지고 오실 분이다.

예수님은 사랑의 하나님이시다. 예수님은 잡히시기 전날 밤 세족식과 성만찬을 베푸시며 마지막 유언과 같은 말씀을 제자들에게 새 계명으로 주셨다. 그것은 바로 서로 사랑하라는 계명이었다. 예수님은 자신이 직접 사랑을 몸소 실천하셨고, 제자들에게도 그 사랑의 계명을 지키라고 권고하셨다. 예수님은 이 땅에 율법을 폐하러 온 것이 아니라 율법을 완성하러 오셨다. 그것이 사랑이다. 사랑은 율법의 완성이다. 예수님은 십자가에서 율법의 대강령인 하나님 사랑, 이웃 사랑을 몸소 보여 주셨다. 율법은 십자가의 사랑으로 성취되었다.

자기 사랑

성도는 먼저 자기를 사랑할 줄 알아야 한다. 자기를 사랑해야 남도 사랑할 수 있기 때문이다. 자기 사랑은 성도의 건강한 자존감이다. 왜냐하면 하나님이 창조하신 사람은 만물 중에 가장 귀한 영장이기 때문이다. 또한 하나님께서 한 사람 한 사람 모두를 다 귀하게 만들어 놓으신 걸작품이기 때문이다. 서로 비교하면 안 된다. 모두가 다 하나님 보시기에 귀한 존재들이다.

더욱이 자기를 사랑할 줄 아는 사람이 다른 사람도 사랑할 수 있고, 하나님도 사랑할 수 있다. 역으로 말하면 만약 사람이 자기를 사랑하지 않는다면 어떻게 다른 사람을 사랑할 수 있겠는가? 만약 하나님이 창조해 주신 자기를 소중히 여기지 않는다면 어떻게 하나님을 사랑할 수 있겠는가? 결코 사랑할 수 없다. 그러므로 자기를 사랑할 줄 아는 사람이 하나님도 이웃도 가족도 사랑하는 마음을 갖게 되는 것이다.

자기애의 사랑

그러나 우리가 여기서 한 가지 명심해야 할 것이 있다. 그것은 자기사랑은 필요하지만 자기애의 사랑은 문제가 있다는 것이다. 왜냐하면 자기애의 사랑은 이기적 사랑이기 때문에 성격 장애에 해당된다. 그것은 자기밖에 모르기 때문에 다른 사람에게 피해를 주고 자기망상에 빠지게 된다. 심각한 정신병의 요소이다.

자기애의 사랑은 독선적이다. 편집적이다. 버릇이 없고 무례하다. 공주병, 왕자병에 걸린 사람들이다. 자기가 주장하는 모든 것은 곧 법이다. 다른 사람의 잘못은 무섭게 책망하지만 자기 잘못은 합리화하고 아무렇지도 않게 넘어간다. 이 세상에서 자기가 제일 중심에 서 있다. 하늘 아래 무서울 것이 없다. 모든 일과 상황에 자기가 주인공이 되어야 한다. 다른 사람은 다 엑스트라이다. 자기를 위해 존재하는 자들이다. 냉정하고 비열하다. 목적을 위해서 수단과 방법을 가리지 않는다. 자기가 생각할 때는 지극히 윤리적이고 그 기준이 정확하다고 말하지만 사실 남들이 보기에는 지극히 주관적이고 편협하며 불공평하다. 중요한 것은 이것을 본인이 모른다는 것이다.

성도는 자기사랑은 필요하지만 자기애의 사랑은 큰 문제가 있다는 것을 알아야 한다.

사랑의 결핍

사람마다 상처가 있다. 상처가 없는 사람은 없다. 아이들은 아이들대로 상처가 있고, 어른들은 어른들대로 상처가 있다. 왜냐하면 인생은 살다 보면 내 마음대로 안 되기 때문에, 본능과 현실의 차이를 극복하지 못하기 때문에, 사람들과 인간관계가 풀리지 않기 때문에 등등의 이유로 각종 스트레스와 쓴 뿌리와 상처를 안고 살아가게 된다.

더욱이 상처 뒤에는 사랑의 결핍이라는 가장 큰 원인이 숨겨져 있다. 나 자신을 사랑하지 못하는 이유도 사랑의 결핍으로 인한 쓴 뿌리와 상처를 온전히 치유받지 못했기 때문이다. 주로 이런 나 자신의 상처는 4가지 원인에서 오는 것을 발견할 수 있다.

자존감의 상처

첫째, '자기 정체성의 상실에서 오는 상처'가 있다. 즉 '내가 누구인가?'에 대한 긍정적인 자화상을 갖지 못한 사람에게서 발생하는 박탈감과 열등감의 상처이다. 이들은 하나님이 주신 자신만의 소중한 자아상을 느끼지 못하고 외모, 학벌, 돈, 능력, 출신 성분, 지역 감정, 가정 배경 등의 차이로 자존감에 심각한 상처를 입은 사람들이다. 또는 반대로 너무 과도한 우월감 때문에 인격이 덜 된 사람도 있다. 소위 잘나가고 잘난 체하는 사람들이다. 그러나 이들의 내면도 들여다보면 실제로 성장 배경의 쓴 뿌리와 상처가 수북이 쌓여 있는 것을 발견한다.

사람들은 주로 4종류의 정체성을 가지고 있다.

I am nothing

첫째는 '나는 아무것도 아니다'라는 생각이다. 'I am nothing'이란 생각이다. 태어날 때는 몰랐는데 자라면서 각자 종자가 다르다는 것을 점점 알게 된다. 나는 가난하고 무식하고 못난 집안에서 태어난 것을 알게 된다. 나는 하찮은 부모에 의해 대충대충 만들어진 존재라는 생각을 한다. 내가 태어난 곳이 다른 사람에게 거부감을 주는 것을 알게 된다. 그때부터 출신 성분, 가정 배경, 지역 감정, 능력과 실력의 차이, 외모의 차이 등을 인정하며 갈등하게 된다. 어떤 사람은 한국에서 태어났다는 이유만으로 자기를 학대하는 사람이 있다. 이런 사람들은 무조건 세상에 대해 분노하고 부정하며 파괴적으로 반응한다. 반대로 평생 기가 죽어 염세주의자로 살아가는 사람도 있다. 모두가 잘못된 생각이다.

구약성경에도 북쪽 이스라엘과 남쪽 유다 사이에는 지역 감정이 있었다. 열두 지파 사이에도 보이지 않는 집단 이기주의가 있었다. 그러나 그들은 하나님 안에서 믿음으로 하나 된 모습을 보였다. 오히려 다양한 환경이 하나님을 신봉하는 믿음으로 승화되어 더욱 단합되는 모습을 보였다. 예수님 시대에도 나다나엘이 "나사렛에서 무슨 선한 것이 날 수 있겠느냐?" 하며 예수님의 존재를 격하시켰다. 그러나 나중에 예수님을 만나고 그 가르침에 압도되어 자신의 잘못된 생각을 고치며 예수님의 제자로서 훌륭한 지도자의 길을 걷게 된다.

자기부정의 열등감을 가진 사람은 자기 정체성의 상처가 많다. 이들이 치유를 받으려면 자신이 얼마나 소중한 존재인지를 깨달아야 한다. 그러려면 예수 그리스도 안으로 들어와야 한다. 그러면 새로운 피조물로 거듭나며 건강한 자아상을 갖게 된다. 예수님이 나 같은 것을 위해 십자가에 죽기까지 사랑하신 놀라운 사실을 깨닫게 되면 내가 얼마나 소중한 존재인지를 알게 된다. 다시 말해, 예수님과 진정한 인격적 만남을 가져야 자기부정의 열등감을 가진 사람이 건강하게 치유받을 수 있다.

I am so-so

둘째는 '나는 다른 사람에 비해 별로다'라는 생각이다. 'I am so-so' '나는 그저 그렇다!' 라는 생각이다. '내 주제에 무슨 일을 하겠는가?' 나는 학벌도 없고 실력도 없고 돈도 없고 재주도 없고 인맥도 없고 외모도 별로이고 등등 다른 사람에 비해 잘난 것이 없다고 단정하는 사람이다. '나는 그저 그렇다' 하는 사람의 특징을 보면 항상 남과 비교하는 의식이 있다. 그래서 상대적으로 강한 열등감을 가지고 가정이든 직장이든 사회생활의 인간관계든 늘 불평과 원망으로 살아간다. 주로 빈곤의 악순환으로 소외되고 못 가진 자, 없는 자들에게 나타나는 현상들이다. 상대에 비해 늘 없다고 생각하기 때문에 부정적이고 사회를 비뚤어진 시각으로 바라보는 경향이 강하다.

이런 생각들이 못 가진 자들에게만 있을 것 같은데 꼭 그렇지는 않다. 가진 자, 능력 있는 자, 풍성한 자, 부유한 자, 유능한 자들에게도 많다. 비교의식 때문이다. 자기 하나만 볼 때에는 괜찮은 것 같은데 상대적으로 남과 비교하다 보면 나도 모르게 소외감, 박탈감, 열등감에 사로잡히게 된다. 서울대학생이 성적이 떨어졌다는 이유로 자살한다든지, 성공한 사업가가 다른 기업가에게 무시당했다는 이유로 한강에 투신자살한다든지, 잘사는 아줌마들이 조그만 비교 때문에 마음이 상해 고층 아파트에서 뛰어내리는 일이 이제 비일비재해졌다.

이것은 배운 사람은 배운 사람대로, 못 배운 사람은 못 배운 사람대로, 가진 자나 못 가진 자나 누구나 다 잠재적으로 상대적 박탈감에 따른 열등감이 있다는 것이다. 무엇 때문인가? 비교의식 때문이다. 누가 이런 생각을 주는가? 마귀 사탄이다. 기독교의 내적 치유는 이런 비교

열등의식을 가진 사람을 예수 그리스도를 통해서 새로운 자존감을 회복하게 하고 건강한 사명감을 갖도록 할 수 있다고 말한다.

서울로 상경한 청년이 있었다. 그는 학교를 제대로 나오지 못했지만 신앙심이 깊고 성실하고 적극적이었다. 일찍이 공장에 취직해 기술을 배웠고 그것으로 조그만 사업을 시작했다. 그 사업이 번창하여 제법 규모를 갖춘 공장의 사장이 되었다. 그는 교회 청년부에서도 열심히 봉사하는 일꾼이었다. 그러던 어느 날 그 교회 청년부의 가장 주목받는 퀸카 자매가 프러포즈를 한 것이다. 학벌도 좋고 미모도 출중한 자매였다. 모두가 놀랐다. 교회도 발칵 뒤집혔다. 그런데 둘은 너무 잘 어울려 다녔다. 한번은 그 자매가 부모님에게 정식으로 소개할 것을 걱정해 애인 청년에게 물었다.

"학교는 어디까지 나왔어요?"

"전 학교를 제대로 다니지 못했는데요."

"그래도 다닌 학교가 있지 않아요?"

"아, 생각났습니다. 전 어릴 때부터 여름성경학교를 다녔습니다."

그렇게 말하는 청년이었다. 그는 자신의 부족한 열등감을 깊은 신앙심과 적극적인 도전의식으로 극복하며 성공한 사람이었다. 결국 둘은 결혼해서 좋은 믿음의 가정으로 교회에 충성하는 일꾼이 되었다고 한다.

하나님은 말씀하신다.

"내가 너를 보배롭고 존귀한 자로 불렀다. 너를 통하여 위대한 일을 이룰 것이며 창대하고 번창하게 하리라. 강하고 담대하라. 좌로나 우로나 치우치지 말라. 내가 지시한 땅으로 가라. 그러면 어디로 가든지 무엇을 하든지 내가 너와 함께하리라. 내가 너를 도와주리라."

성경에 나오는 믿음의 사람들은 모두가 이 말씀을 붙들고 승리했다. 아브라함, 모세, 여호수아, 다윗, 베드로, 바울이 그랬다. 그리스도인은 믿음의 자존감과 건강한 사명감으로 이 세상을 너끈히 이길 수 있는 내공을 가진 사람들이다.

I am something

셋째는 '나는 뭐든지 할 수 있는 대단한 사람이다'라는 생각이다. 신념에 불타는 사람이다. 또는 잘못된 우월감을 가진 사람이다. 소위 'I am something' 이란 생각을 가진 사람이다. 나는 남들보다 탁월하고 비교도 안 될 만큼 종자가 좋은 사람이라고 자부하는 사람이다. 외모도 실력도 학벌도 능력도 명예도 좋은 가문도 다 갖추었다고 생각하는 사람이다. 성경은 이런 사람을 교만한 사람이라고 단정한다.

두 종류의 대단히 교만한 사람이 있다. 먼저 '선천적으로 교만한 사람'이 있다. 유전적으로 부모를 잘 만나 노력 없이도 탄탄대로를 걷는 사람이다. 수중에는 언제나 돈이 빵빵하고 큰 외제 차로 다른 사람들의 기를 죽이는 사람이다. 강남의 졸부 자녀들과 같은 사람이다. 또는 선천적으로 머리가 뛰어나 늘 다른 사람보다 앞서 가는 사람이다. 그래서 다른 사람이 못 따라오는 것을 이해하지 못한다. "저런 아랫것들, 무식한 것들, 자기 주제도 모르고, 병신들 육갑 떨고 있네!" 등등 상대를 무시하고 깔보고 잘난 체하는 사람이다. 지극히 소인배적인 행동들이다.

이들은 사회악의 뿌리이고 병든 공동체를 만드는 주범이다. 사회로부터 규제받아야 할 대상이다. 그러나 만약 가진 이들이 건강한 자존감으로 겸손하게 진정성을 가지고 나누고 베푼다면 정말 아름다운 사회와 가정이 될 것이다. 그런 사람은 진심으로 존경받아야 할 것이다.

다음은 '후천적으로 교만한 사람'이 있다. 소위 자수성가한 사람이다. 이들은 인생 역전 드라마의 스토리가 있다. 고난과 역경과 시련을 극복하고 성공한 사람들이다. 뜨거운 신념으로 일을 성취하고 사회적으로도 명망이 있는 사람들이다. 못 가지고 못 배운 사람에게는 희망이 되며, 롤 모델이 될 수 있는 사람들이다. 그런데 후천적으로 성공한 대다수의 사람들을 보면 그들 또한 가난했던 옛적 일은 잊어버리고 자신의 성공신화만 써내려가려는 경향이 있다. 그래서 "내 옛날 시절에는 안 그랬는데 요즘 애들은 다 틀려먹었어! 너희들은 왜 그 모양들이야? 나처럼 좀 할 수 없어? 하는 일들이 왜 그래? 그렇게밖에 할 수 없어?" 등등 자신의 업적만 늘어놓으려고 하는 사람들이 있다.

우리는 성공하면 어려웠던 옛날 일을 생각하며 나는 그러지 말아야지 하고 더 후덕할 것 같은데 실제로는 그렇지 못하다. 막상 성공하면 이전보다 더 수단과 방법을 가리지 않고 성공신화를 일구어 가려는 파렴치한이 되는 경우가 있다. 그래서 어려운 사람들을 도와주기보다는 오히려 그들을 이용해 또 다른 성공의 발판으로 삼아 더욱 번창하려는 욕구를 가진다.

안타깝지만 이것이 현실인 경우가 많다. 이것 또한 잠재된 열등감의 발로이다. 자신을 더 과시하고 싶은 깊은 내면의 또 다른 열등감의 표현인 것이다. 이것이 건강하지 못한 모습으로 나타나 욕심과 교만으로 표출된 것이다. 그러나 자수성가하였음에도 겸손하게 초심으로 돌아가 나누고 베풀며 후덕한 인생을 걷는 사람은 당연히 사회에서도 진심으로 존경하며 더 발전할 수 있도록 밀어 주어야 할 것이다.

I am something in Jesus Christ

넷째는 '내게 능력 주시는 자 안에서 모든 것을 할 수 있다'는 생각이다. 'I can do everything in Jesus Christ'이다. 성경적인 자존감이다. 내 힘으로 하는 것이 아니고, 내 능력으로 하는 것이 아니다. 오직 여호와의 능력으로 감당하는 것이다. 하나님이 힘을 주실 때 그 어떤 것도 할 수 있다는 믿음이다. 이것은 외부의 환경이나 능력과는 상관이 없다. 진정한 하나님의 사람이 되면 하나님의 은혜로 승리하는 인생을 걸을 수 있다는 신앙관이다.

사람은 누구나 나름대로 열등감이 있다. 배웠든 못 배웠든, 가졌든 못 가졌든 누구에게나 한 가지 이상씩은 열등감이 있다. 또한 반대로 내가 남들보다는 무언가를 잘한다고 자부하는 잠재된 우월감도 있다. 그런데 신앙이 없는 세상 사람들은 이렇게 드러나는 외부적 환경과 배경에 따라 마음이 자주 흔들린다. 환경이 안 좋으면 금방 열등감에 빠진다. 돈이 없거나 지식이 부족하거나 배경이 없을 때 나도 모르게 기가 죽고 의기소침해진다. 그러다가 성공하고 출세하고 잘되고 외부적 환경이 좋아지면 금방 교만한 우월감에 빠지기도 한다. 이것이 세상 사람들의 성향이다.

그러나 믿음의 사람은 결코 그렇지 않다. 자기 정체성을 확고히 지키며 외부적 환경에 휘둘리지 않는다. 나의 나 됨이 하나님의 은혜로 된 것임을 안다. 가난해도 자존감을 누릴 줄 안다. 고난과 시련이 와도 낙심하지 않는다. 못 배웠어도 실망하지 않는다. 배경이 안 좋아도 기가 죽지 않는다. 왜냐하면 예수 그리스도 안에서 새로운 피조물로 거듭났기 때문이다. 이제부터는 외부적 조건과 환경이 장애물이 아니라 그것을 뛰어넘을 수 있도록 내게 능력을 주시는 주님이 계시기 때문에 나는 무엇을 하든지 이 세상을 승리할 수 있는 힘과 지혜를 얻게 된다고 확신한다. 이것이 성경적인 자존감을 갖는 방법이다.

거짓 행복은 환경에 따라 움직인다. 예를 들어 거짓 행복은 물질에 따라, 학벌에 따라, 배경에 따라, 성공에 따라, 명예에 따라, 출세에 따라, 권력에 따라, 세상의 흐름에 따라 행복도가 달라진다. 만약 환경이 좋아야만 행복하다면 그것은 거짓 행복이다. 참된 행복은 환경과 여건을 뛰어넘는 내면의 행복이요, 주님의 능력을 통해 받는 무한한 사랑의 행복이다. 이것은 가난해도 행복하다. 실패해도 행복하다. 울면서도 행복하다. 고난에 처해 있어도 행복하다. 풍부와 궁핍에도 일체의 비결을 배울 수 있다. 그러므로 행복한 자기 정체성의 확립은 각자에게 주신 주님의 사랑과 은사를 깨닫는 것이고, 주님의 진정한 소명과 섭리를 깨닫는 것이다.

현실 갈등의 상처

둘째, 내 자아의 상처는 '본능과 현실의 차이에서 오는 갈등'에서도 나타날 수 있다. 본능은 더 좋은 이상을 추구하고 싶지만 현실은 그것을 따라주지 못한다. 무던히 노력을 해도 계속 실패를 할 때 거기에서 오는 갈등으로 인한 상처들이 생길 수 있다. 자연히 내 자아는 상처를 받게 되는 것이다.

억압(repression)

첫째는 '억압'에 대한 갈등이다. 생각을 억누르는 것이다. 나는 마음대로 말하고 싶지만 사회적 환경이 그렇지 못할 때가 있다. 또 하고 싶은 행동을 마음대로 하고 싶지만 도덕적이고 윤리적으로 그렇게 하지 말아야 할 때도 있다. 세상을 살다 보면 그렇게 만만치 않게 된다. 여자는 여자같이 다소곳해야 하고, 남자는 남자같이 용감하고 넓은 마음을 가져야 한다. 이런 사회적 규칙과 규범이 때론 나를 얽어맬 때가 있다.

건강한 자아를 가진 사람은 그런 상황이 오면 자신을 적당하게 억압하며 조절하는 성숙한 능력을 배운다. 그러나 미성숙한 사람은 이것이 잘되지 않기 때문에 신경질적인 히스테리, 신경쇠약, 우울증, 불면증, 집착, 화병 등으로 발전된다. 또는 반대로 분노와 혈기로 공격적이고 도전적이며 반항적으로 바뀔 수도 있다. 마음의 상처로 남는 것이다.

합리화(rationalization)

둘째는 '합리화'에 대한 갈등이다. 마음은 원이지만 현실이 받쳐 주지 못할 때 포기하며 '합리화'라는 단어를 꺼낸다. 여우가 포도를 따 먹으려고 펄쩍 뛰지만 키가 작아 따 먹을 수가 없다. 그때 포기하며 "저건 신 포도일 거야!" 하며 합리화한다. 한 청년이 길에서 예쁜 여자를 보며 사귀고 싶지만 용기가 나지 않는다. 그래서 포기하며 합리화한다. '저 여자는 예쁘니까 애인이 있을 거야!' 이런 것들은 소극적인 태도의 자기 합리화를 이루기 위한 변명의 수단이다. 그러나 이런 합리화가 자주 일어나게 되면 감정이 움츠러들고 소극적이 되며, 우유부단하고 내성적이 되고, 매사에 자신감을 잃어버리게 된다. 자연히 마음의 상처로 남게 되는 것이다.

가면(mask)

셋째는 '가면'에 대한 갈등이다. 위선과 외식과 가식이 있는 자기 자신을 바라보며 갈등하는 것이다. 사람은 살아가면서 자기 자신을 지키기 위한 지위와 체면이 있다. 소위 품격(dignity)이라는 것이 있다. 교수는 교수로서의 품격이 있다. 목사는 목사로서의 품격이 있다. 아버지는 아버지로서의 품격이 있다. 그것을 지키기 위해 스스로 가면을 쓰고 체면을 유지하며 때로는 거짓말도 하고 숨기기도 하며 내가 원치 않는 행동도 해야 한다. 그런 행동 가운데 생겨나는 갈등이 나의 내면에 알게 모르게 차곡차곡 상처로 쌓이는 것이다.

이런 현상이 계속되면 퇴행성 유아기적 행동으로 변한다. 감정을 조절하지 못하고 먹고 마시고 춤추고 울고 소리친다. 반대로 더욱 냉혈인간이 되어 더 위선적이고 가식적으로 세상을 자기 방식대로 지배하려고 한다. 이런 것들도 내 자아를 깨뜨리는 현실 갈등의 상처로 남게 되는 것이다.

시기 질투(envy)

넷째는 '시기 질투'에 대한 갈등이다. 주로 자기애성과 편집성 인물에게 나타나는 현상이다. 이들은 자기중심적이기 때문에 자기를 과장하고 분에 넘치는 자기 존중이 있다. 이기적이고 동정심이 없으며 과대망상적이고 자기 집착이 아주 강하다. 그래서 자기 마음대로 되지 않을 때에는 비이성적으로 돌변하며, 그때는 무슨 일을 저지를지 아무도 모를 정도로 극단적인 행동도 서슴지 않는다.

이들은 남이 잘되는 꼴을 보지 못한다. 자기보다 잘하는 사람이 있으면 시기 질투가 하늘을 찌르듯이 참지 못한다. 자기 주관대로 비판하고 책임을 전가하며 복수심도 강하다. 그러다 자기 뜻대로 되지 않을 때는 성질을 참지 못하고 분노 폭발, 폭력 행사, 알코올 중독, 우울증, 정신분열증, 자살 등 심각한 결과로 치닫는다. 모두가 다 마음의 상처로 인한 극단적인 행동이다.

현실 갈등 해결의 대안

우리는 이러한 현실 갈등의 상처들을 잘 승화시켜 나가야 한다. 다시 말해, 내가 하고 싶은 본능과 그것이 되지 않는 현실이 갈등을 일으키며 쓴 뿌리와 상처를 만들 때 우리는 이것을 해소할 수 있는 좋은 대안을 가지고 있어야 한다. 그런 대안을 가지고 현실의 갈등을 개선해 나가면 건강한 자아로 변화되며 행복한 삶을 살아갈 수 있게 될 것이다.

첫째, 현실에 대한 불만족의 갈등을 해소하기 위해 육체적인 운동을 하는 것이 좋다. 마음의 갈등으로 인한 상처는 반드시 풀어야 한다. 풀지 않으면 무의식 속에 더욱 쌓여 어느 순간 폭발적으로 표출되기 때문에 심각한 문제를 야기시킨다. 그러므로 조깅, 등산, 수영 등 육체적인 운동으로 마음에 쌓인 것들을 규칙적으로 풀어 주어야 한다.

둘째, 문화 활동을 통해 갈등의 에너지를 전이시키는 것이다. 그림을 그린다든지, 노래를 부른다든지, 영화를 감상한다든지, 독서 클럽 모임에 참석해 심도 깊은 토론을 한다든지 등등으로 에너지를 발산하는 것이다. 차이코프스키의 "백조의 호수"는 그가 젊은 시절 사랑의 욕구로 기숙사 담을 넘고 싶을 때마다 곡을 쓰고 음악에 전념해 만든 불후의 명작이라 한다. 대체공간을 통해 마음의 갈등을 승화시킨 좋은 예이다.

셋째, 봉사활동을 통해 갈등 에너지를 해소할 수 있다. 가난한 자들, 병든 자들을 도와주다 보면 나도 모르게 치유가 된다. 병원, 감옥, 고아원, 양로원 등 도와줄 수 있는 봉사활동을 찾아 섬김의 시간을 가지면 마음의 갈등과 상처도 자연히 치유받을 수 있다. 실연을 했을 때 예쁜 강아지를 한번 키워 보라는 추천을 받는다. 왜냐하면 거기에 사랑의 에너지를 쏟다 보면 과거의 상처가 자연스럽게 치유되는 경우가 많기 때문이다. 모두가 봉사활동을 통해 사랑의 전이로 바꾸어 나가는 것이다.

넷째, 종교심을 통해 자신의 욕구를 승화시키는 것이다. 가장 건강한 자기 승화의 방법이다. 부족한 자아를 하나님의 은총으로 가득 채우며 기도와 성경읽기, 묵상 등을 통해 주님의 뜻을 발견하고 자아를 실현해 나가는 방법이다. 믿음으로 마음의 상처를 극복한 사람은 오히려 거룩한 소명감으로 인생을 더욱 생동감 있게 살아갈 수 있다. 성 프란체스코, 어거스틴, 칼빈, 테레사 수녀, 슈바이처, 리빙스턴 등이 이런 종교적 승화를 통해 하나님의 위대한 사역을 한 사람들이다.

가정 불화의 상처

셋째, 자아의 상처는 '가정의 불화'에서도 온다. 사실 마음의 상처는 가정의 쓴 뿌리에서 기인하는 것이 대부분이다. 그 사람의 성장 배경을 보면 가정환경을 결코 무시할 수 없다. 부모와 자녀, 형제와 형제들끼리

한 집에서 수십 년 동안 얽혀서 살아가기에 그 속에서 수많은 기쁨과 슬픔, 쓴 뿌리와 상처를 주고받게 된다. 그래서 가정에서 상처를 받은 사람들은 커서도 그 성격을 버리지 못하고 계속 문제아로 남는 경우가 많다. 그만큼 가정 불화의 상처는 크고 깊다.

가정 불화의 상처는 몇 가지로 분류할 수 있다.

대물림의 상처

첫째는 가계에 내려오는 '대물림'의 상처가 있다. 그 가문 대대로 내려오는 나쁜 전통과 고착화된 습관의 굴레가 있다. 먼저 조상 대대로 내려오는 '질병의 대물림'이 있다. 한 가정에 당뇨나 위장병, 암이 많은 경우 그 가족력을 보면 대부분 조상 때부터 내려오는 잘못된 굴레가 있다. 음식습관이 그대로 대물림이 된 경우이다. 이런 가정은 음식을 조심해야 한다. 음식이 짜면 줄여야 하고, 청결하지 못한 습관이 배어 있으면 고쳐야 한다. 만약 음식을 규칙적으로 먹지 않으면 개선해야 한다. 집안의 나쁜 음식문화를 고치지 않으면 대물림은 계속될 것이다.

다음은 조상 대대로 내려오는 '나쁜 습관의 대물림'이 있다. 조상들 중에 바람을 피웠거나 도벽이 있거나 알코올 중독자가 있다면 그 자손들도 조심해야 한다. 이것은 나쁜 습관이 정서적으로 대물림되기 때문이다. 알게 모르게 보고 듣고 배우게 된다.

후손들에게 2가지 반응이 나타난다. 알코올 중독자 아버지를 보고 자란 두 아들이 하나는 아버지와 똑같이 알코올 중독자가 되는 경우가 있고, 또 하나는 아버지와 같지 않기 위해 알코올 중독자를 치료하는 의사가 되는 경우도 있다. 이렇게 나쁜 습관에 대한 대물림을 어떻게 대

처하느냐에 따라 달라질 것이다. 그러나 대체적으로 의사 집안에서 의사가 나오고, 선생 집안에서 선생이 나오고, 목사 집안에서 목사가 나온다. 가정의 전통적인 대물림이 있기 때문이다. 그만큼 자녀에게는 조상과 부모의 영향이 중요 요소가 되는 것이다.

또한 조상 대대로 내려오는 '영적인 대물림'도 있다. 집안에 내려오는 영적인 정서도 무시할 수 없다. 어떤 가정에는 무당이 많다. 그래서 귀신적인 정서를 안고 자라 온 자녀들이 무당이 되는 경우도 많다. 이런 가정에서 자란 사람들 중에는 연예인 활동을 하다가 무당이 되기도 한다. 사업을 하다가 무당이 되기도 한다. 그 집안을 따져 보면 대부분 조상들이 무당 출신들이 많은 것을 발견하게 된다.

또 어떤 집안은 무당은 되지 않아도 무슨 일만 있으면 무당에게 찾아가 점과 복술을 의지하는 사람도 있다. 그것도 자녀들이 보고 듣고 배운다. 그들이 크면 문제가 생길 때 부모가 했던 것처럼 똑같이 무당을 찾아가는 경우가 많다. 또한 기독교인들 중에서도 부모가 늘 기도하는 습관을 자녀들에게 보여 주면 그 자녀들도 자연히 배우게 된다. 부모가 예배를 중시하면 그 자녀들도 그것을 암묵적으로 배운다. 그 가정에 흐르는 영적인 대물림이 있다는 것이다.

성장 배경의 상처

둘째는 '성장 배경'의 상처에서 가정 불화가 기인할 수 있다. 가정의 쓴 뿌리는 대부분 성장 배경의 이력서를 보면 알 수 있다. 왜냐하면 그 사람이 어떻게 성장했느냐에 따라 성격 형성에 영향을 미치기 때문이다. 아동심리학자들은 대부분 7세가 되면 기본적인 성격 형성은 끝난다고 한다. 그리고 12-13세 초등학교 때까지의 학습과 경험은 그들의 장래 꿈과 성격 발달에 지대한 영향을 미치는 가장 중요한 시기라 한다. 그래서 어릴 때 자라면서 부모로부터 받는 상처나 형제와 친구 사이에 생긴 쓴 뿌리는 평생 두고두고 남게 된다.

특별히 어릴 때 성장 배경은 신앙생활에도 막대한 영향을 미친다. 내가 보는 아버지의 이미지가 내가 믿는 하나님의 이미지와 교차될 가능성이 많다. 늘 책망하는 아버지 밑에서 자라면 하나님도 늘 징계하시고 책망하시는 분으로 생각한다. 또한 매일 가정에서 힘없이 기가 죽어 있는 아버지의 모습을 보고 자란 아이는 하나님 아버지도 왠지 모르게 유약할 것 같은 생각을 하게 된다. 나를 버리고 도망간 아버지를 보고 자란 아이는 하나님도 언젠가는 외면하실 것이란 두려움을 갖게 된다. 어릴 때 이유 없이 심한 폭행을 당하며 자란 아이는 하나님도 시도 때도 없이 때리시는 분으로 연상하게 된다. 이처럼 자녀들이 어떤 부모 밑에서 자라느냐에 따라 신앙 행위의 스타일도 달라지고 하나님을 바라보는 시각도 달라질 수 있다.

그러면 성장 배경에서 나타나는 상처를 크게 3가지로 나누어서 조명해 보자.

• 과잉보호 스타일

첫째로 '과잉보호 스타일'이 있다. 자녀를 너무 품에 끼고 사는 스타일이다. 자녀가 마치 자기 마스코트인 양 자녀 없이는 살 수 없는 집착형 부모 스타일이다. 모든 것이 자녀 중심이다 보니 자녀가 원하는 것은 다 들어준다. 그러다 보니 자녀에 의해 질질 끌려 다니는 부모도 많다. 반대로 자녀는 부모의 손바닥 안에 있어야 한다고 생각하며 무엇이든지 이렇게 하라 저렇게 하라 간섭하며 자기 스타일로 끌고 가는 부모도 많다. 모두 다 과잉보호 스타일이다.

먼저, 어릴 때부터 원하는 것은 무엇이든지 다 충족이 되며 자란 아이들은 지극히 자기중심적이다. 자기주장이 강하고 무례하고 버릇이 없다. 사회성도 결여되어 있다. 관계를 맺을 때도 좌충우돌한다. 의견 조율이 어렵다. 자기 식대로만 하려고 한다. 잦은 싸움과 갈등을 유발한다. 그러나 이런 아이들이 자기 스타일로 따라오는 친구나 그룹을 만날 때는 문제가 없다. 자신감이 넘치고 일도 척척 잘해 나간다. 모두가 자기를 도와주기 때문에 오히려 시너지 효과가 있다.

그러나 누군가 반대를 하거나 방관을 하면 참지를 못한다. 비판하고 무시하고 잘라 버린다. 타협이 없다. 갈등이 계속된다. 물론 어릴 때 과잉보호로 자란 아이들이 정서적으로 안정적일 수 있다. 사랑을 받고 자랐기 때문이다. 그러나 이것이 너무 지나치다 보면 역기능 작용을 하며 가정의 골칫덩어리 문제아로 자라게 된다.

다음으로, 어릴 때부터 부모의 손바닥에서 자란 아이들은 의존적이다. 우유부단하고 내성적이다. 사람의 눈치를 자주 본다. 한국 부모들은 참으로 대단하다. 자녀교육에 좋다 하면 무엇이든 다 한다. 학원이든 과외든 해외연수든 돈과 상관없이 맹목적으로 투자한다. 아이들 재능과는 상관없다. 아이들 의사는 묻지도 않는다. 내가 좋으면 된다. 어떻게 해서라도 꼬여서 해외연수, 집중 아카데미 코스, 스파르타식 기숙사 등에 집어넣는다.

여기에는 두 가지 위선이 있다. 하나는 "내가 못 배웠으니 너라도 잘 배워 출세하라!"는 한맺힌 부모의 열등감과 자식을 통해 대리만족하려는 충동의식이 섞인 것이다. 또 하나는 배운 부모들에게 나타나는 현상으로 부모의 위신과 체면 때문에 "내가 의사인데, 내가 변호사인데, 내가 선생인데, 내가 목사인데!" 하며 "최소한 너는 연고대는 가야 해!" 하며 윽박지르는 것이다. 이럴 때 아이들은 숨이 탁탁 막힌다. 이 모든 것이 과잉보호의 역작용, 반작용, 부작용이다.

• 무사방임 스타일

둘째로 '무사방임 스타일'이 있다. 자녀를 마음대로 풀어놓고 키우는 스타일이다. 부모가 그렇게 하고 싶어 그런 것이 아니라 경제적으로 힘들거나 예기치 못한 가정의 구조적 문제가 생겨서 어쩔 수 없이 그런 경우가 많다. 부모가 하루 종일 일하고 돌아오면 피곤하고 지쳐 아이들 공부시키는 것도 힘에 부친다. 아이들 관리할 힘도 없다. 자기들이 하는 대로 내버려 둔다. 대학을 보낼 때도 알아서 자율적으로 가게 한다. 자녀들이 어려운 일을 당할 때 수수방관하며 책임을 회피하기도 한다.

이런 자녀들은 정서가 안정되어 있지 않다. 주위가 산만하다. 한 곳에 지그시 있지 못하고 여기저기 싸돌아다니는 것을 좋아한다. 아니면 이와 정반대로 아예 집에만 있고 내성적이며 자신감이 없고 손톱을 깨문다든지 정서가 늘 불안한 상태이다. 항상 마음에 불만이 가득 차 있고 잠재된 반항의식이 쉽게 가라앉지 않는다. 애정 결핍이 심하고 자신의 열등감을 감추기 위해 상대에 대해 공격적이며 저항의식이 강하다. 이런 자녀들이 자라면 불특정 다수를 향한 분노와 공격이 솟아오르기도 한다.

• **자녀편애 스타일**

셋째로 '자녀편애 스타일'이 있다. "열 손가락 깨물어 안 아픈 손가락이 없다"고 했다. 자녀가 열이 있다면 모두가 다 공평하게 사랑하게 된다는 말이다. 그러나 현실은 그렇지 않다. 자녀를 키우다 보면 예쁜 자녀가 있고 미운 자녀가 있기도 하다. 그래서 가끔은 편애가 나오기도 한다. 그러나 그렇다고 해서 부모가 자녀들이 보는 앞에서 아주 티가 나도록 편애를 한다면 그것은 분명 그 가정에 문제를 일으키게 된다. 부모의 지나친 편애는 형제간에 시기와 질투를 일으킨다. 서로 사랑을 받으려고 수단과 방법을 가리지 않는다. 형제간에 보이지 않는 암투가 생긴다. 때론 서로 물고 뜯고 하는 살육의 과정을 겪기도 한다.

이삭과 리브가의 가정이 그랬다. 아버지 이삭은 에서를 편애했고, 리브가는 야곱을 편애했다. 그들의 자녀인 에서와 야곱은 서로 비교하며 시기하고 질투하며 미워했다. 장자권을 서로 차지하려고 다투고 속이고 암투를 벌였다. 그들은 둘 다 집안에서 문제를 일으키는 자녀들이 되었다. 에서는 어머니의 마음을 헤아리지 못하고 이방 여인과 자기 마음대로 결혼했고, 야곱은 아버지를 속이고 축복기도를 받았으며 형의 복수가 무서워 타향으로 도망갔다. 그 결과 가족들은 모두 상처투성이가 되어 하나로 뭉치지 못하고 갈기갈기 찢겨졌다.

모두가 편애의 부정적인 결과였다. 부모의 편애는 반드시 형제간에 시기 질투와 미움을 낳기 때문에 조심해야 한다. 그 가정에 두고두고 문제를 일으키는 갈등의 요인이 된다.

편애는 또 다른 편애를 낳기도 한다. 다시 말해, 부모의 자녀 편애가 다음 세대 자녀들에게도 똑같은 편애 현상으로 이어질 수 있다. 야곱

가정의 경우가 그렇다. 야곱은 어머니의 편애로 자랐다. 그런데 그 또한 성장해서 아내들과 자녀들을 편애하며 살았다. 첫째 아내 레아보다 둘째 아내 라헬을 더 사랑하며 편애했다. 그리고 라헬의 아들들인 요셉과 베냐민을 다른 아들들보다 편애했다. 더 좋은 옷을 입혔고, 형들은 일을 해도 그들은 일을 시키지 않았으며, 오히려 형들을 감독하게 하고 아버지에게 고자질하게 만들었다. 당연히 형들의 시기와 질투가 따라올 수밖에 없었다. 결국 형들의 시기 질투로 요셉은 깊은 웅덩이에 던져졌고 나중에 미디안 상인에게 노예로 팔려가는 비참한 결과를 낳았다. 아버지는 평생 슬픔 가운데 살아가야만 했다.

편애는 복수를 낳는다. 편애는 시기 질투 미움으로 발전하여 나중에는 살인까지 갈 수도 있다. 그래서 편애를 조심해야 한다. 편애는 집에서 몰래 칼을 품게 하는 것이다.

태중에 받은 상처

넷째로 가정 불화의 원인 중 태중에서 받은 상처도 무시 못한다. 태아는 영혼을 가진 생명이다. 한 인격체이다. 지정의(知情意)를 가지고 있다. 예를 들어, 임신 3개월만 지나도 산모가 손바닥으로 오른쪽 배에 대고 "발로 세 번만 차줄래?" 하면 진짜 세 번 발로 찬다고 한다. "두 번 차줄래?" 하면 두 번 찬다는 것이다. 아이가 인지하고 있다는 것이다. 또한 산모가 아이를 낙태하기 위해 병원에 가 수술을 할 때 태아는 의사의 칼이 안으로 들어오는 것을 인지한다고 한다. 그리고 그 칼이 자기를 해치려는 것을 알고 이리 피하고 저리 피하며 갖은 애를 다 쓴다고 한다. 그것이 다 영상을 통해서 판독이 된다는 것이다.

이처럼 태아도 느끼는 감정이 있고, 인식하는 지성이 있고, 도망가려는 의지가 있다는 것이다. 그러므로 태아를 산모의 배 속에 있다고 함부로 대하면 안 된다. 아이는 그 안에서 다 느끼고 듣고 행동한다.

특별히 태아는 산모의 정서적 상태에 민감하게 반응하며 많은 영향을 받는다. 가령 산모가 밤에도 잠을 제대로 자지 못하면 태아도 같이 잠을 설치며 뜬눈으로 새운다. 산모가 음악을 좋아하며 기분 좋은 정서적 상태를 유지하면 태아도 정서적으로 안정이 되어 있다. 만약 산모가 신경질적으로 짜증을 내고 불만으로 가득한 상태이면 태아도 불안한 심리상태를 지니게 된다. 산모가 음식도 먹지 않고 허약체질로 산다면 태아도 영양실조 현상이 나타난다. 산모가 평소에 화를 자주 내고 욕하는 습관을 가지면 태아도 나중에 그런 성격적 현상이 나타난다. 이처럼 태아는 산모의 정서적 상태에 따라 심각하게 반응하는 특징이 있다.

따라서 임신 중 태교가 아이들이 태어나 성장할 때 얼마나 중요한 영향을 끼치는지 잘 알 수 있다. 그러므로 자녀들의 성격 장애는 태중에 받은 상처도 무시할 수 없는 중요한 요소가 됨을 잘 알아야 한다.

가정 불화의 치유

가정 불화의 상처는 어떻게 치유받을 수 있겠는가? 우선 상처받은 기간만큼 치유의 시간도 길다는 것을 알아야 한다. 물론 성령의 능력으로 단 한 번에 치유되는 경우도 있겠지만, 대부분의 경우는 단번에 치유가 이루어지는 것이 아니라 조금씩 훈련을 통해 성숙해 간다는 얘기이다. 가정에서 20-30년 동안 쌓인 상처와 쓴 뿌리를 어떻게 단번에 치유받을 수 있겠는가? 그것을 치유받으려면 그만큼의 비슷한 시간을 두고 점진적으로 신뢰와 관계 회복이 필요할 것이다.

• 어린 시절을 말하라

먼저 가정에서 받은 상처를 치유받으려면 부모님과 어린 시절에 대해서 진솔하게 얘기해야 한다. 과거의 응어리진 것을 먼저 풀어야 하기 때문이다. 그러나 과거의 상처를 풀지 않고 가슴에만 묻어둔다면 그 상처는 무의식 속에 두고두고 남게 될 것이다.

그러므로 무시당했던 일, 폭력이나 인신공격, 비판이나 책망, 좌절과 열등감, 형제간의 비교 등 가정의 부정적인 요소들을 솔직히 털어놓고 내 감정을 표출해야 한다. 다시 말해, 내 안에 응어리진 것을 다 씻어내는 작업을 해야 한다는 것이다. 이때는 소리를 내어 펑펑 울어도 좋다. 아니면 조용히 밀려오는 감정에 말없이 하염없이 눈물을 흘려도 좋다. 그냥 안 울어도 좋다. 하지만 내 안의 깊은 상처의 감정은 솔직히 표현하는 것이 치유의 첫 출발이다. 얘기를 해야 치유가 시작된다.

• 용서하라

다음은 용서하는 시간이 필요하다. 부모에게 받은 상처이면 부모를 용서하고, 형제에게 받은 상처이면 형제를 용서하고, 내 자신이 싫어서 받은 상처이면 나를 용서하는 단계를 거쳐야 한다. 그런데 이것이 쉽지 않다. 상처는 말을 해서 풀었지만 막상 현실에 부닥치면 또 비슷한 상황이 펼쳐지기 때문에 달라진 것이 아무것도 없다. 그래서 또 상대방에게 깊은 상처를 받고 쳇바퀴 돌듯이 살아간다. 이러면 안 되는 것이다.

따라서 용서는 무조건 나로부터 시작되어야 한다. 상대와 내가 쌍방으로 관계 회복이 되면 좋겠지만 그것이 쉽지 않다. 따라서 내가 먼저 나를 용서하고 내 마음에서 상대를 용서해 버리는 것이다. 나를 먼저 용납하고 용서하지 않으면 상처를 결코 치유받을 수 없다. 받은 상처가 아프기는 하지만 나까지 미워해서는 안 된다. 빨리 상처의 감옥에서 빠져나와 내가 먼저 자유를 경험해야 한다. 내 본래의 자존감을 회복해야 한다. 그럴 때에 용서의 단계를 건강하게 넘어갈 수 있다.

• 관계를 회복하라

다음은 관계 회복의 시간이 필요하다. 상처 치유가 단번에 이루어지면 좋겠지만 상대가 있기 때문에 힘든 것이다. 그러므로 성숙하게 무르익을 시간이 필요하다. 그때까지 점진적으로 인내하며 관계 회복을 꾀해야 한다. 물론 서로의 노력이 필요하겠지만 더 중요한 것은 내가 변하면 상대도 변한다는 것이다. 부모가 1% 변하면 자녀는 10% 변한다고 한다. 그만큼 영향력이 크다는 것이다. 마찬가지로 남이 변해서 이해해 주기를 바라기보다는 내가 먼저 능동적으로 변하고, 상대와 관계 회복을 이루려 한다면 시간이 가면서 조금씩 해결되는 역사가 있을 것이다.

앞서 말했지만 이것은 시간이 필요한 일이기 때문에 무수한 연단과 훈련의 기술이 필요한 단계이다. 서로의 공감대와 깨달음이 있어야 치유의 행동을 취할 수 있기 때문이다. 관계 회복의 시간은 상호 책임의 공감이 이루어질 때 나타날 수 있다.

• 기도하라

마지막으로 기도하는 단계이다. 상처를 치유하고 관계를 회복하는 데에는 시간이 필요하다. 그러기 위해서는 기도라는 영적인 훈련이 반드시 수반되어야 한다. 기도하면 내가 변화될 수 있다. 기도하면 세상을 변화시킬 수 있다. 기도하면 남편이 변하고 자녀가 변하고 가정이 변화되는 놀라운 역사가 있다. 기도하는 가정, 기도하는 자녀는 망하지 않는다. 하나님이 반드시 책임져 주신다. 그러므로 상처를 치유하고 관계를 회복하는 데에는 긴 기도의 시간이 절대적으로 필요하다.

특별히 기도할 때는 상대를 축복하는 단계까지 올라가야 한다. 상대를 용서할 뿐만 아니라 축복하며 새로운 인생의 변화를 위해 소망을 놓치지 않고 믿음으로 기도하는 것이다. 하나님의 적절한 때가 되면 반드시 치유해 주시는 역사가 나타나게 될 것이다.

영적 시험의 상처

넷째, '영적인 시험이나 갈등'에서 오는 상처도 있다. 성도의 영적인 생활습관은 그의 인생에서 매우 중요한 영역이다. 어릴 때 교회생활을 행복하게 한 사람은 어른이 되어서도 그 생활을 동경하며 잠시 세상이 좋아 방황을 한다 해도 다시 돌아온다. 그러나 어릴 때 교회에서 받은 심각한 상처나 쓴 뿌리가 있는 사람은 어른이 되어도 그것이 쉽게 지워지지 않는 경우가 많다.

예를 들어 목사님에게 받은 상처라든지, 교사에게 받은 상처라든지, 부모님의 강압적인 신앙생활로 받은 상처와 시험이라든지 알게 모르게 무수히 잠재된 영적 갈등들이 있을 수 있다. 이런 것들이 쌓여 자신의 자아상에 심각한 영향을 미친 사람도 있다. 그럴 경우 기독교인이나 교회를 바라볼 때 자기 식으로 해석하며 왜곡되게 생각하는 경향이 있다.

특별히 영적인 관계로 인한 상처나 쓴 뿌리는 한마디로 말하면 사탄이 주는 것이다. 사탄이 사람의 마음속에 침투하여 영혼을 병들게 하고 사람과의 관계를 피폐하게 하는 것이다. 영적 시험에 든 사람들은 대부분 사탄의 영향을 받아 기독교에 대해 부정적인 경험을 쌓은 사람들이다. 사탄은 주로 4가지를 통해서 영적인 상처를 준다.

생각

첫째, 사탄은 '생각'을 통해 영적인 갈등을 일으킨다. 영적인 시험은 맨 먼저 생각을 통해 나타난다. 사탄은 부정적인 생각, 의심하는 생각, 불평하는 생각, 비판적인 생각 등을 사람에게 발동시킨다. 예를 들어, 교회에 대한 부정적인 생각, 헌금에 대한 비판, 목사에 대한 편견, 예수 믿는 사람들에 대한 무조건적인 불신 등을 심어 준다. 그래서 그런 부정적인 생각을 하는 사람에게 아무 여과 없이 사정없이 입으로 비판을 쏟아내게 한다. 이런 경험을 한 사람들은 자아상의 깨짐으로 심각한 영적 갈등을 앓게 된다.

감정

둘째, 사탄은 '감정'을 통해 영적인 시험을 준다. 감정은 생각의 또 다른 표출이다. 예를 들어, 분노, 혈기, 짜증, 미움, 기쁨, 슬픔, 외로움, 즐거움 등은 생각이 낳은 감정적 요소들이다. 어떤 생각을 하느냐에 따라 감정의 표현이 달라지기 때문이다. 긍정적인 생각을 하는 사람은 기쁨과 즐거움의 감정을 드러낼 것이다. 그러나 부정적인 생각을 하는 사람은 비판과 분노와 짜증을 서슴지 않을 것이다. 문제는 그런 감정들을 느꼈을 때 그것을 절제하고 통제할 수 있는 성숙함을 가지느냐이다.

하나님께서 최초의 살인자 가인에게 "죄가 너를 원하나 너는 죄를 다스릴지니라"(창 4:7)라고 말씀하셨지만 가인은 감정을 절제하지 못하고 동생 아벨을 죽이는 악마가 되었다. 감정을 다스리지 못하고 사탄의 노예가 된 것이다.

언어

셋째, 사탄은 '언어'를 통해 영적 상처를 가슴에 못 박게 한다. 말은 그 사람의 인격이다. 사람은 말을 통해 상처를 받기도 하고 용기를 얻기도 한다. 그만큼 말은 사람을 사로잡는 힘이 있다. 사탄은 이 말을 이용해서 사람을 영적으로 무기력하게도 하고, 교회를 분열시키기도 한다. 예컨대, 교회나 목회자에 대해 부정적인 말, 의심하는 말, 이간질하는 말, 시기 질투하는 말을 쏟아내게 한다. 또는 반대로 그런 말들을 자꾸 반복해서 듣게 한다.

이상하게 주변에서 그런 말들을 자주 듣는 사람이 있다. 그러면 그런 것들이 가슴에 차곡차곡 쌓인다. 자연히 그 사람은 부정적인 사람이 될 수밖에 없다. 나는 처음에 그렇지 않은 사람이었는데 한 번, 두 번, 세 번씩 부정적인 말을 자주 듣다 보니 나도 모르게 그렇게 변해 버린 것이다. 그래서 링컨의 어머니는 부정적인 사람과는 상종도 하지 말라고 충고했다.

나쁜 습관

넷째, 사탄은 '나쁜 습관'을 통해 영적인 쓴 뿌리를 만들어 간다. 습관은 결국 그 사람의 성격이 되고 생활 패턴이 된다. 그 사람의 됨됨이를 습관을 통해 알 수 있다. 영적인 습관도 마찬가지이다. 기도의 습관, 예배의 습관, 헌금의 습관, 봉사의 습관, 전도의 습관 등을 보면 그 사람의 영성의 깊이를 잘 알 수 있다.

사탄은 영적 습관을 말씀에 어긋나도록 만들어 간다. 게으르게 하고 방관하게 하고 무관심하게 한다. 기도하지 않아도 잘될 수 있다고 생각하게 한다. 예배를 좀 빠져도 '바쁘면 그럴 수 있지!' 하면서 아무렇지 않게 생각하도록 유도한다. 죄를 지어도 '다른 사람도 다 그런데!' 하면서 아무런 양심의 가책이 없도록 세상 문화를 자연스럽게 따라가게 한다. 이런 좋지 못한 영적 습관이 성도를 시험 들게 하고 멸망으로 몰아가는 지름길이 된다.

영적 시험의 치유

만약 영적 시험의 상처를 치유받지 않으면 영적 기형아로 남게 될 것이다. 성격도 비뚤어지고 사회성도 떨어지며 육체적, 정신적, 영적 고통 속에 방황하게 될 것이다. 때론 사탄의 노예가 되어 질질 끌려 다니는 나쁜 습관의 중독자가 될 우려도 있다. 그러므로 영적 시험도 빨리 치유받아야 정서적으로 안정되고 환경적으로도 건강한 삶을 살 수 있다.

• 예배 회복

첫째로 '예배를 회복'해야 한다. 영적인 상처는 먼저 예배의 자리로 돌아와야 치유받을 수 있다. 영적인 상처는 대부분 교회에 대한 부정적인 생각과 영적인 나태함으로 인한 것들이다. 영적 시험에 들면 제일 먼저 나타나는 현상도 예배를 빠지게 되고 영적으로 나태해지는 것이다. 그러므로 그것을 치유받는 가장 빠른 길은 우선 예배의 자리에서 은혜를 받는 것이다. 예배 속에 성령의 임재를 경험하면 그 모든 것들이 녹아지고 다시 회복될 수 있는 계기가 된다.

시험이 들어도 예배의 자리를 사수해야 한다. 그 자리에 있다 보면 성령이 역사하고 내 마음을 만져 주시는 놀라운 능력을 경험하게 된다. 예배의 성공은 인생의 성공이며, 예배의 실패는 인생의 실패이다. 단 한 번의 예배가 우리 인생을 완전히 바꾸어 놓는 계기가 되기도 한다. 그러므로 모든 영적인 시험의 바로미터는 예배의 회복 여부에 달려 있다고 해도 과언이 아니다.

• 긍정적 해석

둘째로 과거의 영적 상처를 '긍정적으로 해석'하는 것이다. 영적 상처를 받는 것은 교회와 목회자, 성도들 간의 부정적 신앙의 영향인 경우도 있지만 대부분 그 당시 나의 신앙 상태 또한 미성숙했던 것을 발견하게 된다. 문제를 직면한 것은 좋았는데 너무 부정적이고 비판적인 관점이었다는 것이다. 그런데 신앙이 회복되고 나서 나중에 다시 보면 그것도 나에게 덕이 되고 유익이 되는 좋은 경험이었던 것을 깨닫게 된다.

두 종류의 사람이 있다. 첫째는 과거의 상처 때문에 더 부정적인 사람이 되는 경우이고, 둘째는 그것을 토대로 더 성숙하고 든든한 신앙의 모습으로 바뀌어 가는 경우이다. 후자가 과거의 영적 상처를 치유하는 좋은 모델이다.

긍정의 축적

셋째로 '긍정적인 영적 환경을 계속 축적'해 나가는 것이다. 영적인 상처를 받은 사람은 또다시 그런 환경이나 경험이 닥쳐오면 과거의 기억이 겹치며 더 큰 상처를 받을 수 있다. 따라서 부정적인 생각과 환경을 접하지 않으려고 노력해야 한다. 말과 장소도 가리며, 긍정적인 영적 환경을 의도적으로 구축해 나가야 한다.

이것은 나쁜 영적 습관을 끊고 좋은 습관을 만들어 가라는 것이다. 즉 사탄의 굴레를 벗어나 부정적인 생각과 감정, 비판적인 언어와 나쁜 습관 등을 버리고 신앙이 좋은 사람들, 건강한 영적 프로그램들을 많이 접촉하며 창조적이고 생산적인 영적 동력을 자꾸 만들어 가라는 것이다. 이렇게 긍정적인 영적 환경을 자주 접하다 보면 과거의 상처도 나도 모르게 지워지며 새로운 변화의 영적 도전에 적응하게 된다. 그러면서 치유도 자연스럽게 이루어지게 된다.

• 건강한 영성 훈련

마지막으로 '올바른 영성을 훈련'해 나가야 한다. 영적 시험은 왜곡된 신앙생활 때문에 나타나기도 한다. 영적 상처를 받는 사람들이 잘못되면 이단으로 빠지는 경우가 많다. 보다 새롭고 신선한 교리나 지도자를 동경하기 때문이다. 그러나 그것은 잠시 사탄에 씌어 분별할 수 없었기 때문이지 막상 이단에 빠지면 오히려 이전보다 더 피폐해져 또 다른 영적 시험의 굴레에 빠지게 된다.

그러므로 평소에 올바른 신학과 신앙을 유지해야 한다. 주관적인 체험이나 신비주의에 의존하는 감정적 신앙생활이 되어서는 안 된다. 말씀을 바르게 훈련받아야 하고, 건전한 신앙의 교리를 지킬 수 있어야 한다. 그래야 어떤 환경에서도 흔들리지 않는 반석과 같은 믿음으로 견고히 설 수 있다.

02
이웃을 사랑하라

사랑하는 자들아 하나님이 이같이 우리를 사랑하셨은즉 우리도 서로 사랑하는 것이 마땅하도다 요일 4:11

 마음 문 열기

　　100층 아파트에 사는 한 남자가 퇴근해서 올라가려고 보니까 '엘리베이터 수리 중'이었다. 할 수 없이 100층을 낑낑대며 계단으로 올라가서 문을 열려고 보니 열쇠를 차에 놔두고 온 것이다. 다시 내려가 차에서 열쇠를 가지고 또 100층을 낑낑대며 올라갔다. 이번에도 문이 안 열렸다. 알고 보니 동 호수를 잘못 본 것이다. 다시 내려왔다. 이번에는 자기 집 동 호수를 정확히 보고 100층 계단을 낑낑대며 올라갔다. 마침내 집 앞에 도착해 문을 열려고 하는데 옆에서 100층 엘리베이터 문이 사르르 열렸고, 그것을 본 순간 "으악~" 하며 기절해 버렸다.

이 시간 주제는 "이웃을 사랑하라"이다. 예수님은 이웃 사랑을 몸소 실천하셨다. 남녀노소 빈부귀천을 가리지 않고 사랑하셨다. 특별히 그는 가난하고 소외된 자, 병든 자를 더욱 사랑하셨다. 이것이 예수님의 위대한 이웃 사랑의 모습이다. 우리도 이것을 본받아야 한다.

이웃 사랑에 미친 예수

예수님이 이 땅에 성육신(incarnation)하신 자체가 인류를 사랑하신 것이다. 하나님이신 그분이 임마누엘하셨다는데, 그것보다 더 아름다운 이웃 사랑이 어디 있겠는가? 예수님은 성육신하셔서 먼저 자신의 가까운 육신의 가족을 사랑하셨다. 그는 일찍이 아버지를 여의고 소년가장으로서 어머니를 모시며 동생들을 돌보며 그들을 사랑하셨다. 공생애 사역에서는 제자들을 한결같이 사랑하셨다. 한번 사랑하면 끝까지 사랑하는 마음을 주셨다. 고아와 과부를 사랑하셨고, 세리와 창녀와 낮은 계층의 소외된 자들도 차별 없이 사랑하셨다. 그는 남녀노소 빈부귀천을 막론하고 모두에게 사랑의 마음을 주셨다. 마침내 그는 십자가상에서 죽기까지 인류를 구원하는 사랑의 절정을 보여 주셨다. 그분은 오늘도 말씀하신다.

"내가 너희를 사랑한 것같이 너희도 서로 사랑하라!"

이웃 사랑의 사명

그리스도인은 세상의 빛과 소금이다. 세상을 환하게 밝히는 사명과 맛을 내는 역할을 해야 한다. 이 세상은 여전히 어둡고 암울하며 공허하다. 이곳은 아직도 하나님의 통치와 사랑이 절실히 필요한 곳이다. 그리스도인은 하나님의 사명을 받아 이 세상을 사랑의 나라로 만드는 하늘의 대사이다. 사랑은 하나님의 뜻이며 주님이 몸소 보여 주신 기독교의 핵심 가치이다. 그래서 하나님 사랑과 이웃 사랑은 기독교의 대강령인 것이다. 예수를 믿으면 반드시 지켜야 하는 천국헌장이나 다름없다.

그리스도인은 더불어 사는 세상을 꿈꾸어야 한다. 아무리 악이 공존한다 해도 선한 세상을 만들려고 노력하며 더불어 아름다운 공동체를 만드는 사명에 앞장서야 한다. 예수님이 계층, 연령, 지위고하를 막론하고 함께 사랑의 나라를 만드셨듯이, 우리도 서로 다른 배경을 가지고 있지만 사랑의 나라를 위해 한마음으로 봉사해야 한다. 그리스도인은 모두 예수 안에서 한가족이다. 예수의 한 피 받아 한 몸을 이룬 영적인 가족 공동체이다. 가족은 기쁨도 슬픔도 괴로움도 즐거움도 함께하는 사람들이다. 그러므로 그리스도인은 모두가 다 더불어 사랑의 나라를 만들 수 있는 한 알의 죽어지는 밀알 같은 존재가 되어야 한다.

가난한 사람을 사랑하기

예수님은 공생애 사역 기간 동안 가난한 사람을 얼마나 사랑하셨는지 모른다. 특별히 예수님 당시에는 경제적으로 피폐한 상태였기 때문에 못살고 가난한 사람들이 상당히 많았다. 그래서 예수님은 더욱 가난한 사람들을 민망히 보시고 사랑의 마음을 쏟으셨던 것이다.

긍휼의 마음

먼저 오병이어의 사건을 보면 예수님이 가난한 사람들을 얼마나 사랑하셨는지를 잘 알 수 있다. 벳새다 광야에 수만 명의 사람들이 모였다. 예수님의 설교를 듣기 위해서였다. 그런데 저녁시간이 되었는데도 이들은 갈 생각을 하지 않는 것이다. 이 광경을 본 예수님은 민중들을 향하여 걱정하며 민망히 여기는 마음을 가지셨다. 이것이 바로 긍휼의 마음, 사랑의 마음이다. 그러므로 예수님이 가난한 사람들을 향하여 행하신 첫 번째 태도가 조건 없는 동정심, 측은지심, 긍휼의 마음이었다. 이것은 또한 가난한 사람을 대하는 성도들의 첫 번째 태도여야 한다.

구제하기

두 번째 가난한 사람을 향한 예수님의 태도는 '먹을 것을 주라'는 것이었다. 구제와 복지에 관한 것이다. 가난한 사람들의 필요를 채워 주라는 것이다. 먹을 것을 주고 입을 것을 주고 마실 것을 주라는 것이다. 그런데 빌립은 합리적이고 이성적으로 돈 계산만 하다가 임무를 완수하지 못했지만, 안드레는 무작정 민중 속으로 뛰어 들어가서 작은 도시락 하나를 가져와 큰 기적을 일으키는 자가 되었다. 가난한 사람을 도와줄 때는 미리 재고 계산하지 말고 조건 없이 도와주라는 교훈이다. 그러므로 가난한 사람들을 도와줄 때는 묻지도 따지지도 말고 할 수만 있으면 최대한 돕는 것이 그리스도의 정신이다.

복음 전하기

세 번째 가난한 사람을 향한 예수님의 태도는 그들에게 복음을 전하는 것이다. 장정만 5천 명이 다 배불리 먹고 나니 예수님을 왕으로 삼으려고 했다. 그래서 예수님이 산으로 잠시 피신했다가 갈릴리 반대편으로 가셨는데, 그곳에서도 어떻게 알았는지 민중들이 구름 떼처럼 다시 몰려들었다. 그러나 이번에는 예수님께서 그들에게 생명의 떡에 대해 말씀하시며 복음을 전하셨다.

"나는 생명의 떡이니 나를 먹는 자는 영원히 죽지 않고 살리라."

그러나 가난한 민중들은 그 말씀이 지루하고 어렵다 하며 뿔뿔이 흩어져 버리고 결국 열두 제자만 남게 되었다. 예수님은 비록 가난한 사람들이 복음을 받아들이지는 않았지만 언제나 그들을 불쌍히 여기셨고, 그들 입장에 서서 도와주려고 노력하셨다.

축복하며 기도해 주기

네 번째 가난한 사람을 향한 예수님의 태도는 대가를 바라지 않고 축복하며 기도해 주신 것이다. 가난한 사람들은 나중에 예수님이 십자가 사형 언도를 받으실 때 대제사장과 바리새인, 관원들에게 돈에 매수되어 예수님을 십자가에 못 박으라고 소리쳤다. 예수님의 구제를 받았던 그들이 배반하고 돈에 탐닉되어 예수님을 못 박는 데 꼭두각시로 앞장 선 것이다. 그러나 예수님은 조금도 그들을 원망하지 않았고 오히려 그들을 불쌍히 여기며 하나님께 기도하셨다.

"아버지여, 저들의 죄를 용서하소서. 저들의 하는 일을 알지 못하나이다."

이처럼 예수님은 구제할 때 대가를 바라지 않으셨고, 배반당해도 그들을 끝까지 축복하며 기도해 주는 사랑의 원자탄이었다.

부자를 사랑하기

예수님은 부자도 사랑하셨다. 돈이 많다는 것이 절대로 나쁜 것이 아니다. 돈은 그냥 중성 매개체이다. 그것을 잘 활용할 때는 선이 되는 것이고 잘못 활용할 때는 독이 되는 것이다. 부자도 마찬가지이다. 부자가 무조건 악의 축이라는 생각은 잘못이다. 부자도 얼마든지 주의 일을 하며 거룩하고 경건하게 살아갈 수 있다.

예수님이 부자를 사랑하신 방법은 부자 청년이나 부자 삭개오와의 대화를 보면 잘 알 수 있다. 먼저 부자 청년의 배경을 보자. 그는 돈도 많았고 배경도 좋았으며 율법적으로도 흠이 없는 엘리트 출신이었다. 모두가 흠모할 만한 전도유망한 청년이었다. 예수님은 이런 그를 따뜻한 마음으로 사랑하며 격려해 주셨다.

부자라고 차별하지 않기

먼저 부자 청년은 예수님께 겸손하게 나아와 "선한 선생님, 무엇을 하여야 영생을 얻을 수 있겠습니까?" 하고 질문했다(막 10:17). 이것은 그의 인격이 잘 다듬어져 있었다는 것을 말한다. 부자이지만 온유한 마음을 가졌으며, 예수님께도 무엇인가를 배우려고 하는 수용적 마음을 가졌던 것이다. 예수님은 이런 온유한 마음을 가진 부자 청년에게 친절하게 하나님의 율법에 대해서 말씀해 주셨다. 예수님은 부자에게도 똑같이 사랑의 마음으로 대하신 것을 볼 수 있다. 그것은 부자든 가난한 자든 모두가 다 존중받아야 할 인격체임을 알려주는 것이다. 예수님은 부자라고 특별대우하고 가난하다고 차별대우하는 분이 아니셨다. 모두를 똑같이 사랑의 마음으로 대하신 것을 볼 수 있다.

정직한 부자 존경하기

두 번째, 정직한 부자를 향한 예수님의 태도를 볼 수 있다. 부자 청년이 어렸을 때부터 율법을 다 지켰다고 당당히 고백하자 예수님은 그를 대견하게 생각하셨다. 성경에서는 예수님이 그를 보고 사랑하셨다고 표현하고 있다(막 10:21). 부자이면서도 율법적으로 흠 없이 순결하게 사는 것이 어디 쉬운 일이겠는가? 물론 율법을 다 지켰다고 자부하는 모습이 다소 교만하게 보일지 모르겠지만 그래도 예수님은 부자 청년이 모범적으로 훌륭하게 산 것을 보고 그 모습을 대견하고 사랑스럽게 보셨던 것이다. 그러므로 부자를 향한 이런 예수님의 모습을 토대로 놓고 본다면 부자도 사회에서 인격적으로 온유하고, 윤리적으로 바른 사람이 될 때는 사람들에게 충분히 존경받을 수 있다는 것을 알아야 한다.

부자의 책임을 다하기

세 번째, 부자를 사랑하는 예수님의 또 다른 태도이다. 예수님은 부자 청년이 겸손하고 바른 모범생이었지만 한 가지 부족함을 보셨다. 그것은 아직도 물질에 대해서 연연해하며 내려놓지를 못하는 것이었다. 그래서 "네 소유를 다 팔아 가난한 자들에게 주고 나를 따르라!"고 권면하셨던 것이다. 구제와 복지의 책임을 강조하신 것이다. 다시 말해, 부자는 다른 무엇보다도 구제와 복지를 실현하는 것이 가장 큰 사명이라는 것을 가르쳐 주셨던 것이다. 그러나 그 청년은 슬픈 기색을 띠고 근심하며 돌아가 버렸다. 결국 그는 하나님의 나라에 들어갈 수 없는 사람이 되어 버렸다.

타락한 부자에게도 기회 주기

반면에 삭개오의 경우는 부자 청년과 다르다. 세리장인 삭개오는 돈도 많았고 지위도 높았지만, 도덕적으로는 흠이 많은 사람이었다. 편법으로 돈을 모았기 때문이다. 신체적으로 키도 작아 열등감도 컸다. 더욱이 많은 사람들에게 조롱과 질타를 받는 인물이었다. 그러나 예수님은 이런 존경받지 못하는 더러운 부자 삭개오도 똑같이 사랑하셨다.

그럼 예수님이 어떻게 삭개오를 대하셨는지 보자.

먼저, 예수님은 뽕나무까지 올라가서 자신을 만나려고 했던 타락한 부자 삭개오를 친근하게 맞아주셨다.

"삭개오야, 속히 내려오라. 내가 오늘 네 집에 유하여야 하겠다."(눅 19:5)

예수님은 삭개오의 이름까지 불러 주며 친밀감을 나타내셨다. 많은 사람들이 싫어하는 오염된 부자였지만 예수님은 그런 그를 품어 주고 사랑하며 변화의 가능성을 열어 주셨다. 그 당시 지도자들인 바리새인과 서기관들로부터 더러운 부자와 함께한다는 비난을 들을 수 있는데도 불구하고 예수님은 아랑곳하지 않고 누구든지 예수께로 나오면 기회를 주고 구원받을 수 있다는 것을 당당히 보여 주신 것이다.

이것은 오늘날도 마찬가지이다. 아무리 타락한 부자들이라 하더라도 무조건 질타하는 것이 아니라 그들도 언젠가는 변화될 수 있다는 가능성을 보아야 한다. 그리고 그들이 변화되고 돌아온다면 언제든지 받아들일 수 있는 사랑과 긍휼의 마음도 갖고 있어야 한다. 이것은 더러운 부자에 대한 극단적인 저주가 예수님의 정신이 아니라는 것을 가르쳐 준다.

회개한 부자로서 책임 다하기

예수님은 가난한 자에게 소유의 반을, 토색한 자에게는 네 갑절로 갚겠다는 삭개오의 말을 듣고 "드디어 이 집에 구원이 이르렀다"고 말씀하셨다(눅 19:9). 이것은 삭개오가 가장 소중히 여기는 물질까지도 다 내려놓고 이웃에게 바치는 아름다운 믿음을 보고 영광스러운 구원을 선포하신 것이다. 또한 부자에게 믿음의 기준은 구제와 복지에 관한 것임을 분명히 알리는 내용이다. 예수님도 부자를 향한 믿음의 기준이 바로 물질에 있다는 것을 극명하게 교훈해 주신 것이다. 따라서 그리스도인 부자는 반드시 구제와 복지에 대한 책임감을 가져야 한다. 그렇지 않으면 입으로만 구원받았다 하는 것이지 실제로는 천국에 들어가기가 어렵다.

결론적으로, 예수님은 부자들에게도 편애하지 않으셨다. 그들이 좋은 물질관을 갖도록 선도하셨고, 그들이 그렇게 살지 못할 때는 참으로 안타깝게 생각하며 더러운 부자의 불행에 대해서 강력하게 추궁하셨다.

병자를 사랑하기

예수님의 3대 사역 중 하나가 바로 치료하는 것이었다. 그는 공생애 사역 중 가는 곳마다 눈먼 자의 눈을 뜨게 하고, 귀머거리를 듣게 하고, 앉은뱅이를 일으키는 치유사역을 계속하셨다. 예수님은 공생애 사역 기간 동안 늘 병자와 함께하셨다. 언제나 병자들을 사랑하셨고 그들을 치료해 주셨으며 그들을 축복해 주셨다.

병자의 아픔 공감하기

먼저, 예수님은 병자들의 아픔에 공감하셨다. 같이 슬퍼하고 같이 아파하는 마음을 가지셨다. 이것은 병자들을 의무적으로 대한 것이 아니라 순수함과 따뜻함으로 대했다는 것이다. 그는 베드로의 장모가 열병에 들었을 때도 동변상련의 마음으로 직접 만져 주며 치료해 주셨다. 어린 딸을 잃고 슬픔에 잠긴 회당장 야이로를 보며 사랑의 마음으로 "달리다굼, 소녀야 일어나라" 기도하사 열두 살 된 어린 딸을 살려 주시기도 했다. 심지어 친구였던 나사로가 죽었을 때는 무덤 앞에서 닭똥 같은 눈물을 흘리며 아파하고 슬퍼하셨다. 그만큼 나사로를 사랑하셨다는 것이다. 그 후에 예수님은 믿음의 기도로 죽은 나사로를 다시 살리는 기적을 베풀어 주셨다. 이처럼 예수님이 병자를 대할 때 첫 번째 마음은, 그 사람의 아픔을 같이 공감하는 측은지심을 가지신 것이다.

그리스도인도 병자를 대할 때 주어지는 첫 번째 사랑의 마음이 공감이어야 한다. 그들과 같은 마음을 느끼는 것이다. 아프면 같이 아프고 슬프면 같이 슬플 수 있는 동변상련의 마음을 가지는 것이다. 보통 신유의 은사를 가진 사람들이 이와 같다. 병자를 위해 기도하면 병자의 아픔이 마치 내 아픔과 같이 와 닿는다. 그리하여 주님의 심정으로 간절히 기도하면 기적과 치유가 일어나는 것이다.

그러므로 그리스도인이 병자를 대할 때에 의무감이나 어쩔 수 없는 책임감 때문에 해서는 안 된다. 마치 기계를 돌리듯이 형식적으로 사랑의 말을 반복하고, 의무적으로 병자를 돌봐 주는 정도의 흉내는 예수의 정신이 결코 아니다. 그리스도인은 진심으로 가슴에 와 닿는 공감의 말을 병자에게 전달해야 한다. 그래야 하나님도 감동하시고 기적과 능력을 베풀어 주신다.

긍정적인 믿음 심어 주기

두 번째 병자를 향한 예수님의 태도는 그들에게 긍정적인 믿음을 심어 주는 것이었다. 예수님은 베데스다 연못의 38년 된 중풍병자를 고쳐 주실 때도 "네가 낫고자 하느냐?" 하며 소망적인 마음을 갖도록 유도하셨다. 여리고 성에서 기다렸던 소경 바디매오도 예수님을 보고 적극적인 믿음으로 나왔을 때 예수님은 그에게 "네 믿음대로 될지어다!" 하며 고쳐 주셨다. 백부장의 아들을 고쳐 주실 때도, 수로보니게 여인의 딸을 고쳐 주실 때도, 열두 해 혈루증 앓던 여인이 치유받을 때도 예수님은 "네 믿음이 너를 구원하였느니라!" 하시며 "이제 평안히 가라!" 축복해 주셨다.

그러므로 예수님이 병자들을 대할 때는 항상 그들에게 낫고자 열망하는 긍정적인 믿음이 있는가를 보셨던 것을 알 수 있다. 그 믿음대로 치료해 주셨던 것이다. 이것은 바로 병자를 대하는 성도의 태도이기도

하다. 다시 말해, 병자도 나으려는 긍정적인 믿음을 가져야 하지만 병문안하는 사람도 그에게 긍정적인 믿음을 심어 주는 태도를 가져야 한다. 그때 하나님의 임재가 임하면 기적과 능력과 치유가 나타나는 것이다.

의학적인 치료도 권면하기

셋째, 병자를 향한 예수님의 태도는 의학적 치료도 열어 놓으셨다는 것이다. 예수님은 병자를 고쳐 주실 때 이따금씩 침으로 흙을 이겨 눈에 발라 주신다든지, 물로 씻게 하신다든지, 제사장에게 가서 몸을 보이고 확인을 받게 하신다든지 하여 자연과 의학을 통한 치료의 역사도 무시하지 않으셨다.

그 당시 침으로 흙을 이겨 바르는 것은 전통적인 자연치료의 한 방법이었다. 또 제사장에게 몸을 보이는 것은 그 당시 의사가 없었기 때문에 제사장이 의사의 역할을 담당하며 병자들을 돌보기도 하고 정상이라는 확증을 하기도 했기 때문이다. 초대교회 때도 보면 병자들에게 그 당시 약제였던 기름을 바르며 기도하라고 권면했다. 이사야 선지자도 히스기야 왕의 죽을병을 고쳐 줄 때 그 상처 부위에 무화과를 발라 치료해 주었다. 이처럼 자연이나 약, 의학을 통한 치료로도 하나님이 역사하신다는 사실이다. 그러므로 병자들이 자연과 의학을 통해 치료를 받는 것도 하나님의 한 방법임을 바르게 알아야 할 것이다.

무식한 자를 사랑하기

예수님은 무식한 사람도 사랑하셨다. 예수님의 사랑은 남녀노소 빈부귀천이 없다. 다시 말해, 계층과 상관없이, 나이와 상관없이, 세대와 상관없이, 직업과 상관없이, 물질과 상관없이 누구나 다 사랑으로 품어 주셨다. 참으로 놀라운 사랑, 멈출 수 없는 사랑, 한없는 사랑, 조건 없는 사랑, 끊을 수 없는 사랑, 측량할 수 없는 사랑, 위대한 사랑, 영원한 사랑이었다. 예수님이 무식한 사람 베드로를 대하신 것을 보면 예수님이 얼마나 무식한 사람도 소중히 여기며 하나님의 사람으로 만드시는가를 알 수 있다.

잠재력을 키워 주기

첫째, 예수님은 그 사람의 무식함보다 그의 잠재력을 훨씬 더 크게 보시는 분이다. 예수님은 세례 요한의 제자였던 요한과 안드레를 먼저 제자로 삼으셨다. 그때 안드레가 그 형인 시몬을 예수님께로 인도했다. 최초의 전도였던 것이다. 예수님은 시몬을 보시자마자 그의 이름을 베드로로 개명해 주셨다. 시몬은 갈대(reed)란 뜻인데, 베드로는 반석(rock)이란 뜻이다. 이것은 갈대와 같은 흔들리는 인생이 반석과 같은 든든한 믿음의 사람으로 변화된다는 의미를 나타낸다.

예수님은 베드로의 무식함을 보신 것이 아니라 베드로가 가진 반석과 같은 든든한 믿음의 잠재력을 보신 것이다. 그래서 처음부터 그를 믿고 신뢰하며 잘 훈련을 시켜서 수제자로 삼으셨고, 세계를 변화시키는 위대한 사도로 만드셨던 것이다.

실패해도 다시 기회 주기

둘째, 예수님은 무식한 사람이 실수했다고 무조건 책망하는 것이 아니라 다시 한 번 더 기회를 주시는 분이다. 무식한 사람은 대체로 전후좌우를 잘 알지도 못하면서 충동적으로 큰 소리를 잘 친다. 자신의 열등감을 감추기 위해 과대포장도 하고 충성심을 선전하기도 한다. 때론 용감하기도 하지만 매사에 신중하지 못해 실수를 연발하는 스타일이다.

베드로가 그런 사람이었다. 그는 예수님이 십자가에 죽으실 것을 들었을 때 절대로 그런 일이 있어서는 안 되며, 자기가 목숨을 걸고 막겠다고 공언을 했다. 하지만 막상 예수님이 붙잡혔을 때는 군인들이 무서워 도망갔고, 십자가에 죽기 전날 밤 가야바 뜰에서는 예수님이 빤히 보는 앞에서 그를 세 번이나 모른다고 부인하며 저주하는 참으로 무식한 행동을 보여 주었다. 그에게는 이 일이 두고두고 가슴에 한맺힌 수치심으로 남았을 것이다. 그러나 예수님은 부활 후 이런 열등감에 사로잡혀 있던 베드로에게 다시 나타나 그를 용서해 주시며 다시 한 번 복음의 사명을 부여해 주셨다.

미래의 사명을 심어 주기

셋째, 예수님은 무식한 자의 인생을 포기하지 않고 끝까지 사랑하시며 마침내 정금 같은 일꾼으로 사용하신다. 예수님은 실수했던 베드로를 결코 포기하지 않으셨다. 갈릴리 호수에 다시 나타나 베드로에게 용기를 주며 미래의 사명을 다시 부여해 주셨다. "네가 나를 사랑한다면 내 양을 치라"는 것이었다. 그리고 젊었을 때는 네 마음대로 돌아다녀도 늙어서는 두 팔을 벌리며 순교하게 될 것을 예언하셨다.

베드로는 그 말씀대로 평생 순종했다. 젊어서는 순례 부흥사가 되어 주님이 주신 양들을 목양하며 목숨 걸고 사명을 감당했다. 그러나 나이 많아 늙어서는 예수님의 예언대로 로마 당국에 체포당했고, 결국 십자가에 거꾸로 매달려 순교했다. 그는 예수님의 꼼꼼한 제자훈련으로 참으로 아름다운 사역을 감당했다. 그를 통해 세상이 변화되었고, 사람들이 달라졌고, 교회가 변화되는 놀라운 기적이 일어났다. 무식자 베드로도 하나님께 쓰임 받은 위대한 종이 되었다.

물론 베드로가 무식한 사람이라고 단정하는 것은 신학적 논쟁이 있을 것이다. 유대인들은 13세만 지나면 율법에 능통할 정도로 교육을 받아 모두가 지성적인 사람이 된다고 한다. 베드로도 예외는 아니었을 것이다. 그러나 그가 어부 출신이고 초대교회 양대 산맥인 사도 바울과 비교할 때 상대적으로 무식한 사람으로 분류된 것은 사실이었다. 또한 베드로전후서도 베드로가 헬라어에 능통하지 못해 마가나 실라가 대필했을 것이라는 신학자들의 견해를 보면 베드로가 그다지 지성적인 사람으로 분류되지는 않았던 것 같다.

중요한 것은 예수님이 무식한 사람이든 지성인이든 누구든지 사랑하며 하나님의 사람으로 사용하셨다는 사실이다. 사실 기독교 역사를 보면 힘 있고 문벌 좋은 지성인보다 부족하고 배경이 약한 무식한 사람을 오히려 더 크게 사용하신 예가 훨씬 더 많다.

사도 바울도 고린도전서 1장에서 그것을 기술하고 있다. 세계적인 부흥사 구두 수선쟁이 무디도 누구나 다 아는 무식한 사람이었다. 그러나 하나님이 그를 금세기 최고의 복음 전도자로 크게 사용하셨다. 한국 초대교회 김익두 목사도 평양 깡패 출신으로 무식한 사람이었다. 그러나 한국 교회 최고의 부흥사요, 목회자요, 설교자요, 신유의 종으로 크게 쓰임을 받았다. 오늘날 세계 최대 교회인 여의도순복음교회를 세운 조용기 목사님도 마찬가지이다. 많이 배우지 못한 사람이었지만 하나님이 그를 크게 사용하셨다. 이처럼 하나님께서는 무식한 자도 아주 크게 사용하신다는 사실을 가르쳐 준다.

지성인을 사랑하기

예수님은 지성인이라고 차별하지 않으셨다. 지성인도 동일하게 사랑하며 하나님의 사람으로 사용하셨다. 그 대표적인 사람이 니고데모이다. 니고데모는 지성인이었다. 오늘날로 말하면 국회의원에 해당하는 산헤드린 공회원 70명 중 한 사람이었다. 그것은 그가 사회적 지위와 부를 갖고 있었던 사람임을 말해 준다. 이런 그를 예수님은 주님의 진리로 거듭나게 하며 하나님의 영광의 도구로 사용해 주신 것을 기억한다.

지성인의 한계를 이해하기

첫째, 예수님은 지성인 니고데모의 방문을 따뜻하게 환영해 주셨다. 니고데모는 밤중에 찾아왔다. 그것은 니고데모가 사람들의 눈에 띌 것을 두려워했기 때문이다. 그럼에도 불구하고 예수님을 찾아온 것은 대단한 용기였다. 왜냐하면 그 당시는 예수를 믿게 되면 유대교에서 출교당하는 일이 흔히 있었기 때문이다. 니고데모는 이런 사실을 알고도 자신의 지위를 내려놓고 예수님을 만난 것이다. 예수님께서도 밤중에 만나는 것이 불편하지만 그래도 흔쾌히 승낙하신 것은 니고데모의 이런 용기를 가상히 여기셨기 때문이다.

예수님은 지성인이었던 바리새인들에 대해서는 단호하게 외식하는 자들이라고 책망하셨지만 니고데모와 같이 순수한 마음을 가진 지성인은 조금 부족한 부분이 있어도 품고 사랑하며 축복해 주셨던 모습을 볼 수 있다. 그것은 지성인이라고 해서 예수님께 오는 데 제약을 받지 않았다는 것을 의미한다. 예수님은 남녀노소 빈부귀천 누구든지 환영하셨다.

영적 지식을 심어 주기

둘째, 예수님은 새로운 영적인 지식을 통해 그를 변화시키셨다. 예수님은 니고데모의 지성을 잘 알고 계셨다. 그러나 예수님은 니고데모의 지성을 뒤엎는 새로운 영적인 진리를 가르쳐 주심으로 그를 구원의 사람으로 바꾸어 놓으셨다.

니고데모는 하나님이 보내신 예수님의 표적과 능력에 관한 지식에 관심이 많았다. 그러나 예수님은 하나님의 나라는 거듭나지 않으면 들어갈 수 없다는 생전 들어 보지 못한 새로운 영적 지식을 가르쳐 주셨다. 이것은 세상 사람들이 바라보는 세상적인 지식이 아니라 진정한 구원을 이루는 영적인 지식을 의미하는 것이었다. 니고데모도 처음에는 이해가 되지 않아 "어떻게 사람이 두 번 태어날 수 있겠습니까?" 하고 질문했다. 그때 예수님은 거듭남이 육체적 재탄생이 아니라 물과 성령으로 다시 태어나는 영적인 거듭남임을 설명해 주셨다. 그때 비로소 니고데모는 감동을 받고 예수님의 말씀에 변화되었던 것이다.

지성인은 자기주장이 강한 사람들이다. 이해가 되지 않으면 설득당하지 않는다. 그러나 자기가 알지 못하는 새로운 지식이 납득이 되고 감동이 되면 놀라운 변화가 일어난다. 예수님은 다양한 사람들에게 다양한 각도로 접근하셨다. 지성인에게는 지성적 접근을 통해 그들을 변화시키셨다. 사도 바울도 불신자들에게 전도할 때 지성인에게는 지성인과 같이, 무식한 사람에게는 무식한 사람과 같이, 유대인에게는 유대인과 같이, 헬라인에게는 헬라인과 같이 접근하여 복음을 전한다고 했다. 특히 지성인은 지성적 접근을 통해 영적인 변화가 일어나면 주님께 쓰임 받는 큰 그릇이 될 수 있다. 그러나 이것은 단순히 세상적인 새로운 지식이나 정보를 말하는 것이 아니라 전혀 다른 영적인 새로운 진리를 심어 주는 것이다. 그에게 영적 비밀한 지식이 성령의 역사를 통해 감동이 되면 놀라운 변화가 나타나는 것이다.

성령을 체험하게 하기

셋째, 예수님은 성령의 능력을 통해 그를 변화시키셨다. 성령의 체험이 있어야 변화가 가능하다. 결국 니고데모도 물과 성령으로 거듭났다. 아무리 지성인이라고 해도 성령의 능력이 없으면 구원받을 수 없고, 하나님의 사람으로 쓰임 받을 수 없다. 따라서 지성인도 성령의 능력을 체험해야 한다. 더욱이 니고데모는 예수님을 처음 만날 때부터 표적과 능력에 대해 호기심이 많았다. 그것이 예수님을 만나고 나서 더욱 확고해졌다. 예수 그리스도를 믿으려면 표적과 이적을 뛰어넘어 성령의 능력과 은혜가 있어야 함을 알게 되었다. 니고데모도 결국 성령의 능력으로 변화된 것이다.

지성인 사도 바울도 같은 경우이다. 다메섹 도상에서 예수의 현현을 체험하고 완전히 변화되었다. 또 아나니아의 기도로 잃었던 시력을 되찾았다. 성령의 능력을 경험했던 것이다. 특히 지성인들은 직접 눈으로 보고 손으로 만질 때 비로소 변화가 일어나는 경우가 많다. 의심 많던 도마도 부활하신 예수님의 못 박힌 손과 발을 보고 나서야 믿게 되었다. 한국 지성의 대표였던 전 문화부장관 이어령 박사도 딸을 통해 치유하시는 성령의 능력을 보고 예수를 믿게 되었다. 그러므로 누구나 다 그렇겠지만 특히 지성인들은 더욱 성령의 능력을 보고 듣고 또 내가 직접 체험할 때 마음 문을 열며 하나님의 사람이 되는 것이다.

낮은 자를 사랑하기

예수님은 여자, 어린아이, 고아, 과부 등 낮은 계층의 사람들도 사랑하셨다. 그 당시 이런 자들은 사람의 숫자에도 넣지 않을 정도로 무시당하는 계층이었다. 그러나 예수님은 이런 편견을 깨고 이들까지도 사랑하며 하나님의 사람으로 만드셨다. 예를 들어, 세리 마태, 세리장 삭개오, 일곱 귀신 들린 여자 막달라 마리아, 베다니의 마리아, 세베대의 아내 살로메 등은 당시 따가운 눈총에도 불구하고 하나님의 귀한 도구로 쓰임 받았다. 그만큼 예수님이 낮은 자, 소외된 자들을 편견 없이 사랑하며 그들을 축복하셨다는 사실이다.

이들을 사랑하는 데에는 몇 가지 원리가 있었다.

칭찬하고 격려해 주기

첫째, 예수님은 낮은 계층의 사람들에게 격려와 칭찬을 아끼지 않았다. 먼저, 어린아이들을 물리치는 제자들을 향해 꾸짖으시고 어린아이를 안고 축복기도를 해주셨다. 그들에게 격려와 칭찬도 아끼지 않으셨다. 천국은 어린아이와 같지 않으면 들어갈 수 없다고도 하셨다. 베다니에서 옥합을 깨뜨렸던 마리아를 향하여 "복음이 전해지는 곳마다 이 여인의 한 일을 기념하라!" 하실 정도로 놀라운 칭찬을 해주셨다.

또한 가난한 자를 구제하겠다는 세리장 삭개오에게도 "오늘 이 집에 구원이 이르렀다"고 칭찬해 주셨다. 세리 마태를 향하여는 "나를 따라오너라!" 하며 열두 제자 중 한 사람으로 만들어 주셨다. 더욱이 헌금을 많이 하며 과시했던 바리새인보다 가난한 한 과부의 두 렙돈의 헌금을 칭찬해 주셨다. 성전에서 떠벌이는 바리새인의 기도보다 회개하는 세리의 기도를 칭찬해주셨다. 이처럼 예수님은 창녀와 세리, 고아와 과부, 어린아이와 여자, 낮은 자와 소외된 자들을 끊임없이 칭찬하고 격려하시며 그들과 함께하는 사람의 마음을 가지셨다.

봉사하는 기회를 만들어 주기

둘째, 예수님은 낮은 계층의 자들에게 섬김의 도를 제시해 주시기도 했다. 즉 이들에게 어떻게 사명을 감당해야 하는지에 대해서 가르쳐 주셨다. 베다니의 마리아에게는 말씀과 예배의 사명을 감당케 하셨다. 그의 언니 마르다는 음식을 장만하는 봉사와 섬김의 사역을 감당케 하셨다. 그러나 그것을 기쁨으로 하도록 가르치셨다. 세리장 삭개오에게도 구제와 섬김의 사역을 칭찬해 주셨다. 두 아들인 야고보와 요한을 예수님의 제자로 바쳤던 살로메에게는 진정으로 으뜸이 되는 방법이 무엇인지를 가르쳐 주셨다.

또한 자기 소유를 팔아 예수님을 섬겼던 헤롯의 청지기 요안나와 수산나에게도 구제와 봉사의 사역을 언급하셨다(눅 8:3). 예루살렘 입성 때 나귀를 제공하고, 성만찬의 장소를 빌려 주었던 마가의 어머니 마리아도 예수님의 말씀에 순종함으로 아름다운 영광의 도구로 쓰임을 받게 되었다. 그 후에 그의 집인 마가 다락방에서 초대교회가 시작되었다. 일곱 귀신에 들렸다가 해방되었던 막달라 마리아도 그 이후에 헌신과 섬김의 봉사로 평생을 여제자로 살게 되었다. 예수님의 탄생부터 십자가의 죽음까지 유일하게 함께했던 어머니 마리아도 순종과 겸손의 도를 훈련하며 끝까지 쓰임 받았다.

이처럼 예수님은 낮은 자, 소외된 자들과도 함께하며 그들이 주님을 위해 성숙하게 섬기는 사역을 하도록 지원하셨으며, 올바른 사명감으로 충성하도록 가르쳐 주셨다.

동반자 의식을 심어 주기

셋째, 예수님은 낮은 계층의 자들과 함께 동반자 의식을 갖고 사역하셨다. 예수님은 창녀나 세리나 여자들이나 낮은 자들을 생각할 때 전혀 차별이 없으셨다. 이들이 예수님께로 돌아와 함께 사역을 할 때도 보조적 기능이나 부수적 도움을 주는 액세서리 정도로만 생각한 것이 아니라 사역의 중심에서 함께 일하는 동반자로 생각하며 관계를 맺으셨다. 결코 이들을 무시하지 않으셨다. 예수님의 열두 제자들만 보더라도 잘 알 수 있다. 하나같이 어부 출신이요, 세리들이요, 그 당시 낮은 계층의 사람들이었다. 그럼에도 불구하고 그들과 24시간을 함께하며 세상을 변화시키는 사도들로 훈련시키셨다.

부활의 첫 소식을 전했던 막달라 마리아를 보라. 열두 제자들이 있음에도 불구하고, 또한 수제자 베드로가 있음에도 불구하고 예수님은 일곱 귀신이 들렸던 여자 막달라 마리아에게 보이시면서 부활의 기쁨을 나누어 주도록 하셨다. 옥합을 깨뜨렸던 베다니의 마리아도 가룟 유다보다 훨씬 더 나은 사역을 하는 것을 예수님이 높이 평가하셨다. 이처럼 예수님은 부한 자, 배경이 좋은 자, 능력이 있는 자들만 사용하신 것이 아니라 가난한 자, 낮은 자라 해도 믿음으로 나아오는 자는 누구든지 존귀하게 사용하신다는 사실을 알 수 있다.

이웃 사랑의 기술

이웃 사랑에는 기술이 있어야 한다. 내가 사랑한다고 해서 무조건 내 입장에서만 생각하고 무례하게 상대에게 저돌적으로 나아가면 오히려 관계가 깨지고 이기적인 사랑의 모습이 된다. 그러므로 사랑에도 건강한 기술이 필요함을 알아야 한다. 예수님께서도 이웃을 사랑하는 데에 몇 가지 사랑의 기술을 갖고 계셨다.

일체감 형성하기

첫째, 예수님이 이웃에게 다가갈 때는 항상 '일체감'(rapport)을 갖고 계셨다. 공감하고 소통하는 것을 잊지 않았다는 것이다. 예수님은 사역을 하시기 전에 먼저 사람과의 관계를 중요하게 생각하셨다.

38년 된 베데스다 연못의 중풍병자와도 먼저 대화를 나누고 "네가 낫고자 하느냐?" 하며 마음을 열도록 하셨다. 회당장 야이로의 딸도 그 상황을 안타깝게 생각하시며 "달리다굼! 소녀야 일어나라" 하며 죽은 딸을 살려 주셨다. 한 중풍병자도 네 친구가 침상에 메어 오는 그 믿음을 보고 고쳐 주셨다. 현장에서 간음하다 붙잡힌 여자를 보고도 용서해 주시며 "나도 너를 정죄하지 아니하노니 다시는 죄를 범치 말라" 하며 위로해 주셨다. 열두 해를 앓은 혈루증 여인에게도 옷자락만 만져도 낫겠다는 간절한 믿음의 말을 듣고 "딸아, 네 믿음이 너를 구원했으니 평안히 가라" 하며 칭찬해 주셨다. 이처럼 예수님은 이웃을 대할 때 항상 상대와 공감하고 소통하며 그들과 일체감을 가지려고 노력하셨다는 것을 알 수 있다.

동고동락하기

둘째, 예수님은 이웃과 늘 '동고동락'(sharing joys and sorrows) 하셨다. 슬픔도 기쁨도 함께하는 공동체적 생활을 하셨다는 것이다. 특히 열두 제자들과는 매일 24시간을 함께하며 복음 사역을 감당하셨다. 그들은 예수님의 생활 속에서 보고 듣고 배우고 했던 것이다. 결국 예수님의 아름다운 제자들이 되어 세상을 변화시키는 주역이 되었다.

또한 70문도 제자들과도 그렇게 동고동락하며 그들의 삶을 바꾸셨다. 특히 소경 바디매오는 고침 받은 후 예수님을 즉시 좇았으며, 70문도 안에 들어 예수님과 동고동락했다. 일곱 귀신이 들렸던 막달라 마리아도 고침 받은 후 일평생을 예수님과 함께하며 거룩한 여제자로 존귀한 동역자가 되었다. 이렇게 예수님은 남녀노소 빈부귀천을 막론하고 한번 관계를 맺으면 상대를 끝까지 사랑하며 기쁨도 슬픔도 함께 나누셨다. 특히 예수님은 부한 자보다 고난당하는 자들의 아픔을 먼저 생각하며 그들을 치료하시고 회복시키시며 사랑을 베풀어 주셨다.

좋은 멘토가 되어 주기

셋째, 예수님은 이웃에게 '좋은 멘토(mentor)'가 되어 주셨다. 그는 이웃의 문제를 그냥 넘어가지 않으셨다. 말로만 한 것이 아니라 강한 책임감을 가지고 구체적으로 해결해 주는 훌륭한 멘토의 역할을 하셨다. 즉 영혼의 문제, 정신적 피폐, 육체적인 질병 등을 실제적으로 해결해 주셨다. 물질이 없으면 물질을 채워 주셨고, 지혜가 없으면 지혜를 채워 주셨고, 육체적으로 아프면 고쳐 주셨다.

예를 들어, 산상수훈에서는 진정한 복이 무엇인지 팔복을 통해 가르쳐 주셨다. 사마리아 수가 성 여인에게는 참된 예배자의 모습이 무엇인지를 가르쳐 주셨다. 주기도문을 통해서는 기도의 진수가 무엇인지 보여 주셨다. 벳새다 광야에서는 배고픈 민중들을 향해 빵과 고기를 주시며 5천 명이 먹고도 열두 광주리가 남는 기적을 베풀어 주셨다. 열두 제자에게는 참된 제자의 모습으로 자기를 부인하고 자기 십자가를 지고 온전히 좇으라고 가르쳐 주셨다. 베다니의 마리아와 마르다에게는 진정한 봉사가 무엇인지를 가르쳐 주셨다. 이렇게 예수님은 그들의 영육의 필요를 실제적으로 채워 주시는 훌륭한 멘토였다. 무엇보다 그들의 영혼 구원의 길을 열어 주신 최고의 멘토였다.

사랑의 헌신자가 되어 주기

넷째, 예수님은 이웃에게 무한한 사랑으로 자신을 아낌없이 내어 주신 '사랑의 헌신자'(love-maker)였다. 예수님이 가르쳐 주신 율법의 대강령은 하나님 사랑, 이웃 사랑이었다. 이것은 십계명을 두 개의 사랑으로 요약 정리한 것이다. 그의 마지막 유언의 말씀도 "새 계명을 너희에게 주노니 서로 사랑하라 내가 너희를 사랑한 것같이 너희도 서로 사랑하라 너희가 서로 사랑하면 이로써 모든 사람이 너희가 내 제자인 줄 알리라"(요 13:34-35)는 것이었다.

예수님은 사랑으로 이 땅에 태어나셨고, 사랑으로 사역하셨고, 사랑으로 죽으셨다. 겟세마네 동산에서 기도하실 때도 사랑의 마음을 가졌기 때문에 십자가의 결단을 하셨고, 실제로 십자가에 달리실 때도 사랑의 심정으로 죽기까지 순종하셨다. 예수님은 생전에 사랑의 그리스도이셨고 사랑의 하나님이셨다. 남녀노소 빈부귀천을 막론하고 누구든지 사랑하셨고 차별하지 않으셨으며 조건 없이 사랑하셨고 아낌없이 내어 준 분이셨다. 그분은 지금도 살아 계셔 우리 마음속에 사랑의 음성을 들려 주신다.

"서로 사랑하라! 내가 다시 말하노니 서로 사랑하라!"

03
교회를 사랑하라

> 또 만물을 그의 발 아래에 복종하게 하시고 그를 만물 위에 교회의 머리로 삼으셨느니라 교회는 그의 몸이니 만물 안에서 만물을 충만하게 하시는 이의 충만함이니라 엡 1:22-23

 마음 문 열기(Ice-breaking)

참외 장사가 운전을 하다가 신호를 위반했다. 그러자 경찰차가 다가오는 것이었다. 순간적으로 당황하여 참외 장사는 질주하며 도망갔다. 그런데도 계속해서 경찰차가 쫓아왔다. 마침내 붙잡혔다. 그 때 경찰이 하는 말, "아저씨, 왜 이렇게 빨리 달려요? 참외 한 번 먹기 되게 힘드네!"

이 시간 주제는 "교회를 사랑하라"이다. 예수님은 누구보다도 교회를 사랑한 분이셨다. 당신이 친히 십자가에 죽으심으로 그 핏값으로 교회를 세우셨다. 교회는 그분의 몸이며, 교회의 머리는 예수 그리스도이시다. 그러므로 성도는 교회를 사랑하는 것이 주님을 사랑하는 것임을 알고 충성 헌신 봉사하는 사명을 다해야 한다.

교회에 미친 예수

예수님이 교회를 얼마나 사랑하셨는지 성경을 통해 잘 알 수 있다. 예수님의 어린 시절 열두 살 때에는 성전에서 서기관과 율법사들과 함께 성경을 이야기하며 풍부한 성경적 지식으로 그들을 놀라게 하셨다. 아버지 어머니인 요셉과 마리아가 아들을 잃어버린 줄 알고 성전에 와서 찾자 예수님은 "어찌하여 나를 찾으셨나이까 내가 내 아버지 집에 있어야 될 줄을 알지 못하셨나이까"(눅 2:49) 하며 그들을 놀라게 하셨다.

또한 예수님의 공생애 첫 사역도 부패한 예루살렘 성전을 개혁하는 것이었다. 성전 안에서 장사하는 사람들과 그 물건들을 보시고 채찍을 만들어 그들을 치고 상을 엎으며 쫓아내셨다. 그러면서 성전은 장사하는 집이 아니라 만민이 기도하는 집이라고 하시며 아무도 근접할 수 없는 카리스마를 보여 주셨다. 제자들은 이 모습을 보고 성전을 사랑하는 마음이 그를 삼키리라 한 성경 말씀을 기억할 정도였다. 더욱이 예수님은 "성전을 헐라. 내가 사흘 동안에 일으키리라" 하며 자신의 십자가를 통해 진정한 영적 성전을 건축하겠다는 진리를 가르쳐 주시기도 했다.

예수님은 성전에서 가르치셨고, 성전에서 핍박을 받으셨으며, 성전을 거룩하게 지키셨던 분이다. 십자가에 달려 돌아가실 때는 성전의 휘장이 위에서부터 아래로 찢어지는 사건을 통해 누구든지 예수를 믿는 자는 지성소의 성전을 출입할 수 있는 길을 열어 주셨다. 그것은 예수님이 성전이시고 예수를 믿는 자가 성전임을 보여 주며, 초대교회를 이루는 근간이 되었다.

교회는 주님의 몸

교회는 예수 그리스도의 몸이고 성도는 그의 지체들이다(고전 12:27). 예수님은 교회의 머리이고 성도는 그에게 순종하는 지체들이다(엡 1:22). 교회는 헬라어로 '에클레시아'인데 그 뜻은 '세상에서 부름 받은 자들의 모임'이다. 그러므로 교회는 세상에서 부름 받은 하나님 백성들의 믿음의 공동체이다. 즉 교회는 주님을 믿는 신앙고백 위에 세워진 하나님의 나라이다. 교회를 사랑하는 것이 주님을 사랑하는 것이다. 교회에 충성하는 것이 주님께 충성 하는 것이다. 교회 봉사는 하나님 나라의 봉사이다. 천국은 주님이 계신 본점이고 교회는 지점이다. 따라서 교회는 이 땅에 있는 하나님 나라의 모형이며, 주님의 뜻을 이루는 영적 공동체이다.

성도는 주님의 세포
성도는 몸 된 예수님의 세포(cell)들이다. 세포는 몸의 가장 기본적인 단위이다. 세포가 건강해야 몸이 건강하다. 마찬가지로 성도들이 건강해야 예수님을 잘 세우고 주님의 몸 된 교회도 아름답게 세울 수 있다. 특별히 교회를 세우는 것이 주님을 세우는 것이다. 교회가 칭찬을 받으면 예수님이 영광을 받고, 교회가 책망을 받으면 다시 예수님을 십자가에 못 박는 것이다. 교회는 주님의 몸이며 성도는 그의 세포이기 때문이다. 그러므로 성도는 각자 맡은 은사들을 통해 교회를 건강하게 세우고 잃어버린 영혼을 구원하는 일에 전념해야 한다.

교회가 건강하게 부흥하는 것은 주님의 기쁨이다. 그러나 교회가 병들고 침체되는 것은 주님의 슬픔이다. 그러므로 교회를 아름답게 세우는 것은 이 땅에서 성도의 최고 사명인 것이다. 성도가 교회에 충성하면 하늘의 상급이 크다. 하늘의 신령한 복과 이 땅의 기름진 복이 함께한다. 사도행전의 역사는 교회의 역사이다. 성경 66권 중 모든 성경책은 완성되었어도 사도행전인 교회행전은 계속되고 있다. 지금도 교회 역사는 계속되고 있다.

건강한 교회 만들기

성경적 교회는 건강한 교회이다. 교회가 건강하면 부흥은 자연히 따라오기 마련이다. 그러나 교회가 아무리 부흥하려고 해도 건강하지 않으면 성장이 둔화되고 침체된다. 왜냐하면 그 속에 생명력이 없기 때문이다. 초대교회는 건강한 교회였다. 모든 영적 기능과 조직이 생명력이 있었다. 예수 그리스도 중심으로 살았고, 성도들의 신앙이 건강하고 역동적이었다. 자연히 날마다 구원받는 자의 수가 더해졌다. 3천 명, 5천 명, 만 5천 명, 기하급수적으로 부흥하며 하나님의 나라가 형성되었다.

오늘날도 여전히 건강한 교회는 성도들의 아름다운 소망이다. 현대 교인들이 원하는 것은 대형교회에서 화려하게 신앙생활하는 것이 아니다. 교회가 작아도 건강한 교회에서 보람있게 신앙생활하기를 원한다. 그곳이 하나님이 세우신 건강한 교회라면 교회의 규모에는 상관없이 기쁘게 신앙생활하기를 원한다. 그렇게 하다 보면 교회도 부흥하고 건축도 하게 되는 것이다. 그런데 거꾸로 목회자가 마음이 급해서 부흥을 갈망해 교회만 먼저 지으려고 억지로 추진을 하다 부작용도 생기고 부흥도 더뎌지는 현상이 한국 교회 곳곳에서 일어났다. 그러므로 이제 한국 교회는 먼저 건강한 교회를 만들어야 그다음에 부흥의 역사도 수반된다는 사실을 깨달아야 한다.

건강한 교회의 8가지 특징

건강한 교회는 8가지의 특징이 있다. 사역자를 세우는 지도력, 은사 중심적 사역, 열정적인 영성, 기능적 조직, 영감 있는 예배, 전인적 소그룹, 필요 중심적 전도, 사랑의 관계 등이다. 이것은 독일의 크리스티안 슈바르츠 박사가 전 세계 32개 나라의 1,000개 교회를 각각 30명씩 설문 조사하여 8가지 질적 특성을 표본 추출한 것이다. 교회들마다 이것을 점검해 보면 우리 교회가 건강한 교회인지 현 상태를 측정할 수 있다. 이것은 교회의 건강도를 아는 데 구체적이고 현실적인 목록으로서 좋은 자료가 될 수 있다.

우리 교회는 건강한 교회의 8가지 질적 특성을 매년 점검해 오고 있다. 그래서 모자라는 부분은 영적 훈련을 통해 채워 나가고 있다. 예를 들어, '사역자를 세우는 지도력'에 대해서는 제자훈련과 영성훈련을 통해 훈련된 일꾼을 세우고 있는가를 매년 점검한다. '은사 중심적 사역'을 위해 은사에 맞는 사역을 하도록 권면한다. '열정적인 영성'을 위해 기도의 훈련을 보다 더 강화시키려고 한다. '기능적 조직'을 위해 교회의 각 기관 조직이 기능에 맞게 효율적이고 집중적으로 사역을 하도록 돕는다.

'영감 있는 예배' 부분에 대해서는 하나님의 임재와 능력과 목적이 부합되는가를 점검한다. '전인적 소그룹'을 위해 셀 모임과 작은 소그룹이 살아 있는가를 점검한다. '필요 중심적 전도'를 위해 모든 성도가 전도의 필요성을 느끼고 있는가를 민감하게 관찰한다. 마지막으로 '사랑의 관계'를 위해 웃음과 대접의 문화가 자연스럽게 이루어지고 있는가를 본다. 우리 교회는 NCD에서 주관하는 설문조사를 해보면 골고루 높은 점수를 받고 있어 건강한 모습을 갖추고 있음을 발견한다.

5대 목표

그러나 우리 교회는 건강한 교회의 8가지 질적 특성과는 별도로 교회의 5대 목표와 7대 비전을 통해 건강한 교회의 모습을 자체적으로 평가해 오고 있기도 하다. 우리 교회의 5대 목표는 '예배와 전도와 양육과 교제와 섬김'이다. 이 다섯 가지를 통해 교회가 건강한가를 매번 점검하고 있다. 이것은 담임목사의 목회 철학과도 깊은 연관이 있다.

예배

첫째, '예배'이다. 건강한 교회는 예배가 살아 있다. 예배 속에 성령의 충만함이 있다. 하나님의 임재와 능력을 경험한다. 따라서 성도들이 예배를 회복하면 영육간에 건강할 수밖에 없다. 성도의 신앙 건강은 예배와 밀접한 관계가 있기 때문이다. 예배를 잘 드리면 그 성도는 시험에 들지 않는다. 그러나 시험에 든 성도는 반드시 예배가 무너져 있는 것을 발견한다. 그래서 살아 있는 예배, 영감 있는 예배는 건강한 성도의 필수적인 요소가 된다.

전도

둘째, '전도'이다. 전도는 교회의 건강도에 있어 중요한 신앙 행위이다. 문제 없는 교회는 없다. 저 교회는 큰 교회이니 문제가 없겠지 하지만 들여다보면 문제가 많다. 작은 교회는 가족적이니 문제가 없겠지 하지만 그 역시 문제가 많다. 그러나 큰 교회이든 작은 교회이든 상관없이 전도하는 교회는 문제가 봉합된다. 전도는 사람을 살리고 교회 문제를 치유하는 지름길이다. 전도는 교회의 중요한 건강도이다.

양육

셋째, '양육'이다. 교회에 양육이 없으면 성도들이 시험에 든다. 물이 고이면 썩듯이 성도의 양육이 없으면 신앙이 썩고 도태된다. 매일 어린아이처럼 달라고만 하고 불평하며 기복적인 신앙만 유지하려 한다. 양육은 성도를 건강하고 성숙하게 만든다. 어떤 환경에도 믿음의 흔들림이 없도록 만든다. 그래서 교회에서는 기도, 큐티, 찬양, 경건과 같은 영성 훈련이나 성경을 체계적으로 공부할 수 있는 제자훈련의 양육 프로그램이 반드시 있어야 한다. 성도들이 잘 양육되어야 건강할 수 있다. 영적 양식을 살지게 먹어야 건강하게 신앙생활을 할 수 있기 때문이다.

교제

넷째, '교제'이다. 교제는 사귐이 아니다. 진정한 치유와 회복의 만남을 말하는 것이다. 단순히 만나서 이야기하는 정도의 모임이 아니다. 셀 모임이든 소그룹 모임이든 상처 입은 영혼이 회복을 꾀하는 영적 교제 모임을 말하는 것이다. 먼저 하나님과 영적 교제가 있어야 한다. 예배와 성만찬이 그것일 수 있다. 그다음은 성도간에 전인적 교제가 이루어져야 한다. 셀 모임과 소그룹 모임, 각 기관 모임 등이 그 예일 수 있다. 이런 모임을 통해 치유와 회복을 경험하게 해야 한다.

섬김

다섯째, '섬김'이다. 건강한 교회는 내가 받은 은혜가 섬김을 통해 열매로 나타난다. 섬기지 않는 교회는 건강한 교회가 아니다. 내가 먼저 섬길 때 놀라운 축복이 있고 보람이 있으며 또 다른 섬김의 역사를 이루도록 하나님이 또 축복을 주신다. 섬김도 다양한 방법이 있다. 먼저 교회에서 은사에 따라 봉사하는 섬김이 있고, 국내선교와 장학과 구제 등의 이웃사랑 섬김이 있고, 나라와 민족과 세계를 향한 온누리 섬김이 있다. 이런 활동들을 통해 섬김을 확장하며 건강한 성도, 건강한 교회의 모습을 복원해 나가야 할 것이다.

7대 비전

우리 교회에는 건강한 교회를 만들기 위한 7대 비전이 있다. 이것은 모든 성도들이 함께 7대 비전을 가슴에 품고 건강한 교회를 꿈꾸고 있다는 것이다.

영혼 구원

첫째, '영혼 구원의 비전'이다. 모든 성도들이 전도를 생활화해서 이 땅에 그리스도의 계절이 오게 하는 비전이다. 이것은 교회의 제일 되는 목적이 영혼을 구원하여 하나님의 나라를 세우는 사명에 있음을 천명하는 비전이다. 그래서 우리 교회는 매달 첫 주는 새신자 초청 축제예배를 통해 모든 성도들이 전도하는 주일로 지키고 있다.

건강한 교회 만들기

둘째, '건강한 교회 만들기 비전'이다. 이것은 과감한 성경적 개혁과 건전한 변화를 통해 교회의 본질을 되찾기 위한 운동이다. 초대교회와 같이 예수 그리스도 중심으로 어느 한쪽에 편중되지 않고 목회자와 평신도가 함께 건강한 교회를 만들어 가는 운동이다. 여기에는 건강한 교회 8가지 질적 특성과 교회 5대 목표를 함께 점검하며 나아간다.

행복한 가정 만들기

셋째, '행복한 가정 만들기 비전'이다. 가정과 같은 교회, 교회와 같은 가정을 구현하는 운동이다. 가정이 행복해야 교회도 건강하고 부흥한다. 가정은 화목해야 한다. 가정에 믿음의 터가 굳건히 세워져야 한다. 가정에 기독교적 가풍이 있어야 한다. 가정에 미래에 대한 주님의 꿈과 비전이 있어야 한다. 이 비전을 위해 교회는 아버지학교, 어머니학교, 가족치유상담학교, 가정예배운동, 자녀축복하기운동 등과 같은 프로그램을 운영한다.

이웃 사랑 실천하기

넷째, '이웃 사랑 실천하기 비전'이다. 이것은 실제적으로 이웃에게 도움을 주며 사랑을 실천하려는 운동이다. 예를 들어, 장학관을 설립하여 국내외 기독교 인재들에게 장학금을 지불하고, 복지관을 설립하여 소외 이웃, 노인, 노숙자, 소년소녀가장 등을 구제하며, 또 다문화센터를 설립하여 외국 근로자 및 외국 이민자를 복음과 사랑으로 선교하는 운동이다.

기독교 문화 만들기

다섯째, '기독교 문화 만들기 비전'이다. 지역에서 빛과 소금의 직분을 감당하기 위한 운동이다. 교육관을 설립하여 다음 세대를 책임지는 기독교 양육을 한다. 사회관을 설립하여 도서관, 소극장, 영화관, 체육관 등 지역 주민의 사회활동 공간을 확보한다. 문화관을 설립하여 기독교 신문, 방송, 인터넷, 문화교실 등을 주관하여 건전한 기독교 문화 공간을 만들어 간다. 또한 기독교 서점과 출판을 통해 기독교 문서선교를 확장해 나간다.

민족 복음화

여섯째, '민족 복음화 비전'이다. 이것은 남북이 분단된 우리나라의 현실에서 교회가 먼저 민족 복음화에 앞장서는 사명을 갖자는 운동이다. 먼저 100개의 미자립 개척교회를 돕는 운동으로 시작하여, 국내외 지교회를 세워 은혜로운교회 목회 비전을 공유하며, 북한교회 재건을 위해 통일될 경우 북한교회 개척 및 지원을 아끼지 않는 운동이다.

세계 선교화

일곱째, '세계 선교화 비전'이다. 땅 끝까지 복음의 증인이 되는 비전이다. 한국 교회가 선교사들에 의해 복음의 땅이 된 것처럼 우리도 세계 곳곳에 선교사를 파송해 선교의 빚을 갚아야 할 것이다. 먼저 물질과 기도로 돕는 선교사 후원이 있고, 교회가 직접 선교사를 파송하는 후원이 있고, 그 지역 원주민을 키워 선교사로 파송하는 후원이 있을 것이다. 우리 교회는 이 사역을 꾸준히 해나갈 것이다. 이것이 건강한 모습의 교회라고 확신하기 때문이다.

건강한 교회의 갱신

한국 교회는 교회 내에 세속적 문제점을 인식하고 끊임없이 갱신해야 한다. 갱신하는 교회가 건강한 교회이고, 그것이 또한 주님의 뜻이기 때문이다. 교회는 교회다워야 한다. 교회가 교회답지 못하면 세상 사람들에게 손가락질을 받고 그들의 발에 밟히게 된다. 하나님의 영광을 가리는 결과를 초래한다. 그래서 하나님의 영광과 교회를 건강하게 컨설팅하기 위해서는 교회 갱신이 필수적이다.

분열주의

첫째, 한국 교회는 '분열주의'를 극복해야 한다. 이것은 한국 교회 갱신의 최대 장애가 되는 요소이다. 그동안 한국 교회는 영호남의 지역적 갈등, 보수와 진보의 신학적 갈등, 사회참여의 정치적 갈등, 교단 총회 내의 갈등, 정통과 비정통의 갈등, 세대간의 갈등, 남녀간의 갈등, 목회자와 장로 간의 갈등, 흑백논리의 갈등, 교회 부서간의 갈등, 예배 차이의 갈등, 구역예배의 갈등, 파벌의 갈등, 기득권 세력과 새로운 세력 간의 갈등, 시기와 질투로 인한 갈등 등 분열의 조짐이 조금만 있으면 가차없이 떨어져 나갔다.

오늘날에도 여전히 그런 현상은 계속되고 있다. 참으로 안타까운 미성숙의 노출이라 아니할 수 없다. 이것은 사탄의 조장과 인간적인 욕심이 부합된 것이다. 이제 한국 교회는 이단만 아니라면 다양함 속에 연합(unity in diversity)을 이루는 일치와 화목의 성숙함을 보여 주어야 한다.

권위주의

둘째, 한국 교회는 '권위주의'를 내려놓아야 한다. 교회의 권위는 필요하지만 권위주의는 교회에 있어 암적 존재이다. 교회 지도자들이 목적을 위해 수단과 방법을 가리지 않고 순종과 복종을 강요한다면 그것은 교회를 병들게 할 뿐이다. 성도들의 가슴에 못을 박고 깊은 상처를 남기게 된다. 무조건 위에서 누르면 된다는 식은 사회에서도 통하지 않는 방식이다. 이제 교회는 책임감과 솔선수범을 바탕으로 한 영향력 있는 권위는 확보하되, 기득권을 가지고 절대적인 순종과 복종을 강요하는 권위주의는 내려놓아야 건강한 교회로 갈 수 있다. 자기 기득권은 유지하면서 무조건 따라오라고만 윽박지르면 누가 따르겠는가?

그러므로 교회는 지도자들이 일방적으로 결정하고 통보하는 하향식의 방식에서 탈피하여 평신도의 자발적인 참여와 그들의 의견을 충분히 수렴하는 상향식의 시스템으로 바꿔야 한다. 그래야 교회에서 권위주의가 무너지고 화목과 나눔, 연합과 일치를 이루는 건강한 교회의 모습을 회복할 수 있다.

기복주의

셋째, 한국 교회는 '기복주의'를 내려놓아야 한다. 예수 믿으면 만사형통이란 생각을 버려야 한다. 기독교는 무조건 가난도 질병도 고난도 시련도 해결되는 축복만능주의가 아니다. 축복환상주의에 빠진 일부 신자들은 무조건 기도하면 하늘에서 '뚝' 하고 떨어지는 도깨비 방망이로 생각한다. 잘못된 신앙관이다. 오히려 예수를 믿으면 고난이 더 많이 오는 경우도 있다. 예수 믿으면 버려야 할 세상적인 것들이 많기 때문이다. 그래서 건강한 성도에게는 예수 믿는 자체의 기쁨이 소중한 것이지, 그 결과로 나타나는 부수적인 현상인 물질적인 축복이나 질병의 치유나 마음의 평안 등은 본질적인 것이 아니다. 그것 때문에 신앙이 흔들리지는 않는다.

예를 들어, 큰 교회 목사는 성공한 목사이고 작은 교회 목사는 실패한 목사라고 생각하면 기복적인 생각이다. 물질 축복을 받은 사람은 성공한 신자이고 물질 축복을 받지 못한 사람은 실패한 신자라고 생각하면 이것도 기복적인 생각이다. 자녀가 잘된 부모는 신앙이 좋은 사람이고, 자녀가 문제가 많아 매일 골치가 아픈 부모는 잘못된 신앙의 사람이라고 생각하면 그것도 기복적인 생각이다. 사람을 평가할 때 물질과 외모로 판단하지 않고 믿음과 성화의 과정을 보며 진단하는 것이 건강한 성도의 모습이다.

"의인은 그의 믿음으로 말미암아 살리라"(합 2:4).

성도는 예수 믿으면 만사형통이 아니라 만사은혜란 인식의 전환이 필요하다. 즉 하나님을 사랑하는 자 곧 그 뜻대로 부르심을 입은 자들에게는 모든 것이 합력하여 선을 이루는 만사은혜가 있다는 것이다.

행복주의

넷째, 한국 교회는 '행복주의'를 극복해야 한다. 행복은 좋은 것이다. 그러나 행복주의에 빠지면 위험할 수 있다. 왜냐하면 행복주의 때문에 신앙의 본질이 훼손되고 하나님을 멀리하는 요소가 될 수 있기 때문이다. 일단 행복주의에 빠지면 수단과 방법을 가리지 않고 자신의 방법으로 행복하면 된다고 생각한다. 몇 가지 예를 들어본다.

• 물질적 행복

첫째로 물질을 가지면 행복하다는 생각이다. 그래서 신앙보다 물질을 우선순위에 둔다. 황금만능주의에 빠진 사람이다. 이런 사람은 무엇보다 물질이 있어야 뭐든지 할 수 있다고 주장한다. 그래서 모든 것을 물질로 해결하려고 하고, 또 문제가 있으면 물질이면 다 된다고 생각한다. 물질 행복주의에 빠진 사람이다.

- **정신적 행복**

다음은 정신적 만족과 성취를 가지면 행복하다고 생각하는 사람도 있다. 재미있는 강의, 웃음 치유, 드라마 치유, 음악 치유, 미술 치유, 최면술, 마술 등 정신적 훈련을 통한 행복을 강조한다. 더욱이 심호흡, 요가, 명상, 단 등을 통해 심신의 평안을 유지하려고 하는 사람도 있다. 그러나 이런 정신적 훈련들이 자칫 잘못하면 종교적 행위에 빠질 수 있으므로 조심해야 한다. 주님 안에서 이루어지는 정신적 훈련은 좋은 것이지만 인본주의적인 정신적 훈련은 오히려 그 속으로 빠져들어 교회와 신앙생활을 멀리하게 하는 요소가 될 수 있음을 명심해야 한다.

- **건강의 행복**

더욱이 육체적 건강을 증진하는 것이 행복이라고 생각하는 사람도 있다. 건강할 때는 몰랐는데 건강을 잃고 난 뒤 건강의 소중함을 깨닫고 건강만능주의에 빠지는 경우이다. 그래서 친자연적인 식품을 섭취한다든지 등산, 수영, 조깅 등과 같은 운동을 통해 건강행복을 추구하려고 하는 사람이다. 예를 들어, 이들은 산삼, 인삼, 홍삼, 사슴 뿔, 곰 쓸개, 산나물, 청국장, 비타민과 탄수화물 같은 각종 웰빙(well-being) 식품 등 다양한 자연식 건강식품을 선호한다. 이런 식품들은 몸의 독을 해독하기 때문에 각종 암에 걸린 사람들이 치유와 기적을 체험하기도 한다.

또 건강에 좋다고 하면 건강 세미나, 건강치유 요양소, 주말농장, 숲속 자연 체험 등 어디든 방문하며 건강에 지대한 관심을 보인다. 물론 자연을 통한 치유는 하나님의 창조 원리에도 맞지만 자연식품에 대한 무분별한 중독은 자칫 믿음의 본질을 벗어나는 결과를 초래할 수 있다는 것을 명심해야 한다.

건강도 결국 주님 손안에 있다는 것을 알아야 한다. 아무리 좋은 자연식품을 먹는다 해도, 아무리 열심히 운동을 하며 건강을 유지하려 한다 해도 일찍 죽는 사람은 결국 죽더라는 것이다. 건강도 주님 안에 있어야 함을 명심해야 한다. 웰다잉(well-dying)도 건강의 중요한 요소이다.

종교다원주의

다섯째, 한국 교회는 '종교다원주의'를 극복해야 한다. 오늘날 현대 교회는 상대주의에 물들어 타 종교의 혼합사상을 수용하고 있다. 다시 말해, 기독교 내에서도 복음의 유일성이 점점 무너지고 구원의 방법도 다양하게 나올 수 있다는 것을 일정 부분 수용하는 추세이다. 그들은 내 종교가 중요하면 남의 종교도 중요하다고 말한다. 천국 가는 목적은 같지만 그 방법은 다양할 수 있다고 한다. 불교에서는 석가모니, 이슬람에서는 알라, 유교에서는 공자 등 서로 다른 하나님의 이름을 부를 뿐이지 결국에는 한 곳에서 만난다는 것이다. 이것은 대다수를 차지하는 한국의 보수 교회와 심각한 갈등의 요인이 되지 않을 수 없다.

기독교는 짬뽕이나 잡탕이 아니다. 기독교는 유일한 구원의 진리이다. 사람을 사랑하고 품는 것은 당연하지만 구원의 진리와 예배의 거룩성을 우상숭배와 같은 잡탕으로 만드는 것은 분명 비성경적인 것이다.

성장주의

여섯째, 한국 교회는 '성장주의 병'에서 벗어나야 한다. 교회가 성장하는 것은 나쁜 것이 아니다. 그것은 영혼 구원을 위한 하나님의 뜻이며 교회의 첫 번째 목적이다. 그러나 성장주의에 빠지면 안 된다. 성장주의는 교회가 성장만을 위해서 수단과 방법을 가리지 않는 것을 말한다. 모든 것이 교회 성장에 맞추어져 있고 불법, 탈법, 편법 가리지 않고 교회 부흥만 이루면 된다는 식이다. 이렇게 되면 교회 존재 가치의 본질을 훼손하게 된다.

이를테면 목회자들이 교회만 지으면 부흥한다는 식으로 막무가내로 교회를 건축한다든지, 또 목회 방향을 질적 성숙보다는 무조건적인 양적 팽창에 맞추어 그것만을 위해 진력한다든지, 인본주의적인 방법으로 평신도들에게 헌금을 강요한다든지 등등 이 모든 비상식적인 행위들은 건강한 교회의 순수성을 망치는 것이다. 오히려 지역사회의 전도의 문을 막고 한국 전체 교회의 부흥에도 저해가 되는 요소들이다.

21세기 한국 교회의 화두는 건강한 교회(healthy church)이다. 교회가 건강하면 자연히 성장하고 성숙해진다. 요즈음에는 교회 성장도 정말로 어려운 시대를 맞았다. 한국에 매일 2천 교회가 세워지고 3천 교회가 문을 닫는다고 한다. 그만큼 교회 개척이 힘들다는 것이다. 또 교회를 무조건 지었다 해도 교회 부흥이 쉽지 않다. 교회가 건축되고 10년 이내의 교회에는 교인들이 잘 가지 않는다고 한다. 왜냐하면 건축헌금이 부담되기 때문이다. 사람들이 저마다 개인주의, 인본주의, 가족 편리주의, 세속주의, 문화적 행복주의에 물들어 교회로 오는 것을 부담스러워한다. 아무리 전도를 해도 그들의 마음이 움직이지 않는다.

이런 상황에서 아직도 교회 성장에만 급급해서 인본주의적인 방법으로 접근하면 이미 영적 기대 수준이 높아진 사람들에게 태클이 걸려 성장도 못하고 문을 닫아야 하는 실정이다. 방법을 바꾸어야 한다. 교회가 교회답게 영성이 충만하고 사랑과 은혜가 충만한 건강하고 튼튼한 구조로 바뀌어야 한다. 그러면 지치고 힘든 세상 사람들의 진정한 안식처가 되어 교회로 몰려들게 될 것이다. 아직도 한국 교회는 희망이 있다. 일어나 빛을 발하라!

신비주의

일곱째, 한국 교회는 '신비주의'를 극복해야 한다. 이것도 교회 건강에 심각한 병폐이다. 이것은 샤머니즘의 영향이다. 한국 사람들은 옛날부터 자신에게 문제가 있거나 사회적으로 성공하고 싶을 때는 주로 무당을 찾아갔다. 무당은 사람들이 알지 못하는 미래를 아는 신비한 존재였기 때문이다. 접신된 무당의 말대로 하면 집도 사고 아들도 낳고 사업도 잘되고 회사 진급도 잘되었다. 그래서 유명한 무당을 찾아갈 때는 미리 예약을 해야 하고 항상 복채를 두둑이 들고 가야 했다. 요즈음에는 대중매체를 통해 점, 복술, 토정비결, 손금, 사주팔자, 음양오행, 철학관 등 얼마나 많은 광고를 하는지 모른다. 현대에도 이런 무당적 술수가 먹히고 있다는 것이다.

한국 교회에도 신비주의적인 현상들이 많이 있다. 이것은 일부 은사주의적인 목사들 가운데 팽배하다. 그들은 능력 있는 기도와 신적 예언의 사역을 통해 마치 무당과 같이 행동한다. 자기 말대로 하면 복을 받고 능력도 받고 귀신도 쫓겨나간다고 한다. 실제로 그런 현상들이 나타난다. 그리고 난 후에는 거액의 헌금을 강조하고 사례비도 상상을 초월하는 수준으로 갖고 간다. 요즈음에는 부흥 목사들 가운데도 등급이 있다고 한다. 유명 부흥사의 강사비가 A급, B급, C급으로 나뉘어 거기에 못 미치면 작은 교회는 초빙조차 할 수 없다. 하나님이 주신 은혜를 마치 내 능력인 양 자랑하며 삯꾼 목자로 전락한 것이다. 이것이 다 신비주의 현상이다.

　더욱이 성도들의 신앙생활에서도 마찬가지이다. 평신도들도 신비주의에서 벗어나지 못하고 있다. 예를 들어, 성도들 가운데는 교회에 나오면 복을 받고 빠지면 무슨 일이 날 것처럼 생각하는 이들이 있다. 교회 봉사하면 가정이 평안하고 봉사하지 않으면 징계가 임할 것으로 생각한다. 목사님에게 안수 받으면 능력이 나타나고 내가 기도하면 별일이 없는 것처럼 생각한다. 똑같은 기도인데도 목사님과 내가 하는 기도의 능력이 다르다고 생각한다. 이것은 마치 교회와 담임목사님을 무당이 주는 부적과 같은 신비적인 대상으로 생각하는 것이다. 잘못된 생각이다. 또한 어떤 때는 담임목사에게 설교 들을 때는 은혜를 받지 못하는데 부흥강사만 오면 적극적으로 무슨 특별한 능력을 받을 것으로 생각한다. 어떤 성도는 무슨 일만 있으면 교회보다 기도원에 가서 성령의 능력을 받는다고 소리친다. 모두 신비주의적인 신앙이다.

　물론 교회에 가서 예배하고 봉사하면 복을 받는다. 담임목사님이 기도하면 축복이 나타난다. 기도원에 가서 기도하면 더 큰 능력을 받기도 한다. 그러나 그렇다고 해서 내가 하는 기도는 별볼일이 없고, 교회에서 기도하는 것은 기도원보다 영적으로 약하다는 생각은 신비주의적인 발상이다. 응답과 축복은 하나님이 주시는 것이지 교회와 담임목사, 기도원 자체가 주는 것이 아니다. 그들은 단지 도구일 뿐이다. 신비주의에 빠진 일부 성도는 하나님보다 이런 것들을 더 신봉하는 것이 문제이다.

건강한 교회의 대안

현대 교회는 전통적인 교회 구조에서 조금씩 벗어나고 있다. 그것은 시대와 문화와 신앙습관이 달라졌기 때문이다. 이제 교회도 사람들의 다양한 문화와 개인주의에 맞물려 자연스럽게 변화의 물결을 타고 있다. 변화되지 않으면 복음을 효과적으로 전할 수 없기 때문이다. 그러므로 교회도 새 포도주를 새 부대에 담을 준비를 해야 할 것이다.

예배의 혁명

첫째, '예배의 혁명'이다. 건강한 교회의 대안은 뭐니뭐니해도 예배가 살아나는 것이다. 교회는 예배 공동체이다. 예배가 죽으면 다 죽고, 예배가 살면 다 사는 것이다. 성도들에게 예배가 은혜가 되면 봉사도 충성도 가정도 직장도 활기차게 승리할 수 있다. 그러나 예배가 죽으면 성도의 신앙의 생명이 끊어진다고 해도 과언이 아니다. 그래서 예배는 성도의 신앙생활에 있어 가장 중요한 덕목이다.

- **맞는 예배의 영성을 찾아라!**

교회마다 맞는 예배의 구조가 있다. 다른 교회가 좋더라 한다고 다 따라가면 안 된다. 그 교회에 맞는 예배의 영성을 찾아야 한다.

우선, '전통적인 예배'가 있다. 잘 구성된 형식과 경건함을 추구한다. 대다수 보수교단이 취하는 예배 형태이다. 다음은 '열린 예배'가 있다. 불신자의 마음을 열기 위해 형식에 구애받지 않고 스킷 드라마, 성시낭독, 찬양, 간증 등을 통해 비교적 자유롭게 예배드리는 형식이다. 다음은 '전원교회 식 예배'가 있다. 예배 형식이 간소하다. 주로 찬양과 말씀과 기도로 구성된다. 그 후에는 자연탐방, 운동, 휴식, 명상, 각종 문화행사 등을 통해 성도간의 교제를 돈독히 한다. 다음은 '은사적 예배'가 있다. 예배 시간이 비교적 길다. 목사님의 은혜로운 설교와 성도들의 열정적인 기도가 주를 이룬다. 주일 오전예배 때도 뜨겁게 통성기도를 다 같이 한다. 주로 오순절 계통의 교회가 이런 식의 예배를 드린다.

이렇게 다양한 예배의 형태 중 우리 교회에 맞는 영성적 예배를 찾아 집중하면 건강한 교회가 될 것이다.

• 하나님의 임재를 경험하라!

건강한 교회의 예배 형식은 다양하게 나타날 수 있다. 중요한 것은 하나님의 임재와 변화를 경험하는 것이다. 위에서 말한 예배의 형식을 교회 형편에 맞게 선택하는 문제보다 더 중요한 것이 있다. 그것은 우리 교회의 분위기에 맞는 예배 형태가 과연 하나님의 임재를 경험하고 있는가를 생각하는 것이다. 다시 말해, 교회들은 모두가 다 그 예배 속에 하나님을 인격적으로 만나는 능력의 시간이 되어야 한다. 이것이 예배의 가장 중요한 과제이다.

오늘날 현대 교회의 큰 흐름 중의 하나는 '찬양'을 통해 하나님의 임재를 경험하는 사람들이 많아진 것이다. 또 하나의 특징은 평신도들도 예배를 주도적으로 담당하는 '평신도 참여 예배'를 통해 하나님의 임재를 더 크게 경험하는 것이다. 그러나 이것들보다 더 큰 특징 중의 하나는 '치유와 전도'에 초점을 두는 예배가 늘어나고 있다는 것이다. 그래서 찬양과 말씀, 기도를 통한 치유 예배, 영혼 구원에 초점을 맞추는 구도자 예배가 성도들에게 감동을 주고 있다. 이런 큰 흐름들을 보면 우리 교회가 어떤 예배 스타일을 추구해야 할지를 결정하는 데 조금은 도움이 될 것이다.

교육의 혁명

둘째, '교육의 혁명'이다. 한국 교회가 다음 세대의 교육을 책임지지 않으면 30년이 못 가서 무너져 버릴 것이다. 왜냐하면 밑에서 올라오는 기독교인 숫자가 없는데 어떻게 교회가 든든히 뿌리를 내리며 세워질 수 있겠는가? 그러므로 다음 세대를 향한 교육은 전체 한국 교회 미래에 얼마나 중요한지를 아무리 강조해도 지나치지 않다. 교육은 백년 앞을 바라보고 체계를 세워야 한다. 그렇지 않으면 제대로 된 인재를 키울 수 없다. 흔들리지 않는 안정된 교육 시스템이 있어야 훌륭한 인재를 양육할 수 있다.

• 교사 교육을 업그레이드 하라!

먼저 교회학교 '교사 교육의 혁명'이다. 즉 교사들의 자질이 먼저 갖추어져야 한다는 것이다. 왜냐하면 교회학교 교육의 승패는 교사들에게 달려 있기 때문이다. 사실 교회에서 교사가 얼마나 사명을 갖고 하느냐에 따라 교회학교 부흥의 승패가 좌우된다. 또 교사가 가르치는 데에 얼마나 전문적인 준비와 자격을 갖추고 있느냐에 따라 아이들의 변화도 달라진다. 그러므로 사명감이 없는 교사, 교안이 준비되지 못한 교사가 교회학교에 있으면 그 교육기관은 엉망이 되어 버리고 교육체계도 중구난방 무질서한 기관이 될 것이다. 그만큼 교사의 자질과 교육이 중요하다.

교사 교육은 두 가지 측면이 있다. 한 가지는 본인이 미리 철저히 준비하는 것이다. 한 주 전에 기도로 뜨겁게 준비하고, 성경공부도 미리 습득하고 연습해 와야 하며, 가르치는 재료와 특수 장치 같은 것도 미리 준비해 재미있게 해야 한다. 또 한 가지는 교사 세미나와 제자훈련과 같은 정기적인 교사 교육이 절대 필요하다. 교사로서 갖추어야 할 소정의 양식과 훈련을 갖추어야 훌륭한 교사가 될 수 있다. 그러므로 교회는 이런 교사 교육에 대한 프로그램을 개발하여 영성과 리더십을 계속적으로 배양해야 한다.

• 창의적 교육을 발전시켜라!

다음은 '학생들의 교육 시스템'이다. 교육 혁명의 마스터키는 효과적인 교육 체계이다. 어떤 교육 시스템을 정착시키느냐에 따라 교육의 질이 달라진다. 한마디로 주입식에서 창의적 방식으로 바꾸어야 한다. 즉 획일화된 교육에서 다양한 맞춤형 교육으로 바꾸어야 한다. 이것이 시대적 요구이며 창조적인 인성을 키우는 지름길이다. 예를 들어, 교회학교 예배 순서도 아이들이 자발적으로 참여하는 방식으로 만들어 본다. 찬양팀을 조직하여 운영하는 것도 예배에 활력을 줄 것이다. 예배 전에 교사, 학생 임원진, 셀 리더들, 찬양팀, 자발적 참여자들이 10-20분 일찍 모여 예배를 위한 중보기도를 운영하는 것도 예배에 활력을 불어넣을 것이다. 설교도 일방적 방식에서 쌍방의 이야기식(story-telling)으로 하면 더 좋다. 이를테면 설교자와 청중의 질문과 대답, 감동적 예화, 생활에서 경험한 실제적인 간증 등을 설교 기술로 활용하면 도움이 될 것이다.

또한 교회학교를 특성화하려면 영어교회학교를 운영하여 국제적 아이로 키우는 것도 한 방법이 될 수 있다. 분반공부를 아이들이 선택하게 하는 분과별 반 편성도 좋은 대안이다. 아니면 비슷한 성향의 그룹을 만들어 주는 것도 좋은 방법이다. 즉 재능과 취미가 비슷한 아이들을 묶어 한 반을 편성하는 것도 좋은 방법이다. 저학년 고학년을 섞어서 한가족처럼 반 편성을 하는 것도 좋은 대안일 것이다.

여기서 핵심은 교육 시스템을 만들 때 위에서 아래로 내려가는 하향식 구조가 아니라 아래에서 위로 올라가는 상향식 구조를 채택할 때 훨씬 더 활력이 있다는 것이다. 아이들의 눈높이에 맞추고 그들의 자발적 참여를 끌어들이는 아이디어를 끊임없이 개발하라는 것이다. 이렇게 하면 교육기관이 조금씩 변화되는 생명력을 경험하게 될 것이다.

- **영적 에너지를 불어넣어라!**

마지막으로 교회학교에 '영적 에너지'를 불어넣어야 한다. 아무리 교사가 열심히 하고 창의적인 교육 체계가 좋아도 영적 에너지가 약하면 활성화된 일반 사회 조직과 다를 바가 없다. 그러나 교회학교의 본질은 영적인 에너지를 통해 기독교 인재로 바꾸는 것이다. 즉 영적인 능력이 있어야 세상에서도 크리스천다운 지성인이 될 수 있다. 그러므로 성령 충만을 받아야 나도 변하고 교회학교도 변하고 세상도 변화시키는 주역이 될 수 있다.

교회학교에 영적 에너지를 불어넣기 위해서는 '예배와 말씀과 기도'가 살아 있어야 한다. 하나님의 임재는 이 세 가지를 통해 강력하게 역사하기 때문이다. 먼저 예배는 어른들 눈높이에 맞추지 말고 학생들 입장에서 성령이 어떻게 역사하시겠는가를 생각하며 자발적이고 창조적인 예배를 도입해야 한다. 예배에 목숨을 걸어야 한다. 다음으로 기도는 예배 전 중보기도팀 운영, 통성기도와 짝기도 훈련, 방학 중 특별 새벽기도 프로젝트, 수련회 참석하기, 학생 중에 기도 인도자 키우기, 분반별 기도운동 일으키기, 기도은사 체험하기, 매일 기도습관 갖기 등을 통해 성령의 임재를 경험하게 한다. 마지막으로 말씀훈련은 설교에 은혜 받기, 분반 성경공부를 재미있게 살리기, 심화 제자훈련 프로젝트 실행하기 등을 통해 말씀의 확실한 변화를 가져오게 한다. 말씀훈련은 교사, 임원진, 셀 리더, 찬양팀, 중보기도 인도자 등이 먼저 받고 점점 아래로 확산되는 단계를 밟으면 좋다.

치유의 혁명

셋째, '치유의 혁명'이다. 오늘날 21세기를 치유의 시대라고 한다. 그만큼 이 사회에 다양한 사람들도 많고 상처를 입은 사람들도 많다는 증거이다. 만약 교회가 교인들에게 봉사와 헌신만 요구하고 치유와 회복의 프로그램을 베풀지 아니하면 교회는 점점 곪아 터져 문제가 많은 교회로 전락할 것이다. 교회 내에서도 갈등과 분열이 표면 위로 불거져 나와 불만스러운 성도들의 모습으로 가득 차게 될 것이다. 그러므로 교회마다 각각 치유 프로그램을 개발하여 성도의 마음과 영혼을 만져 주고 새 힘을 불어넣어 주는 역할을 감당해야 할 것이다.

건강한 교회를 보면 모두 다 치유의 역사가 있음을 발견한다. 교회 안에는 쓴 뿌리와 상처, 깊이 파인 아픔의 경험들을 가진 다양한 사람들이 있다. 예를 들어, 교회 내에 소외된 사람, 외로운 사람, 경제적으로 어려운 사람, 가정에 문제가 있는 사람, 사별이나 이혼한 사람, 독신, 법적 갈등을 겪고 있는 사람, 직장에서 적응하지 못하는 사람, 신앙적 아픔을 앓고 있는 사람, 정서적 결함을 갖고 있는 사람, 매사가 부정적인 사람 등 다양한 문제를 안고 살아가는 사람들이 많다. 교회는 이들의 필요를 채워 주고 치유하는 프로그램을 갖고 있어야 한다. 즉 교회는 이들을 위한 편안한 공간과 치유의 장소를 제공해 주어야 한다. 그래야 상처가 곪지 않고 치유되어 건강한 성도로 자랄 수 있다.

- **설교로 치유하라!**

먼저 교회는 '설교'에서 치유의 역사가 있어야 한다. 성도들의 대부분은 예배 때 설교에서 깨달음과 은혜를 받는다. 만약 설교에서 은혜를 받지 못하면 시험에 들고 병든 성도가 된다. 사탄이 침투해 문제를 일으키는 트러블 메이커가 된다. 그러므로 목회자는 설교가 과연 성도들의 상처를 치유하고 있는가를 수시로 점검할 필요가 있다.

현대 설교는 긍정적이고 희망적이어야 한다. 영혼을 수술하는 내적 치유가 있어야 한다. 성숙한 변화를 일으킬 수 있어야 한다. 아픈 상처를 도려내고 새살이 돋도록 용기를 주어야 한다. 마음의 평화와 기쁨을 창조해야 한다. 갈등을 조절하고 새로운 방향을 제시해 주어야 한다. 진정한 주님을 만나는 성령의 임파테이션(impartation)이 있어야 한다. 목회자는 설교에 목숨을 걸어야 한다. 성도의 치유는 목회자의 설교에 달렸다고 해도 과언이 아닐 것이다.

•화목한 교회 분위기를 조성하라!

다음은 '교회'가 치유하는 장소가 되고 있는가를 보아야 한다. 교회는 성도들의 병원이다. 병원은 아픈 사람들이 고침을 받고 사회에 나가 건강하게 살도록 하는 곳이다. 마찬가지로 교회도 심신이 병든 사람이 치유받고 가정과 직장에 나가 새 사람으로 살게 하는 곳이다. 그래서 교회는 치유받는 곳이 되어야 한다. 어떤 교회는 교회에 들어가기만 하면 더 스트레스를 받고, 더 갈등이 일어나 더 불안한 장소가 된다. 이것은 교회의 본질을 왜곡시키는 것이다. 그러므로 교회는 행복한 가정과 같은 곳이어야 한다. 그러려면 먼저 교회가 화목한 구조를 갖고 있어야 한다. 누가 와도 심신이 평안할 수 있는 분위기를 만들어야 한다. 교회는 전쟁터가 아니라 누구나 놀 수 있는 놀이터이다. 교회는 슈퍼마켓이나 대형마트가 아니라 누구나 즐길 수 있는 화개장터이다. 교회에 오면 기쁘고 즐겁고 자신의 존재를 소중히 느낄 수 있는 곳이어야 한다. 내 이야기를 할 수 있는 곳, 내 이야기를 들어주는 곳, 내 이야기를 공감해 주는 곳, 내 아픔을 나눌 수 있는 곳이어야 한다. 그런 교회가 건강한 교회이다.

•치유 프로그램을 만들어라!

마지막으로 교회 내에 '치유 프로그램'이 있는가를 보아야 한다. 예를 들어, 교회 안에는 예배 치유, 찬양 치유, 기도 치유, 웃음 치유, 감사 치유, 사랑 치유, 영성 치유, 상담 치유, 이야기 치유, 식탁 치유, 그림 치유,

드라마 치유, 음악 치유, 관계 치유, 심령 치유, 봉사 치유 등 다양한 치유의 프로그램이 있다.

그중에서도 가장 좋은 치유 프로그램은 교회 내에 있는 '구역 또는 셀 모임'이다. 성도들은 이것을 슬픔과 기쁨, 외로움과 즐거움을 함께 나눌 수 있는 치유의 장소로 만들어 가야 한다. 회중 예배를 통해 채울 수 없는 개인적인 상처와 문제를 셀 모임에서 나눔과 공감을 통해 치유받을 수 있어야 한다. 구역이나 셀 모임은 교회가 크든 작든 할 수 있는 모임이기 때문에 효과적인 치유 모임이 될 수 있을 것이다.

또한 교회 안에 청소년 상담, 가족치유 상담, 아버지학교, 어머니학교, 노인대학, 실업 상담, 의료 상담, 법률 상담, 부부 상담 등 연령과 계층, 직업에 따라 상담실을 운영하면 효과적인 치유가 나타날 것이다. 더욱이 교회 내에 작은 소그룹 모임을 많이 만들면 좋다. 예를 들면, 신혼 모임, 중년 모임, 나이별 모임, 사별 모임, 부부 모임, 실버 모임, 중보기도 모임, 노래교실, 취미교실, 유머 교실, 스포츠 클럽, 영화 클럽, 독서 클럽 등 성향이 비슷한 모임을 만들어 주면 보다 활기찬 교회가 될 것이다.

한 가지 더 말하면, 교회에서 치유 세미나, 치유 워크숍, 유명 치유강사 초청, 치유 찬양집회, 치유 간증집회 등을 통해 교회 전체 성도들이 치유를 받을 수 있도록 서비스를 제공하는 것도 좋다. 또한 전체 공동체 훈련과 레크리에이션과 같은 코이노니아 모임을 자주 갖는 것도 역동적인 교회로 나아가게 할 것이다.

- **치유 모임 만들기 매뉴얼**

치유를 위한 모임을 만들 때는 사전에 먼저 '신청'을 받는다. 왜냐하면 자발적으로 동기유발이 되어 모인 모임이 훨씬 더 발전적일 수 있기 때문이다. 억지로 그룹을 만들어 주면 마지못해 나올 수도 있기 때문이다. 그다음에는 정기적으로 모일 수 있는 '날짜와 시간'을 정한다. 사전에 설문지나 문답지, 또는 대화를 통해 공감대를 형성한다. 그리고 모임이 크든 작든 '리더'를 뽑아야 한다. 만약 조직을 구성하지 않으면 그 모임은 얼마 가지 않아 소멸될 것이다. 왜냐하면 모임의 승패는 리더와 헬퍼를 어떻게 조직하느냐에 따라 달라지기 때문이다. 마지막으로 '모임의 가치'를 증대시켜야 한다. 그 모임에 소속된 역할과 소명을 인지하고 소속된 것에 대한 자부심을 느끼게 해주어야 한다. 모일 때마다 자긍심을 반복적으로 심어 주는 것도 괜찮다. 자부심이 강할수록 결속력이 강하기 때문이다.

선교의 혁명

넷째, '선교의 혁명'이다. 선교는 예수님의 지상 최대의 명령이며, 성도들의 최고의 사명이다. 고인 물은 썩는다. 한국 교회가 선교하지 않으면 교회도 병들고 썩어 소멸될 것이다. 한국 교회가 외국 선교사들의 눈물과 피와 땀과 수고를 통해 선교가 되었듯이 이제 한국 교회도 선교에 빚진 자로서 국내외 선교의 사명을 감당해야 한다. 선교는 해도 되고 안 해도 되는 선택의 문제가 아니라 반드시 해야 하는 교회의 필수적인 막중한 사명이다.

선교하는 교회가 부흥한다. 선교하는 교회가 축복을 받는다. 선교하는 교회가 살아 있다. 활력이 솟구치고 생동감이 넘친다. 성도들이 무엇을 해야 할지 알기 때문에 열정적인 헌신이 있다.

선교는 나가서 하나님의 나라를 세우는 것이다. 주님의 사랑을 전하는 것이다. 그리스도의 향기를 드러내며 복음을 전하는 것이다. 조건 없이 이름도 없이 내가 할 수 있는 것은 모든 것을 동원해서 사랑을 베푸는 것이다. 이것은 상대가 받고 안 받고의 문제가 아니라 무조건 내가 받은 무한한 사랑을 나도 그 사람에게 조건 없이 전해 주는 통로의 역할을 하는 것이다. 이것이 불신자에게 복음을 전하면 '전도'이고, 소외된 이웃에게 사랑을 나누면 '이웃 사랑 선교'가 되고, 국외로 복음을 전하면 '해외선교'가 되는 것이다.

교회는 이 사명을 예수님이 재림하실 때까지 결코 멈추어서는 안 된다. 멈추는 교회는 징계를 받는다. 교회의 문을 닫아야 한다. 멈추는 성도는 징계를 받는다. 구원의 반열에서 떨어져 나간다. 그러므로 선교는 성도들이 반드시 해야 하는 사명이며 축복이고 특권이다.

• 선교의 방법

선교는 우선 '국내 복음화 선교의 사명'으로 시작해야 한다. 교회는 영혼 구원의 본질을 잊어서는 안 된다. 국내 복음화 선교는 먼저 교회 안에서 지역 복음화를 위한 전도의 사명이 있다는 것을 명심해야 한다. 성도들은 한 해가 가기 전에 '나도 한 사람 꼭 전도'하는 사명을 꼭 실천해야 한다. 만약 내가 전도를 못할 때는 '전도헌금'을 드려서라도 전도자를 후원해야 한다. 또 국내의 연약한 개척교회들을 물심양면으로 지원하여 지역 복음화가 앞당겨지도록 적극적으로 나서야 한다.

그다음은 '이웃 사랑 선교'이다. 주변을 둘러보면 사회에 그늘진 곳이 많이 있다. 이것을 교회가 선교적 차원에서 담당하는 것이다. 예를 들어, 노인, 노숙자, 소년소녀가장, 독거노인, 생활보호자, 암환자, 장애인, 다문화가정 등 가난하고 소외된 이웃에게 사랑을 베푸는 것이다. 교회는 이들을 향해 끊임없이 사랑의 손길을 뻗어야 한다. 사회의 손길이 미치지 않는 곳을 교회가 감당해야 한다. 성도는 내가 만약 못 가면 '구제복지 선교헌금'을 통해서 풍성한 나눔을 이룰 수 있도록 헌신해야 한다.

마지막으로 '해외선교'이다. 교회가 해외선교사를 파송하여 돕는 것이다. 처음에는 약간의 선교헌금으로 돕겠지만, 교회가 점점 더 커지면 자체적으로 선교사를 파송하여 도울 수도 있다.

지금 한국 교회는 미국 다음으로 선교사를 제일 많이 파송하는 나라가 되었다. 교회들마다 선교하는 일을 게을리 하지 않았기 때문이다. 또한 그만큼 한국 교회를 하나님이 복 주셨다는 증거이기도 하다. 앞으로 더 큰 한국 교회의 사명은 민족 복음화이다. 세계에서 한 민족이 남북으로 분단되어 있는 유일한 국가로서 한국 교회는 북한 선교에 대해 각별한 관심과 사랑을 갖고 있어야 한다. 또 남북통일이 이루어졌을 때에는 북한 교회 재건을 위해 남한 교회들이 온 힘을 쏟아야 한다. 그리고 그 에너지를 집중시켜 세계 선교에 매진해야 한다. 이것이 한국 교회를 향한 하나님의 놀라운 뜻이다.

한국 교회 부름받은 성도들이여!
주님의 첫 사랑, 첫 믿음을 회복하여
지역의 성시화, 민족의 복음화, 세계 선교화를 이루어
땅 끝까지 복음을 전하는 증인이 됩시다!

에필로그

　　　　필자는 이 책을 집필하면서 오랫동안 남겨 두었던 숙제를 마무리하는 기분이었다. 여러 해 동안 신학교에서 공관복음과 요한복음에 대해 강의를 해오면서 이 책을 한번 내야겠다는 생각을 계속해 왔었다. 그리고 필자의 목회현장에서도 성도들의 흐트러진 신앙과 교회의 문제점들을 바라보며 교회의 본질과 건강한 신앙의 가이드북을 내어 보아야겠다는 생각을 무수히 하기도 했다. 그런 가운데 주변의 많은 사람들로부터 그런 책을 내보라는 권유를 받고 망설이다가 이렇게 출간을 하게 되었다.

　　필자는 여기에서 나름대로 예수님의 영성을 통해 구원의 확신과 지속적인 구원의 즐거움, 크리스천의 사명과 비전, 열정적인 영성과 따뜻한 사랑의 조화, 신학과 신앙의 상호보완, 건강한 교회관과 올바른 신앙생활 등에 관한 기본적인 정보와 지식을 쉽게 설명하며 목회자와 신학생, 평신도들과 초신자들이 실생활에서 보다 더 구체적으로 적용해서 폭발적인 교회 부흥과 바른 신앙을 갖도록 하는 데에 조금이나마 도움을 주려고 많은 노력을 기울였다.

 필자는 지금 길고 긴 겨울을 지나 화창한 봄날을 기대하며 이 책을 마무리하고 있다. 필자는 이 책에서 몇 가지 대안을 갖고 서술했다.
 첫째, 성도들이 예수님의 본질적인 영성이 무엇인지를 진단하고 열정적인 신앙을 소유하도록 가이드북을 제시했다. 둘째, 크리스천이면 누구든지 건강하고 올바른 교회생활이 어떤 것인지를 알도록 여러 가지 비전과 사명을 피력했다. 셋째, 교회가 부흥하기 위해서는 어떻게 본질로 돌아가야 하는지를 제시하여 실제적으로 폭발적 부흥의 역사가 나타나도록 매뉴얼을 보여 주었다. 넷째, 지쳐 있는 목회자와 상처 입은 평신도가 새로운 희망을 갖고 목표를 향해 적극적인 도전을 할 수 있는 방안을 제시하려고 노력했다. 모쪼록 이 책의 목적이 그대로 잘 전달되어 한국 교회를 살리는 귀한 역사가 나타나기를 기대한다.

 필자는 새벽마다 말씀과 기도로 큐티(Q.T)를 하며 상쾌한 아침을 맞는다. 매일 새롭게 다가오는 주님의 음성이 내 마음을 흥분시킨다. 오늘도

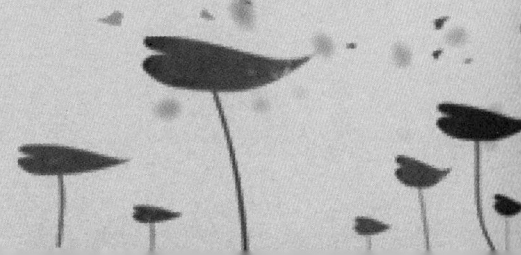

행복한 하루를 시작하며 날마다 신선하게 반응하는 주님을 바라본다. 오늘도 왠지 모를 좋은 소식이 있을 것만 같다. 어제의 태양은 어제의 것이고, 오늘의 태양은 다시 희망의 빛을 발하고 있다. 주님이 창조하신 이 아름다운 세상이 신비하고 오묘하기만 하다. 오늘도 내 입가에 살포시 미소를 짓고 은혜의 주님을 바라보며, 주님의 이름을 높이 찬양한다. 주님, 사~랑해요! 이 책을 은혜롭게 잘 마무리할 수 있게 도와주신 주님께 무한 영광과 감사를 드린다.

새벽 기도를 마치고,
일산 은혜로운교회 목양실에서

판권소유

열정 크리스천

2013년 6월 20일 인쇄
2013년 6월 25일 발행

지은이 | 옥수영
발행인 | 이형규
발행처 | 쿰란출판사

주소 | 서울시 종로구 이화동 184-3
TEL | 745-1007, 745-1301, 747-1212, 743-1300
영업부 | 747-1004, FAX/745-8490
본사평생전화번호 | 0502-756-1004
홈페이지 | http://www.qumran.co.kr
E-mail | qrbooks@gmail.com
　　　　　qrbooks@daum.net
한글인터넷주소 | 쿰란, 쿰란출판사

등록 | 제1-670호(1988.2.27)

책임교열 | 박은아·송은주

값 13,000원

ISBN 978-89-6562-475-2 93230

* 이 출판물은 저작권법에 의해 보호를 받는 저작물이므로 무단 복제할 수 없습니다.
* 잘못된 책은 교환해 드립니다.